# 一看就停不下来的中国史

最爱君 著

青少版

台海出版社

**图书在版编目（CIP）数据**

一看就停不下来的中国史：青少版 / 最爱君著 . —
北京：台海出版社，2019.5

ISBN 978-7-5168-2332-3

Ⅰ . ①一⋯ Ⅱ . ①最⋯ Ⅲ . ①中国历史—青少年读物
Ⅳ . ① K209

中国版本图书馆 CIP 数据核字（2019）第 067877 号

---

**一看就停不下来的中国史：青少版**

著　　者：最爱君

| | | |
|---|---|---|
| 责任编辑：戴　晨 | 装帧设计：杨　龙 | |
| 版式设计：新视点 | 责任印制：蔡　旭 | |

出版发行：台海出版社

地　址：北京市东城区景山东街20号　　邮政编码：100009

电　话：010-64041652（发行，邮购）

传　真：010-84045799（总编室）

网　址：www.taimeng.org.cn/thcbs/default.htm

E-mail：thcbs@126.com

经　销：全国各地新华书店

印　刷：天津中印联印务有限公司

本书如有破损、缺页、装订错误，请与本社联系调换

开　本：710 mm × 1000 mm　　　1/16

字　数：300 千字　　　　　　　印　张：19

版　次：2019 年 5 月第 1 版　　印　次：2019 年 5 月第 1 次印刷

书　号：ISBN 978-7-5168-2332-3

定　价：49.80 元

# 历史是人性的解剖图

雾满拦江

## 1

庄子曾讲过一个故事：

有个名叫丁的厨师给文惠君宰牛，他宰杀牛的技巧高妙无双，如舞蹈般令人迷醉。

文惠君问厨师：你如何习得如此绝艺？

厨师答：我开始宰杀牛时，也是笨手笨脚。但我用心研习。三年过去，我眼中已经没有全牛，刀刃游走于牛体，全然碰不到半点骨头。又三年，我已出神入化，整头牛牵过来，从我的刀下走过，就是上好的烤牛排。

庖丁解牛，说的是技巧。当然，认知人性也需要高超的技巧。

高手认知人性，如庖丁解牛，浑然自成。但现实中的人，可能不太喜欢让我们拿水果刀切来割去。如果你一定要这样做，警察叔叔会让你好看。

所以历史，就成为我们认知人性的最佳范本。

## 2

人性是简单的，却又极其复杂。

行走在历史里，你会看到金圣叹的狂、陆游的苦、李贽的狷、辜鸿铭的怪、王维的艰……最爱君说：每个人都是时代的镜子。

可时代又是什么？

时代不过是人性的集成。漫长的历史尘烟中，总有些东西万古不易，这东西，就是人性本身。

我们在这本书中，读到白居易、读到苏东坡、读到阳明先生、读到风流才子唐伯虎、读到孙权、读到赵匡胤……读到历史上那些曾经叱咤风云的妙人儿。其实不过是在解读我们的心，解读人性本身。

## 3

历史哲学家克罗齐说：一切历史，都是当代史。

克罗齐这句话，是针对学究派的编年史而言的。

旧有的编年史过滤掉了人性本身，因而也就失去了活性，失去了张力。只有充满人性的文本解读，才构成真实的历史。这就是我推荐最爱君这本书的原因。

美好的历史，在于灵性的感知与解读，如庖丁解牛，厘析深埋于故纸堆中的人性。我们在古老的人物行迹中，看到的不再是猎奇，不再是抽离了人性的空洞规律，而是深伏于文字之下的，那呼之欲出的内在驱动力量。

说到底，一切阅读的终极目的，无非是趣味、怡情、知性，最后回归于我们的心，回归于认知本身。

## 4

历史，不过是构建于时间维度上的现实。

现实，不过是古老历史的重新解读。

于古人，我们是未来；于未来，我们久已作古。

我们自身就是历史，此前曾在先祖身上涌流过的血、奔腾过的激情、承受过的苦难、体验过的欢愉，在我们身上丝丝如历，刻骨铭心。

我们阅读历史时渴望获得的，正是后人寄予我们的。

## 5

我们在历史中最渴望的，不仅仅是对于人性的认知，还有智慧的生活方式。

于最爱君这本书中，我们读到的那些熟悉而陌生的人物，有书生、有诗人、有学者、有帝王，所有这些人都致力于一件事，获得自由，获得智慧。

这就是我们阅读的价值，也是生命存在的意义。

## 6

阳明先生说：心外无理，心外无物。

人生的价值与意义，就在于获得智慧、获得明心见性的认知、获得心灵的无上自由。

这本书中的每个人，都在向此方向努力。这个过程中，有欢笑、有悲情、有不被理解的怪异、有会心一笑的诙谐。有如阳明先生洞穿古今的机锋，也有如李贽引刀成一快的从容。通过这本书的文字，让我们走入他们的内心，你会听到那穿越了历史长河的悲鸣与长啸，你会听到人性至深的纠结与通透，你会听到生命之花于午夜轻然飘坠的声响，你会听到原本在你心里、在你认知深处的欢欣与感悟。

智慧在你心里。

一如历史，在你脚下。

是为序。

# 目 录

## 继承者：打江山容易坐江山难

---

**下篇**｜**帝国牛人录：笔杆子、枪杆子、钱袋子**

---

## 笔杆子：中国文人的活法

## 枪杆子：帝国"武将"系列

# 上篇 帝国政界往事：带血的皇冠，流血的仕途

创业者：
王侯将相宁有种乎

# 曹丕只是个奸诈、荒淫的昏君吗？

说起曹操，后人褒贬不一，有人视他为枭雄，有人称他为大奸，不过总的来说，毁誉参半。

然而，作为曹操的儿子，曹丕就没有他爹那么幸运了。不仅在政治上被批没业绩，而且被冠上了阴险荒淫之名。

历史上的魏文帝曹丕，果真如此吗？

## 1

拜小说家和段子手所赐，人们对曹丕篡汉普遍的认识大概是下面这个样子的：

曹丕的父亲曹操，对内扫平了北方各路诸侯，对外压制南方的孙权、刘备，功高盖世却以汉家丞相自居，虽然出格的动作很多，但始终没有行废立、禅代之事。哪怕蠢笨的汉献帝在许昌玩衣带诏，曹操都没有对他动手，甚至一口气嫁了三个女儿给他，自己当起了外戚。

然而曹操一死，曹丕这个狡诈阴险贪权的变态狂就火急火燎地搞事情：魏王的位子还没坐热，就逼汉献帝禅让，送大汉入土，建立魏王朝……

"曹操统一北方"，曹丕只是坐享其成，真的是这样吗？

在书里，早已把"统一北方"划为曹操的业绩，但事实上，所谓曹操的"统一北方"水分很大。而曹操留给曹丕的，也不是一个可以坐享其成的江山：有两块地，名义上听曹操的话，但其实都有自己的小九九。而曹操对他们，也很无奈。这两块地，一东一西，分别在两拨豪族的控制之下。东边的即以青州、徐州为中心的豪族；西边的则是以凉州的敦煌、酒泉、金城为中心的河西豪族。

河西豪族对曹魏的主要威胁，在于勾结羌、氐等少数民族，隔绝西域并为乱西陲。但不管怎么说，毕竟远离曹魏的统治中心，难成气候。而青徐豪族就不一样了，他们距离曹魏的统治中心许昌、邺、洛阳一带，近在咫尺。而青徐兵悍勇，一旦乱起来，曹魏可是吃不消。于是对青徐豪族，曹操的态度"抚"字当头：你别闹事儿就行。

史载曹操"割青徐二州，委之于霸"。

"霸"，即臧霸，泰山华县人，打黄巾起家。本附陶谦，陶谦死后曾助吕布攻曹，后又降曹，被曹操委任为二州之主。既为地方豪强之一，又管理该地的豪强，足见此人在地方上的影响力。而青徐二州，也的确很不消停。诸葛亮《后出师表》里说曹操"五攻昌霸不下"。此处的"昌霸"，即昌豨，徐州豪强，东海太守。

而曹操去世后，青徐兵果然生事了。史载："会太祖崩，霸所部及青州兵，以为天下将乱，皆鸣鼓擅去。"曹操一死，青徐兵居然骚动，一伙人擅自离开洛阳，不干了。相当于给了初登王位的曹丕一个下马威。

当时曹丕的臣子，很多人主张发兵征剿，并更易青徐地区的长官，即"易诸城守，用谯沛人"。

曹丕不糊涂。

他深知此时自己的首要任务是继承王位，掌握要害，安定局面，再从长计议，以求解决之道。如果此时动武，引起曹魏内乱不说，甚至有可能引起连锁反应，在青徐之外的地区引发更大的动乱。所以曹丕用贾逵、徐宣等人的策略，以屈求伸，抚而不剿。

代汉建魏之后，曹丕以"天命"代替"丞相魏王之子"来加强自己的权威，也同时开始张罗收服青徐之事。

首先是青徐官职的变动：曹丕称帝，百官多有晋升，而青徐豪族之首臧霸却未得升迁。不仅如此，曹丕还累次提拔宗室曹休以防吴为名，总督青徐军事，位在臧霸之上。曹休到任后，便着手排挤青徐豪族。

待曹休在青徐略有活动后，曹丕便趁吴蜀猇亭之战结束的当口，以孙权不质子为由，先后三次兴兵伐吴。然而事实上，曹丕伐吴并没有做灭吴准备：第一次伐吴打得最欢，但曹丕根本没有要渡江灭吴的意思，后两次伐吴用兵广陵更是对吴"不寻战机"。而从用兵的实际效果看，曹丕反倒以伐吴之名，把青徐的问题给解决了。

第一次伐吴，曹丕便乘机将臧霸明升暗降，削夺其兵权，令其去洛阳入朝任职。而臧霸本人"无复他望，但欲终其天年，保守禄祚而已"，很乖地听安排了。

然而臧霸被调走后，青徐二州，尤其是徐州还是不稳。于是曹丕第二次伐吴，率军进驻徐州广陵，"赦青徐二州，改易诸将守"，将青徐地区的官员大换血。

一年以后，曹丕卷土重来。其时琅琊郡所属的利城在郡兵蔡方等人的鼓噪下叛乱，曹丕抓住机会，平定兵变又顺道"幸徐"，再至广陵，"耀兵十万"，震慑青徐豪族。

至此，青徐彻底收服，不再是曹魏的问题。

## 2

作为一个国君，治理一个强敌环伺的国家，首要的一点是知己知彼：清楚自己的斤两，清楚对方的斤两。这样才能捏对柿子。

在这一点上，曹丕做得很到位。

《三国演义》里说，曹丕趁蜀主刘备去世，兴兵五路伐蜀。在正史里，这是没有的事。曹丕对蜀汉，最多是占了孟达、刘封不和的便宜，收了孟达以及上庸三郡而已。而对吴，上面已说了，三次伐吴，志不在吴。

曹丕心里清楚，以目前魏、蜀、吴三国的国力，谁也吃不了谁。任何两家大动兵戈，无非是便宜了第三家，而绝无鲸吞彼此的可能。所以曹丕当政的七年里，曹魏对吴、蜀，局部冲突有，但大规模战争并没有发生。然而曹魏的其他敌人，可就没有吴、蜀这么幸运了。

其他敌人？除了吴、蜀，曹魏还有敌人吗？

有，当然有。那便是五胡！

曹丕时期，威胁中原政权的胡人，主要是两部分：一部分是西北的，常常与河西豪族勾结的羌、氐；另一部分则是虎视曹魏北境的匈奴和鲜卑。有赖于曹魏强悍的军事实力，以及一堆猛人的存在，西戎北狄在曹丕时期是妥妥的软柿子。

苏则，字文师，扶风武功（今陕西武功西）人。演义里面没有这人，但这家伙懂内政、懂外交、懂军事，典型的文武全才。

凉州河西之地，自曹操时代就不太平，当地豪强常常叛乱，边陲的羌、氐也时常侵扰。平定汉中张鲁后，苏则便受命安抚下辩（今甘肃成县）的氐人部落，后转任金城（今甘肃兰州）太守，镇守河西的东大门。陇西李越叛乱，苏则率领羌胡军队平之。

公元220年，河西西平的麹演、张掖的张进、酒泉的黄华举兵叛乱，又勾结胡人，一起围攻武威。武威太守毋丘兴向苏则告急。当时郝昭等人的军队正在金城，但受诏只能驻守，不得西进。而苏则却认为叛军虽盛但终是乌合之众，若急袭便可击溃，但若等朝廷下令发兵，恐怕就迟了。所以便违诏发兵，不仅解了武威的围，还与毋丘兴一并剿平了叛军。

苏则后来因触犯曹丕被贬，但河西的局面并未因苏则的离开而恶化，因为当时总督河西军事的是另一个猛人，曹真。

与曹丕相似，在演义里，曹真也是一个被黑的角色。然而历史上的曹真，可谓曹魏的常胜将军，不仅临阵指挥颇有章法，更具帅才，可统御三军诸将。魏明帝时期街亭一战，张郃即在曹真的统筹下击败马谡，保住了曹魏西垂。

公元221年，河西胡人叛乱。时为镇西将军的曹真统领诸将及州郡兵平叛。史载："讨破叛胡治元多、卢水、封赏等，斩首五万余级，获生口十万，羊一百一十一万口，牛八万。河西遂平。"自东汉末年断绝的河西走廊，至此再度打通。次年鄯善、龟兹、于阗王各遣使奉献，曹魏恢复了中原王朝在西域的统治。

西边武功如此，北边也毫不逊色。在梁习、田豫、牵招等人的努力下，无论是匈奴、鲜卑，还是乌丸，在曹魏身上没有占到一点便宜。鲜卑首领轲比能率众屡次犯边，结果来一次被吊打一次。史载"胡人胆破"，而曹魏"威震沙漠"。

曹丕时期的边功，固然与曹魏实力对西、北游牧民族尚处于优势，以及良将善战有关，但倘若曹丕真如演义中所述，对吴蜀大动干戈，为了一统天下而用兵数年，恐怕曹魏再好的底子，再多的良将，对游牧民族的入侵都难以抵御。

西晋永嘉年间，由于帝国已被八王之乱掏空，五胡乘机入主中原。"五胡乱华"一般从公元304年氏族建立成汉政权算起，一直到439年北魏统一北方，中原才算安定下来。若非曹丕不以灭吴、蜀为功，而西拓北守，五胡乱华不用等到西晋永嘉年间，可能会提前80年左右发生。

### 3

读历史有一大忌讳，即以今人之心，度古人之腹。

因为一句"上品无寒门，下品无势族"，人们对九品中正制大多持否定态度，而对确立这一制度的曹丕，自然也不会有什么夸赞之词了。

这实在是历史的误会。

虽然在今人看来，九品中正制有这样那样的弊端，然而在当时，却是一个创举。

先说这句"上品无寒门，下品无势族"。此语出自西晋大臣刘毅（216—285年）给晋武帝的上疏《疏请罢中正除九品》。上疏的时候，距九品中正制确立尚不足70年。在这封上疏中，刘毅列数九品中正制的种种弊端，请求废除并重新实施汉代察举制。刘毅的主张得到了一些人的支持，比如卫瓘。但最终，晋武帝司马炎没有采纳刘毅的意见，而九品中正制，也在曹魏至隋确立科举制的400年间，成为王朝主打的选官制度。

那么晋武帝为什么拒绝刘毅？既然这制度这么烂，魏晋之后的皇帝、贤臣为何不废止它呢？400年间的君臣，都是白痴吗？

一切都是有原因的，而所有的原因，都离不开两个字：时局。

九品中正制，最早发端于曹操时期。之所以要突破两汉时期的察举制，转而寻求新的选官办法，那是因为看似完备的察举制，在汉末已然变了味儿。

所谓察举制，简单地说是一种自下而上的人才推选制度：通过乡里的评议，推选贤能之人入朝接受策问和考核，能者仕官。察举制确立于汉武帝时期。初创的时候，乡里评议尚能公正，察举制也确实可以举贤。但随着时局的变化，察举制越来越不能发挥它应有的作用。

时局发生了什么变化呢？世家豪族崛起了。

到东汉末年，九州分崩离析，汉朝已名存实亡，而察举制则完全为地方上的世家豪族所把控。换句话说，察举制"举上去"的人，大多是世家豪族看上眼的。而这些举上去的人若做了官，不论入朝还是外放，也多是世家豪族利益的代言人。

官员对一个王朝的运行，何其重要，然而在晚期的察举制之下，最高统治者却几乎丧失了对官员选拔的话语权。

对此，曹操一家人是不开心的。

作为法家思想的贯彻者，曹操一向注重实际。有两种人他最不喜欢：其一，能力差的人；其二，世家豪族。他希望能找到一种办法，冲破世家豪族对人才选拔的垄断，却又一直没太好的办法，所以，曹操时期九品中正制的发端实际上只有"定品"。问题只能留给自己的儿子解决了。

然而到曹丕时代，时局又变了。

曹操的家族，由于认了宦官干爹（曹操的父亲曹嵩，是东汉末年宦官曹腾的养子），以致名声一直不好，不被世人当作名门，曹操本人的施政对世族豪强也多是打压。然而曹操的儿子，无论曹丕还是曹植，都喜欢结交士人，与世族打成一片。尤其曹丕的拥护者司马懿、陈群、贾诩等人，皆是一方望族。

所以，曹丕的上台，一定程度上意味着曹魏的统治者对世家豪族的态度，从曹操时期的提防、压制，开始向曹丕时期的合作转向。

在选官这件事上，曹丕的诉求很明确：以前那种"察举"你们说了算，我是不答应的，但我也不会完全将"察举"的权力收上来，我只希望在这个过程中，我能有一点存在感。

于是"中正官"出现了。

中正官的职责很简单：定品。根据品级为贤才申请相应的官职。中正官的产生，则由各郡长官推选，并由现任官兼任。这样一来，曹魏家族就可以通过九品中正制影响官员的选拔任用了。

值得注意的是，曹丕时期的定品，不完全以出身而论，道德和才能也在考察之列。毕竟曹丕骨子里跟他父亲是一个路子的。于是很多有才能的人得以冲破地方世家豪族的屏障，走向仕途，而曹魏统治者与世家豪族的关系，也在这一制度下得到缓和。

不管从哪个方面说，曹丕所立的九品中正制都比察举制进步多了。

等到司马氏专权的时候，时局再变。

司马氏，河内大族。司马懿兄弟八人，号称"司马八达"，名满天下。司马家族本身就是世家豪族，所以到了司马氏手上的九品中正制，很快演变成了"察举制2.0"：专门为世家豪族服务，定品时渐渐变为以出身为主了。

到了东晋南北朝，门阀政治兴起，经过司马氏加工的九品中正制成了门阀制度的好搭档，因而一直延续下去，直到隋唐因门阀的衰落才被科举制彻底取代。

作为察举制和科举制的过渡，九品中正制在历史上的作用是无可替代的。毕竟在魏晋南北朝时期，两汉的察举制已经不能满足政治需要；而世家豪族遍地，即使出现科举制也没有施行的政治基础。曹丕时期所确立的九品中正制，堪称时代产物。

能顺时而为，当给曹丕记一笔才对。

4

所以曹丕究竟是个怎样的人？

《三国志》的作者陈寿评价说："文帝天资文藻，下笔成章，博闻强识，才艺兼

文武全才的曹丕

该；若加之旷大之度，励以公平之诚，迈志存道，克广德心，则古之贤主，何远之有哉！"

前半句夸，后半句则委婉指出曹丕不够大度，也因此不能与"古之贤主"比肩。

南北朝人士颜之推说："自昔天子而有才华者，唯汉武、魏太祖、文帝、明帝、宋孝武帝，皆负世议，非懿德之君也。"

有才，但品德不过硬。

总地来说，唐代之前史家学者对曹丕的评价还算中肯，既承认他的才能，同时也不否认他的道德污点。

然而自唐起，舆论开始转向了。最典型的是唐朝史家刘知几所言："文帝临戎不武，为国好奢，忍害贤良，疏忌骨肉。"没一个好词。

到了宋代，对曹丕的评价也是一路走低，如范仲淹说："魏文帝宠立郭妃，谮杀甄后，被发塞口而葬，终有反报之殃。"家事都被翻出来说了……

明代之后，由于《三国演义》的助攻，曹丕的形象就变成今天这个样子了。

然而最早黑曹丕的还不是《三国演义》。早在刘宋时期，刘义庆所编的《世说新语》，就已经把曹丕黑得够呛。在《世说新语·贤媛》里有这样一段记载：

魏武帝崩，文帝悉取武帝宫人自侍。及帝病困，卞后出看疾。太后入户，见值侍并是昔日所爱幸者。太后问："何时来邪？"云："正伏魄时过。"因不复前而叹曰："狗鼠不食汝余，死故应尔！"至山陵，亦竟不临。

曹丕把父亲曹操的宫人全收了，惹得卞太后大怒，痛骂病中的曹丕死了活该，以至曹丕去世，卞太后都不曾去探视亲儿子一眼。

从《世说新语》的这段记载开始，"荒淫"成了曹丕甩不掉的一个标签。然而《世说新语》，是小说啊……

曹丕，冤不冤？

## [ 历史档案 ]

魏文帝曹丕（187—226 年），字子桓，豫州沛国谯县（今安徽省亳州市）人、魏武帝曹操次子。公元 220 年曹操去世后，曹丕逼迫汉献帝以"禅让"的名义退位，成为曹魏的开国皇帝（220—226 年在位）。

曹操共有 25 个儿子，自幼文武全才的曹丕能在兄弟 25 人当中脱颖而出，并非浪得虚名。他奠定九品中正制，与世家大族结成利益联盟，稳固了曹魏政权；又平定青州、徐州一带的豪强势力，继曹操之后真正完成了北方的统一；对外又西击鲜卑，再次打通河西走廊，恢复了中原王朝对西域的统治。

曹丕文采颇佳，与父亲曹操、弟弟曹植并称"建安三曹"，他本人写有中国最早的文艺理论批评专著《典论》。

建安二十二年（217 年），建安七子之一的王粲去世，当时还是魏王世子的曹丕与其交情深厚，亲临凭吊。在灵堂上，曹丕向一起吊丧的人倡议说："仲宣（王粲字）生前喜欢驴叫，我们就各学一声驴叫，来为他送行吧！"于是，宾客们纷纷学起了驴叫。

**延伸阅读**

## 地图江湖：中国的省界为何这样划分？

展开一份中国地图，看到国内 34 个省、自治区、直辖市，你或许会有一种感觉，各个省、自治区、直辖市之间界线分明，貌似井然有序。

但实际上，只要搜索一下就可以发现，目前关于国内省界纠纷的案例，仍然经常见诸报端。

根据民政部消息，仅 2003—2014 年的 11 年间，全国"检查界线长度 13.6 万公里，发现和解决省界界线纠纷 49 起，协助有关部门解决省界沿线地区资源纠纷 116 起"。由此可见，即使在今天，国内的部分省界划分仍然存在争议。

由此也产生了一个问题：那就是中国的省界划分，到底是依据什么原则来的？又导致了什么问题呢？

### 1

这里，我们先从"汉中之战"说起。

三国时期，建安二十二年至建安二十四年（217—219 年），刘备与曹操在汉中地区相持，为了争夺汉中，兵力弱小的刘备派人到成都让诸葛亮调兵支援。当时，诸葛亮对是否出兵犹豫不决，对此，杨洪向诸葛亮进谏说，汉中是益州的咽喉和门户，汉中之争，是"家门之祸、存亡之机"，因此力谏诸葛亮应该"男子当战，女子当运"进行战备总动员。

经过两年多的战争，刘备最终击败曹操，取得汉中，并称"汉中王"。而后来诸葛亮的"六出祁山"，其实基本也是以蜀中、汉中为基地，蜀、魏双方的争夺，也是围绕秦岭进行的争夺战。

　　但在今天的中国省界划分中，大家可以清晰地看到，在地理、语言、民俗上与四川更为接近的汉中，却在陕西省境内。这是为什么呢？

　　这就要提到中国行政区域划界的两个重要原则："随山川形便"以及"犬牙交错"。

　　所谓"随山川形便"，是指依据山脉、河流、湖泊等自然地物作为行政区域边界，使得行政区域与自然地理保持一致的划界方式。在今天中国的省界划分中，海南非常明显地体现了这一点，就是以海岛建省；广东则大体是沿着南岭的山脉走势，划分与湖南、江西、广西、福建的界线；而山西则大抵是以太行山为界划省。

　　尽管管理方便、划界清晰，但"随山川形便"也产生了一个显而易见的问题，那就是割据。

　　以山西为例，阎锡山基本就是围绕山西的有利地形长期坐稳了"山西王"的位置，因此在整个民国时期，各路军阀及蒋介石对他基本上是无可奈何，一直到1949年败给解放军后，贯穿整个民国时期的山西割据问题才宣告解决。

　　以汉中为例，刘备之所以要与曹操耗时两年争夺汉中，就是因为汉中是四川的门户，夺得了汉中则保住了四川，否则门户大开，益州是守不住的；而日后魏国灭蜀，钟会的大军，也是先取得了汉中，然后再由邓艾从景谷道偷渡，进兵绵竹，最终才夺下成都，灭亡蜀汉。

　　由于汉中长期归属四川，而地理上的隔绝更是有利于割据自立，因此自古以来，便有"天下未乱蜀先乱，天下已治蜀未治"的说法流传。北宋、南宋之际，宋人更是长期依据汉中等地的有利地形，抵御女真和蒙古的进攻。

　　在击灭南宋后，蒙古意识到了汉中的重要意义，在元朝时，汉中盆地被划归陕西管理，从而使四川失去了汉中这一个咽喉门户和天然屏障。此后700多年，原本与四川连为一体的汉中盆地，也归入了陕西的管辖，经由陕西出兵，可经由汉中进入四川的要害之地。汉中，就像是一根经由陕西嵌入、干扰四川的地形楔子。从行政区域划界来说，这种方法就叫，"犬牙交错"。

## 2

　　尽管"随山川形便"划界清晰、管理方便，但类似四川、山西这种有利于割据的地形，也成了中国古代历代统治者在划分行政区域时，不得不重点考虑的问题，而早在中国第一个大一统王朝秦朝时，就已经考虑到了"犬牙交错"的问题。

秦末天下大乱后，赵佗依据南岭割据自立，建立了南越国。在南越国的国君心中，始终有一根刺，那就是秦朝的行政规划中，为了防止岭南的割据自立，特地将南岭以北桂阳郡的桂阳县治，设置在了今天的广东连州。也就是说，汉朝建立后，虽然南越国仍然存在，但汉朝承袭秦朝领地的桂阳县，却像一根楔子一样，嵌入了岭南和南越国的腹心边缘。

为了拔掉这根刺，赵佗曾经写信给汉文帝，表示希望汉朝撤销在岭南的属地桂阳县，但汉文帝回信予以拒绝，并表示："朕欲定地犬牙相入者，以问吏，吏曰：高皇帝（刘邦）所以介长沙土也。朕不得擅变焉。"

睿智的汉文帝当然明白，有了桂阳县这根插入岭南心脏的楔子，日后统一岭南，自然就有了进攻的前沿阵地。到了汉文帝的孙子汉武帝时期，汉帝国最终出兵灭亡了南越国。在这个过程中，汉武帝也要感谢秦始皇依据"犬牙交错"的原则所规划留下的刺入岭南的桂阳县。

以长江和黄河为例，为了消灭南方政权依据长江和黄河设立天险、割据自立的隐患，自古以来，历朝历代的统治者也多有将长江南北、黄河南北的土地归并在一个省区的做法。

以隋朝的江都郡为例。江都郡位处今天的扬州，隋朝修通大运河后，扬州作为大运河、长江的码头，在军事、地理和经济上的重要意义与日俱增。为了防止地方官员依据长江天险和运河通道割据自守，隋朝在设置江都郡的时候，就将长江南北的两片土地整合到了一起，以此将长江天险包容在一个行政区域内，从而消灭割据的隐患，而这也是"犬牙交错"原则的重要运用。

关于黄河天险的消灭，则出现了一个现在让很多人感到疑惑的问题，为什么河南省内的土地有的却是在黄河以北？例如今天的河南安阳、新乡、鹤壁、濮阳、焦作这五个城市，其实都是处于黄河以北，跟"河南"这个名字，好像不太搭边。实际上，依据黄河建立天险的问题，历朝历代都存在。明、清以后，为了解决这个问题，便将黄河以北的怀庆府、卫辉府、彰德府划给了河南，而民国也大抵承袭了这个规划。中华人民共和国成立之初，曾经一度将黄河以北的地方划成了平原省，但后来又将平原省与河南合并，这就是今天河南省辖境的来由。

而从经济角度而言，今天河南省内黄河以北的土地，是河南省内自然条件最好的地方。而自古以来，黄河以南地区水灾频仍、灾荒不断。将黄河南北合为一省，可以让省内相互周济，同时也将黄河天险，消融在了同一个行政区内。

从陕西来说，南部富裕的汉中盆地，与中部的关中平原一起，可以在经济上周济相对贫瘠的陕北黄土高原地区。三种地形相互结合，组成一个省份，也可以以富济贫，只要没有特别的大灾，陕西省内可以相互周济，不用中央出面就可以内部解决问题。

3

当然，"随山川形便"以及"犬牙交错"也必须控制得当，否则也容易出问题。

以"随山川形便"来说，太过遵循这个原则，容易导致地方割据。但是，太过讲究"犬牙交错"，也会出现大问题，关于这一点，元朝就是个例子。

在元代，国内 11 个行省中，几乎全部"犬牙交错"。例如中书省直辖区跨越太行山东西，将太行山这道山脉完全包容在内；河南江北行省包括淮河南北，将淮河这道屏障也包容在内；江西省、湖广省全部是从长江流域跨越南岭，将长江、珠江两大江河分水岭囊括在内。

对此，清人储大文，曾经评述说："合河南河北为一，而黄河之险失；合江南江北为一，而长江之险失；合湖南湖北为一，而洞庭之险失；合浙东浙西为一，而钱塘之险失；淮（河）东、淮西、汉（水）南、汉北州县错隶，而淮汉之险失。"

所以储大文说："故元明二季流贼之起也，来无所堵，去无所侦；破一县，一府震；破一府，一省震；破一省，各直省皆震。"

由于各个行省都没有天险作为屏障和守护的依托，最终，元朝在元末的农民大起义中，蒙古人的官军几乎无险可守，元帝国的崩溃，与这种过度讲究"犬牙交错"的行政区域划分，也有着深刻的渊源。

关于中国省界、行政区域划分所潜藏至今的问题，也将给我们更多的思考。

## 大皇帝孙权：前世是王莽，转世是袁世凯

论实力，他明明是一线大咖，死后却成了无足轻重的小龙套。

如果有机会重回舞台中央，他一定会跟后来的三国历史编剧们开撕：你们有没有职业道德，懂不懂尊重历史？

如果他知道自己抗议无效，一定会发出英雄暮年般的感慨：历史就是个任人删改的文件夹。

他，是生前强大到令对手又爱又怕又恨，死后寂寞到刷不出存在感的孙权。

### 1

孙权 18 岁就接手父兄的创业公司。论年龄，曹操（155—220 年）、刘备（161—223 年）是孙权（182—252 年）的父辈，在他们眼里，孙权是个小屁孩。但论创业资历，刘备在官渡之战前后替袁绍打工的时候，孙权已经是"江东创业公司"的大老板。

直到孙权及其创业公司先后给曹、刘两位大叔开了颜料铺，所有人终于不得不承认，这小子真的做大了。赤壁之战，打得曹操屁滚尿流。夷陵之战，打得刘备客死白帝城。

孙权用实力赢得曹、刘及其后继者的尊重。

那是建安十八年（213 年）的事。曹操起兵进攻东吴的濡 [rú] 须，两军隔江相持之际，孙权坐着一条大船来观察曹军的动静。

史载："（孙）权乘大船来观军，（曹）公使弓弩乱发，箭着其船，船偏重将覆。权因回船，复以一面受箭，箭均船平，乃还。"

可见，孙权是很机智的一个人。他起初没料到会中了这么多箭，弄得船一侧轻一侧重，都要倾覆了，但他急中生智，设法使船得到平衡，脑瓜子灵光得很。

目睹孙权的船像刺猬一样满载而归，估计曹操整个人都黑线了。

曹操后来说了一句"生子当如孙仲谋"，以表示对这名晚辈兼劲敌的尊重，连带着伤害了曹丕、曹植等亲生儿子的感情。

连罗贯中捧诸葛亮，虚构草船借箭，都要从孙权这里揩油。

再后来，蜀国有一帮人叫嚣着要揍孙吴，诸葛亮宁可认怂也不同意，还给孙权狂点赞，说孙权用人治国很有一套，不是我不打呀，你叫我怎么打呀？

## 2

的确，没有两把刷子，孙权这个江东集团 CEO 的位子能不能坐稳都难说，更不要说拓展业务了。

虽然是"创二代"，但孙权接手的公司账面却很难看。尤其是员工利益固化，拉帮结派，团团伙伙，搞不好就要吃散伙饭了。

他的家族是江东土著，但其父孙坚发迹是在北方，在江淮间招聚了士众，浩浩荡荡杀回江东，起家并不光彩。在本土大族眼里，孙坚及其继任者就是野蛮的侵略者。

此外，吴郡富春孙氏，除了拥有武力，什么都没有。江东世家大族流着道德的血液，从五脏六腑就瞧不起暴发户，对孙氏军事政权要么采取非暴力不合作态度，要么积极参与武装反抗。

孙权的哥哥孙策对这些人的态度很强硬，通过消灭江东豪族的肉体树立权威。孙策自己很快遭到反扑，被江东豪族雇佣的刺客击杀。

孙策死前，已经开始怀疑，单靠枪杆子到底能不能出政权？他给孙权的遗言是："举江东之众，决机于两阵之间，与天下争衡，卿不如我；举贤任能，各尽其心，以保江东，我不如卿。"

这话对极了。孙权的长项之一正是"举贤任能"。

接任 CEO 之后，孙权重点调整了中高层的人事架构。具体操作如下：以孙坚、孙策旧部为代表的淮泗将领，留任一批，比如周瑜、程普等，这是枪杆子；躲避战乱流亡江东的江北士人，留任或起用，比如张昭、诸葛瑾、步骘等，这是笔杆子；最后吸纳江东豪族入股，顾陆张朱"四大家族"都来了，这是钱袋子。

于是凝心聚力进行"江东化"改革，事业蒸蒸日上，红红火火。

## 3

用后世的眼光来看，孙权真像是一个现代企业家穿越过去的。他把企业文化建设放在很高的位置，经常发表内部讲话，做部下的思想工作，用事例说服人，用感情打动人。

孙曹濡须大战，孙权任用周泰为濡须督，东吴名将朱然、徐盛不服：周泰凭什么踩到我们头上来？

孙权于是通知大家一起吃个饭，开个会。宴会上，他亲自给周泰敬酒，让周泰脱下衣服。

众人惊呆了，周泰身上伤痕累累。孙权说，来，你给大家伙讲讲每一条疤痕的来源。

这些疤痕都是 18 年前留下的，当时孙权被山越所困，短兵相接，差点丧命，是周泰死命突围，身受 12 处大伤，才保护孙权死里逃生。

君臣二人在宴会上，回忆往昔峥嵘岁月稠。一问一答，说到动情处，孙权拉住周泰的臂膀，泣不成声，入戏很深。他还当场把自己的头巾和车盖赏给周泰。

宴会结束时，孙权命人奏响军乐，在一片肃穆的鼓角声中，由周泰走在前面，诸将簇拥着走出会场。

这是一次团结的大会，胜利的大会，奋进的大会。经由这些感人的仪式，大家达成了思想的统一。

江东集团的口号呼之欲出：我们都是一家人，相亲相爱的一家人。

用孙权的话说，叫"骨肉之感"。他曾对将士"表白"："今日诸君与孤从事，虽君臣义存，犹谓骨肉不复是过。荣福喜戚，相与共之。"

因为是"骨肉"，他对将士信任有加。

周瑜在赤壁之战建了大功，刘备向孙权进谗言，说周瑜要上天了，迟早要反。孙权不为所动，继续委以重任。

刘备准备攻打孙吴，有人告发诸葛瑾与刘备有一腿，恐怕是奸细卧底。孙权泰然处之，还把告发信转给了诸葛瑾，让他宽心。孙权对人说，我与诸葛瑾有"死生不易之誓"，他不负我，我不负他。肉麻得不要不要的。

因为是"骨肉"，他对将士关怀备至。

吕蒙病重，孙权挂念不已，想去探病，又怕影响他休息，就偷偷在墙上凿了个洞

举贤任能的孙权

观察，看到他吃得下东西了，高兴得哈哈大笑，看到他病情不见好转，担忧得不能入睡。

朱然病重，孙权也是白天吃不下，晚上睡不着。

易中天说，曹操的政府有点像"沙龙"，刘备的政府有点像"帮会"，孙权的政府有点像"家庭"。

## 4

魏、蜀、吴三国中，孙吴集团至少创造了两项纪录：

孙权在位时间最长；吴国享国祚最长。

做一棵常青树，无论对领导人（CEO）还是国家（企业）来说，都极其困难。

孙权做到了，妥妥的。他把公司治理得这么成功，谈钱不伤感情，谈感情不伤钱，怎么就在历史上不受待见呢？

根本原因就在于他太像一个企业家（商人）了，奉行实用主义，没有信仰，只有利益。不管白猫黑猫，对公司有用就是好猫。

曹操和刘备都懂得标榜路线，争夺正统，宣传为正义而战。一方奉天子以令不臣，另一方打着兴复汉室的旗帜，都伪装成名正言顺的样子。

孙权不搞这一套，承认孙吴集团就是个利益集团怎么了？真诚有错吗？

在魏、蜀的夹缝里，他活成了一个自由人。只要对孙吴集团有利，他想跟谁好就跟谁好，一会儿跟蜀汉感情飙升，一会儿又跟曹魏卿卿我我。这使孙权在现实中得到不少便宜，但也导致他在青史中吃了大亏。

魏、蜀、吴，长时间内形成一个稳定的三角形结构，孙权其实居功甚伟。

不过，传统史学家不吃这一套，他们写史（包括写历史小说）的原则只有一条，那就是正统。

三国之后，有的朝代奉曹魏为正统，史家就美化曹操；有的朝代奉蜀汉为正统，史家就美化刘备，以及他的好搭档诸葛亮。没有一个朝代会推崇不站队的孙吴，孙权就这样被轻飘飘地无视了。

## 5

南宋之后，"拥刘反曹轻孙"成为定式。孙权如果知道自己死后的命运，一定会得抑郁症的。对他这么一个枭雄来说，没有比被无视更痛苦的事了。

他甚至愿意领受曹操一样的身后命运，被黑成白脸奸臣，也在所不惜。被黑，也是一种关注，至少人家还知道你做过什么，而孙权连刷存在感的机会都没有。

他生前做一把手的时间比谁都长，称帝却比谁都晚。曹丕称帝，他拉下老脸，向其称臣，继续装孙子。次年，刘备也称帝，他还是不为所动。

说他心里不痒，那绝对是假的。他唯一的心理调节方式，就是很有娱乐精神地从曹丕、刘备的年号（黄初、章武）中各取了一个字，组成自己的年号（黄武）。脚踩两只船，意淫了一把皇帝瘾。

到他称帝的那一年（229 年），曹操已死了很多年，刘备也死了很多年，连曹丕都死了 3 年。而他，做江东集团 CEO，已经整整 30 年。

不愧是一个优秀的"忍者"，真能忍啊。难怪《三国志》的作者陈寿，把他比作越王勾践。

称帝，终于成了孙吴集团的一碗毒药。

孙权称帝前后，判若两人。也许他忍了大半辈子，不想再忍，无须再忍，就像打开了潘多拉盒子，各种任性骄逸，好大喜功，昏聩猜忌，通通跑了出来。一个优秀的CEO，变得跟历史上许多帝王一样普通。

他晚年导演的宫斗戏更是寒了多少人的心，什么"骨肉之感"，什么一起创业，什么思想工作，都是没有的事，代之以各种悲剧收场。

好名声就这样毁于称帝，毁于放纵不再做"忍者"。严谨的史学家可能会给你客观的评价，但大多数人不会那么客观，晚节不保，当然给个差评啦。

我时常在想，孙权的前世也许是王莽，转世也许是袁世凯。他们都是杰出的"忍者"，也是失落初心的皇帝。

孙权的谥号牛哄哄，叫"大皇帝"。古往今来，只有秦皇嬴政自称"始皇帝"能与之媲美了。这么"大"的野心，换来这么弱的存在感，真是历史的讽刺。

## [ 历史档案 ]

孙权（182—252 年），字仲谋，吴郡富春（今浙江富阳）人。建安五年（200 年），其兄孙策遇刺身亡，孙权继之掌事，成为一方诸侯。建安十三年（208 年），与刘备建立孙刘联盟，并于赤壁之战中击败曹操，奠定三国鼎立的基础。

黄武元年（222 年），孙权被魏文帝曹丕册封为吴王，建立吴国。同年，在夷陵之战中大败刘备。黄龙元年（229 年），在武昌正式称帝，国号吴，不久后迁都建业。他晚年在继承人问题上反复无常，引致党争，朝局不稳。

太元元年（252 年）病逝，享年 71 岁，谥号大皇帝，庙号太祖。

## 梁武帝：一梦扭乾坤

### 1

公元 548 年，梁武帝太清二年。这一年是梁武帝萧衍在位的第 47 年，也是他人生中的第 85 个年头。

在当时，论在位时间长短，梁武帝只输给了雄才大略的汉武帝；而论寿命，梁武帝却是之前历代皇帝中当之无愧的第一名。即便加上后世，也只是不及号称"十全老人"的乾隆皇帝（1711—1799 年）一人而已。

乾隆帝自称"十全"，不过是倚仗武功十件。虽然也很了不得，但毕竟只是武功啊。哪怕是攒够一百个武功，以此得名"百全老人"，也未免太过单调了。

相比之下，梁武帝虽然武功没有那么完满的数字，但论权谋，论治国，在位 47 年的他，已然足够位列"千古一帝"之席了。而论文学，梁武帝也是当之无愧的一代文豪。他的诗歌，他的赋，在文学史上，比起那位写诗万首却无一被人记住的乾隆帝，不知高明到哪里去了。

然而梁武帝终究不能算是"千古一帝"，萧衍也因此更多地被后世以"文学家""佛系天子"这样的名头记住。

一切的一切，只因萧衍多活了一年，而梁武帝在位最后一年的那件事，不仅毁灭了他的生命，也毁掉了他的名声。

所有的一切源于一个吉祥的梦。

公元 548 年的某日，梁武帝睡觉时做了一个梦，史载"高祖梦中原平，举朝称庆"。

他将这件事告诉了自己的宠臣朱异，并自吹"吾为人少梦，若有梦，必实"。

善于拿捏圣意的朱异说，这是"宇内方一之征"。果然没过多久，东魏一员大将便携所辖河南地向南梁献上了降表。

　　来者何人？侯景也。

## 2

　　侯景，字万景，鲜卑化羯人。此人打小就行为不羁，深为乡里人所忌惮。成人后"骁勇有膂力，善骑射"。北魏末年，侯景投军，先后在鲜于修礼、葛荣、尔朱荣帐下效力。而当尔朱荣被高欢诛灭后，侯景投了高欢。

　　侯景虽然为人"残忍酷虐"却驭军严整，每次打仗所掠得的财宝，皆颁赐将士，所以侯景的军队颇有战斗力，侯景也因此很受高欢的重用。

　　公元534年，高欢立孝静帝，建立东魏，自己独揽大权，而侯景则被高欢委以重任。史载："魏以（侯景）为司徒、南道行台，拥众十万，专制河南。"

　　简单说，黄河以南直到梁境、洛阳以东直到大海的大片土地，都是侯景的地盘。

　　对高欢，侯景是服的，敬称其为"高王"；而对高欢的长子高澄，侯景却非常不待见，直称其为"鲜卑小儿"。史载侯景曾扬言道：

　　"王在，吾不敢有异；王无，吾不能与鲜卑小儿共事！"

　　另一边高欢对侯景心里也是非常有数的。公元547年，高欢病重时，对其子高澄说："侯景狡猾多计，反覆难知，我死后，必不为汝用。"

　　于是高氏父子便写信召侯景入朝。

　　侯景显然也不是省油的灯，他知道高王一死，自己必大祸临头。见到召自己回朝的书信，侯景心中颇为不安：这时候回去，不等于送死吗？于是在高欢去世数日后，侯景果然反了。

　　侯景的地盘，处于东魏、西魏、南梁三国的交界处。这块地虽然不小，但毕竟是四战之地，凭这个自立，独自对抗三国的哪一方，都是很扯的事。所以在举起反旗的那一刻，侯景就张罗着找靠山了。

　　他首先想到的是西魏。

　　在高欢立孝静帝建立东魏后不久，他的死对头宇文泰就立文昭帝建立西魏，与东魏对峙。当时的三国若说哪家最强，东魏、南梁也许还能争一争，但若说谁最弱，那真的非西魏莫属了：国土小，经济弱，人口少。

　　应该说，侯景的选择是很精明的。身为东魏大将，叛归主子的死敌，又求以河南六州内附，这对西魏来说，难道不是稳赚不赔的买卖吗？

然而西魏的主事人宇文泰，可是老油条。在他眼里，这桩看似稳赚不赔的买卖却因为侯景的存在而风险陡增。

都知道侯景这人反复无常，算上高欢父子，侯景可是已经换了四个东家了。而且几乎每换一个东家，都会与前东家为敌。今天他投了我，明天他又叛我，怎么办？

所以宇文泰对侯景的答复是：好啊，欢迎啊。不过你得入朝为官，而你的地盘，则由我派人接收。

侯景一看傻眼了：这跟高氏父子召我回朝有区别吗？于是侯景表面上接受西魏所封官爵，却又暗地里寻求第二选项——南下投奔梁国。

## 3

面对这封降表，梁武帝君臣要怎么办呢？

群臣廷议时，以尚书仆射谢举为首的一干大臣均表示反对。理由有两个：

其一，侯景的人品问题。虽然这人能征善战，但他反复无常啊，谁能保证他会忠心为南梁效力呢？

其二，如谢举所言，南梁"顷岁与魏通和，边境无事。今纳其叛臣，窃谓非宜"。此时南梁与东魏高氏，关系尚好，接纳东魏的叛将，不是明摆着要破坏两国关系吗？

梁武帝虽然很想接纳侯景，但一听群臣这么说，自己也犹豫了。大清早自己一个人来到武德阁，自言自语道："我国家承平若此，今便受地，讵是事宜，脱致纷纭，悔无所及。"

老人家内心是纠结的。

而深谙圣意的朱异此时又出现了。朱异应声答道："圣明御宇，上应苍玄，北土遗黎，谁不慕仰？为无机会，未达其心。"

上来一句把老人家捧得高高的：圣上英明，天命所在，北方的人都想着归顺呢，这不是没机会吗？

紧接着朱异又说："今侯景分魏国大半，输诚送款，远归圣朝，岂非天诱其衷，人奖其计！原心审事，殊有可嘉。"

点明两件事，第一，侯景带来的是"魏国大半土地"；第二，这是"天诱其衷"，老天的旨意。

最后朱异不忘补一刀："今若不容，恐绝后来之望。此诚易见，愿陛下无疑。"

人家来投你，你不收，以后还会有人来投你吗？

三下五除二，把老人家说动了。

想想那大片河南土地，想想良将，想想天命，想想自己的年纪，想想功业，想想那天做的那个梦，梁武帝下了决心："得景则塞北可清；机会难得，岂宜胶柱！"

于是梁武帝封侯景河南王、都督河南北诸军事、大行台，并先后两次派兵北上，支援侯景，为首大将乃萧渊明。

# 4

萧渊明之父萧懿是萧衍的兄长，让亲侄子统兵出征，这种事放在宋、齐两代是罕见的。两代都以屠戮宗室出名。叔侄这么近的关系，莫说掌兵，能保住命就不错了：

刘宋前废帝刘子业在位时，百般虐叔，最后却被自己的叔叔刘彧反杀了。宋明帝刘彧上台后，心中不安，于是杀光各路侄子。宗室之惨，难以名状。

然而萧衍是个慈父。

虽然早年挥军征战四方，刀下鬼多得数不过来，虽然覆齐建梁之后，对齐明帝萧鸾一系几乎斩尽杀绝，但与宋、齐的篡位者不同的是，萧衍不是嗜杀之人：对萧齐宗室的杀戮，仅限于萧鸾一系，而对自家宗室的重视和爱护无以复加。

比如对亡兄萧懿的儿子，尽数封侯，而对萧琛、萧景等宗室，均委以要职。甚至，有的宗室触犯了法律，萧衍也网开一面，不予追究。

对待宗室，萧衍一直怀着一份亲情，以至当时史臣有论："高祖光有天下，庆命傍流，枝戚属雄，咸被任遇。"

对宗室如此，对自己的儿子就更不用说了。

除了长子昭明太子萧统外，其余七子均封王，各镇一方。其中二子萧综之事，让老人家特别费心。

当年萧衍起兵反齐、诛杀东昏侯萧宝卷之时，萧宝卷的妃子吴氏已有身孕。后来吴氏被萧衍纳为妃，仅七个月便生下了腹中孩子，即萧衍的次子萧综。宫中人多疑此非萧衍骨肉，萧衍却不疑，照样封王。

萧综长大后，吴氏因忌恨失宠于萧衍，故对萧综说出了身世。萧综大惊，决心与萧衍决裂。在一次与北魏的战争中，萧综乘机投靠了北魏，更名萧缵，并表示为东昏

三次出家的萧衍

侯服丧。

萧衍知道后非常生气，下令"削爵土，绝属籍，改其姓为悖氏"，但很快又恢复原来的样子，甚至封尚在梁土的萧综的儿子为侯。可见萧衍心中的放不下。

萧衍对亲子如此，待养子亦不薄。

侄子萧正德，在萧衍长子萧统尚未出生时，被过继给萧衍做儿子。等到萧统出生，萧正德又回归本宗。萧衍称帝后，封他做侯。由于落选太子，萧正德怀恨在心，居然投奔了北魏。

神奇的是，一年以后，在北魏混不下去的萧正德居然又跑回了南梁。更加神奇的是，萧衍居然没有责骂他！只是流着眼泪劝诫了一番，不仅恢复了他的侯位，还封了将军。

萧正德回梁后，恶性不改，到处为害，然而萧衍也没怎么惩罚他，还给他升官。549 年，萧正德竟是平北将军、都督京师诸军事，担任守卫京畿的要职了。

很快，萧衍的宽仁便收到了"回报"。

## 5

萧渊明带兵北上支援侯景，入了东魏境内，梁、魏正式撕破脸皮。

侯景见南梁派兵来了，心中暗喜。另一边东魏自然也没闲着，迅速组织人马，南下驱敌平叛。

这一次，侯景和萧渊明运气不太好，因为东魏派来的军队，领军的是大都督高岳，而实际指挥作战的，则是慕容绍宗。

史载侯景最开始听闻东魏派来的将领是韩轨，不屑地说道："啖猪肠小儿！"

后来听说来的是大都督高岳，侯景还是一副很牛的样子："此尔。"

等到听说慕容绍宗到了，侯景"扣鞍"曰："谁教鲜卑小儿解遣绍宗来？若然，高王未死邪？"

吓得以为高欢诈尸。

之后发生的战事，也的确印证了所谓"侯景克星"慕容绍宗的实力。先是闪击萧渊明，一战生擒。然后与侯景耗，耗到侯景军队粮尽，人心浮动；接着施展攻心术，对侯景的军队大打亲情牌，使之溃散，乘机冲杀。搞得侯景身边仅剩 800 骑兵，狼狈逃入江南。

就这样，梁武帝的如意算盘落空了：只得到了一个反复无常的战将和他的 800

残兵，而所谓河南地却寸土未得，甚至还搭上了自己的侄子和数万士兵。

对于看重亲情的萧衍来说，侄子被俘虏，让这位 80 多岁的老人痛彻心扉。恰这个时候，东魏那边却伸来橄榄枝。

年轻的高澄，其老辣程度丝毫不逊于其父高欢。他很清楚逃入江南的侯景，对南梁来说就是一颗炸弹，而引爆这颗炸弹最好的雷管，便是刚刚被俘虏的萧渊明。

原来萧渊明被俘后，受到了东魏的款待。在高澄的授意下，东魏孝静帝亲自接见萧渊明和众将帅，解除对他们的囚禁，将他送往高澄的居所晋阳。而高澄对萧渊明也礼遇有加，十分亲切地对他说："先王与梁主和好十有余年，闻彼礼佛文，常云奉为魏主，并及先王，此甚是梁主厚意。不谓一朝失信，致此纷扰。自出师薄伐，无战不克，无城不陷，今自欲和，非是力屈。境上之事，知非梁主本心，当是侯景违命扇动耳。侯可遣使谘论，若犹存先王分义，重成通和者，吾必不违先王之旨，侯及诸人并即放还。"

在这段谈话中，东魏丞相高澄首先追溯了魏、梁双方多年的传统友谊，虽然战场上东魏战无不胜，攻无不克，但想想看还是以和为贵。紧接着，高澄一面给南梁的出兵开脱，说发动战争那不是梁主本心，是受了侯景的煽动；一面又点明，只要魏、梁议和，梁交还侯景，魏自然也就交还萧渊明等人。

萧渊明听了大为感慨，立即修书一封送往建康。

这封信成了一把钥匙，打开潘多拉魔盒的钥匙。

## 6

萧衍看了信之后，哭了。于是与诸臣商议该怎么办。

朱异等人坚持"静寇息民，和实为贵"，主张答应东魏的条件，议和。

只有司农卿傅岐看得透，说道："高澄何事须和？必是设间，故命贞阳（萧渊明）遣使，欲令侯景自疑。景意不安，必图祸乱。若许通好，正堕其计中。"

这分明就是高澄的反间计，千万不要上当！

然而朱异等人坚持要和平，不要战争。萧衍也不想再用兵，于是就给萧渊明回信，感谢高澄款待，"当别遣行人，重敦邻睦"。

此时身在寿阳的侯景，听到这个消息后，心中无比震恐。

梁魏议和？这不分明拿我做筹码吗？

侯景立即作书一封送往建康给梁武帝，痛陈不可与东魏言和。侯景不放心，又叫人拿了三百两黄金，厚赂朱异，想让朱异帮自己说好话。

天真！朱异是什么人？作为梁武帝几十年不倒的专宠，朱异只会讲梁武帝爱听的话，只会顺着梁武帝的心意去说，凭这点钱让他"直言进谏"替一个降将说话？想得美！

金子，朱异收下了，但话，却没有给侯景传。

侯景不甘心，又写了两封信发到建康，得到的回复是两个大写的"不"。

侯景被逼到了角落里。为了心中最后一丝希望，侯景伪造了一封高澄写给萧衍的信，诈称东魏方面要求以萧渊明交换侯景，将信发往建康。萧衍看后，打算同意。傅岐力谏："侯景以穷归义，弃之不祥；且百战之余，宁肯束手就执！"

人家穷途末路来投，我们收了他却又要将他抛弃；而且人家百战之将，你说抓起来，就能抓起来了？

朱异等人却不以为然："景奔败之将，一使之力耳。"

派个使臣去把他抓起来就够了。

于是萧衍回复高氏说："贞阳旦至，侯景夕返。"

侯景听到消息后，心态彻底崩了，大骂："我固知吴老公薄心肠！"

身边的僚属说了："今坐听亦死，举大事亦死，唯王图之！"

侯景一咬牙，反了！

## 7

梁武帝真的老了。

自侯景决定要反，到侯景真正开始造反，中间其实隔了好长一段时间。在这段时间里，侯景依然不停地向建康索要物资，虽然态度越来越傲慢，但梁武帝却一一应允。史载"赏赐锦彩钱布，信使相望"。

同时，也不断有人向梁武帝告发，说侯景要反，但梁武帝并未当回事。正如朱异所说："景孤危寄命，譬如婴儿仰人乳哺，以此事势，安能反乎！"

宗室鄱阳王萧范接连请命合兵讨伐侯景，梁武帝不许。朱异代梁武帝回复说："鄱阳王遂不许朝廷有一客！"

甚至，侯景邀梁将羊鸦仁同反，羊鸦仁将使者绑了送到建康，朱异仍说："景数百叛虏，何能为？"

就这样一天天过去，侯景的实力渐渐恢复，终于，举兵的那一天来了。

打着"清君侧"的名号，侯景率军直取建康，所列佞臣之首正是朱异。

梁武帝听说侯景造反后，大笑说："是何能为，吾以折棰笞之！"

的确，侯景举兵时，兵不过八千。然而，此时的侯景久经战阵，正是当打之年，而梁武帝则早已不是当年那个挥军大战四方的萧衍了。当梁武帝派出的平乱军队按部就班地开赴淮南时，侯景却早就做好无后方作战的打算。他声东击西，率领轻兵出其不意地攻占滁州、和县，击败守江梁军，从采石矶渡江。

梁国举朝震动。

除了战略上技高一筹，梁武帝末年梁国尖锐的社会矛盾，也着实帮了侯景的大忙。由于纵容宗室、高门世家，梁朝表面上看其乐融融，实际上暗流涌动。大量的奴仆、平民，饱受梁廷掌权者的欺压，以致侯景军至，一呼百应。开始时不过八千人，怎想兵越打越多，到建康城下时竟已有十万之众。

梁武帝早年治下的"治定功成，远安迩肃"，"三四十年，斯为盛矣"，如今一去不复返了。

建康城自东吴起做首都，后又历经东晋、宋、齐三代，经营良久，就算侯景人多，也没那么容易攻破。然而负责京畿防御的萧衍养子萧正德，却早就被侯景收买，背叛了对自己数有恩典的养父。在萧正德的引导下，侯景军顺利地攻进了建康，梁武帝则率守城残军退入台城（宫城），在名将羊侃的组织下死守。

从548年10月到549年3月，台城攻防战打了五个月。萧衍的儿子们呢？

此时萧衍的儿子中，健在的只有三子萧纲、六子萧纶、七子萧绎、八子萧纪。

三子萧纲跟父亲萧衍一起，被困在台城。能自由活动的只有另外三子：六子萧纶，即统兵征讨侯景的主帅，能力有限，打侯景打不过；七子萧绎，镇江陵，倒是派兵勤王了，可看起来不怎么积极；八子萧纪，镇蜀中，干脆不发兵平叛。

直白点说，对老七、老八而言，困在台城的并不是什么"父亲萧衍"，而是大梁王朝的开国君主梁武帝。正牌太子萧统早已故去多年，只要梁武帝一去世，这皇位，花落谁家未可知。

作为皇帝，梁武帝的功过还不好简单地评断，但作为父亲，萧衍可以说是很失败了。

## 8

羊侃病死，台城也终于失陷了。

当听到侯景军涌入台城的消息时，梁武帝"安卧不动"，问近臣："犹可一战乎？"

近臣回答说"不可"。

梁武帝感叹道："自我得之，自我失之，亦复何恨？"

不一会儿，侯景带兵进了皇宫，一次史上绝无仅有的会面就此展开。

侯景首先表态："为奸佞所蔽，领众入朝，惊动圣躬，今诣阙待罪。"

梁武帝于是召见侯景。侯景入殿后，梁武帝"神色不变"。梁武帝问道："卿在军中日久，无乃为劳！"

侯景竟然不敢抬头看梁武帝，"汗流被面"，满头大汗。

梁武帝又问："卿何州人，而敢至此，妻子犹在北邪？"

侯景居然答不上话。旁边的将领代侯景答道："臣景妻子皆为高氏所屠，唯以一身归陛下。"

梁武帝又问："初渡江有几人？"

侯景回答："千人。"

"围台城几人？"

"十万。"

"今有几人？"

"率土之内，莫非己有。"

梁武帝终于不说话了。

于是侯景退下来，对僚属说了这么一段话："吾常跨鞍对阵，矢刃交下，而意气安缓，了无怖心。今见萧公，使人自惧，岂非天威难犯！吾不可以再见之。"

之后，虽然台城尽为侯景控制，但在梁武帝面前，侯景的要求却皆得不到满足。侯景想借梁武帝之名发号施令，竟被梁武帝三言两语怼回去。侯景无奈，只得削减梁武帝膳食。86 岁的老人终于扛不住了，忧愤成疾。

临终前，梁武帝觉得口苦，想喝蜜却不可得。两声"荷！荷！"成了他最后的遗言。

梁武帝死了，在位 48 年；萧衍死了，享年 86 岁。

总共 55 年国祚的南梁，几年之后也寿终正寝。

经此一乱，南朝国力一落千丈，哪怕继任的国君如何努力，都难以恢复梁初的版图和国力。

东魏于此乱并未占得多大便宜，倒是西魏，拜萧衍那两个儿子所赐，占据了巴蜀和荆州，一跃成为三国中实力最强的一方。

再之后，陈代梁，北齐代东魏，北周代西魏；继而北周灭北齐，隋又取而代之。

公元 589 年，隋灭陈。梁武帝梦想实现的宇内一统终于实现。

华夏的命运，就此改写。

## [ 历史档案 ]

梁武帝萧衍（464—549年），字叔达，南北朝时期梁朝的建立者（502—549年在位）。

在亲身经历南朝宋、齐两代的内乱和政权更迭后，建立梁朝的梁武帝起初对治国格外用心。与喜欢残杀内斗的宋、齐两代不同，他对待皇族非常优厚，并且继续重用在宋、齐两代遭到冷落的士族。

但在侯景之乱中，争权夺利与宋、齐两代并无异样的梁朝皇族，实际上才是逼死梁武帝的幕后凶手。而梁武帝所信赖的士族，则像生活奢靡、涂脂抹粉的建康令王复一样，见到骏马喷气跳跃，就被吓得半死，连声尖叫说："这哪里是马，分明是老虎嘛！"

中国禅宗初祖达摩从印度来华，进建康（南京）觐见梁武帝，梁武帝问达摩祖师："我修了很多寺庙，剃度了很多僧人，抄写了很多经书，我的功德大吗？"

达摩回答梁武帝说："你一点功德都没有。"

话不投机，达摩祖师遂渡江北上。

后来，侯景起兵南下。

## 中华第二帝国的开创者，史上最被低估的皇帝

公元 601 年，天下太平无事。整个东方世界，只有两件八卦可记。一件是，高丽僧人把口红传到了日本，还有一件是，隋文帝杨坚被老婆气得离家出走。

这一年，60 岁的老皇帝临幸了一个年轻貌美的小宫女。事情被老妻独孤皇后发现，小宫女被活活打死。听到这个血腥的消息，杨坚龙颜大怒。然后，骑上一匹马，往帝都城北方向驰去，一直走了 20 余里，仍不回头。看样子是连皇帝都不想做了。

大臣们一时都慌了，高颎 [jiǒng]、杨素一路追赶，终于在山谷里追上了，堵住去路，苦苦劝谏。杨坚委屈得要命："吾贵为天子，不得自由！"意思是，临幸个宫女都不行，做皇帝还有什么意思？高颎劝道，陛下身系家国社稷，怎能因一妇人而看轻天下？

似乎一想起天下百姓，杨坚飙升的荷尔蒙就消退了。他怒气渐消，据说待到下半夜就返回宫中，继续做那个"不得自由"的皇帝。

### 1

古代史官写东西总是惜墨如金，特别是关于帝王生平的篇章，把丰功伟绩写完，文章也该收尾了。但凡八卦花边无关宏旨，一概略过。杨坚被老婆欺负这件事，竟然被记了下来，还写得这么详细。每次读史书，看到这里，就总觉得有点蹊跷。写这件八卦到底要说明什么呢？

有两点值得思考：第一，为什么大臣一劝谏，杨坚就听？是在证明杨坚是个从谏如流的好皇帝吗？第二，杨坚为什么感慨自己的皇帝做得不自由？是说他受外部约束或者自我约束很严格，丝毫不敢任性吗？

接下来，我跟大家仔细分析一下这个事情。

杨坚这个皇帝，在中国历史上存在感比较弱，感觉被严重低估了。如果皇帝也像演员可以划线的话，杨坚可能会被划入二线皇帝的序列，地位和知名度远低于嬴政、朱元璋、李世民这些一线皇帝。

但实际上，杨坚绝对是一个实力派皇帝。

隋朝以后，历代皇帝都在拾他的牙慧。而这些，在杨坚那里，只能算是小目标。更大的目标都被他实现了。隋朝建立才两年多，也就是公元583年前后，隋朝就打败了头号强敌——突厥。乘着这股气势，杨坚心中已经勾画了一幅世界性帝国的蓝图。

要知道，中国上一次成为东方世界的中心，还是在汉武帝征讨匈奴胜利之后，到杨坚在位时，已经过去600多年了。即便从西晋衰落后，中原政权被周边异族政权狂虐算起，到此时，也接近300年了。这数百年间，没有一个大国构建起政治与文化的权威体系，导致各民族、国家间交相征伐，弱肉强食。到头来，受苦受难的，还是各政权治下的百姓。

杨坚带领中国重新崛起，结束了战争，结束了杀戮，功德无量。

隋唐两代被称为中华第二帝国，是继秦汉之后崛起的新帝国时期。作为中华第二帝国的肇建者，杨坚称得上是伟人。

## 2

每一个开创伟大功业的皇帝，在私德、作风或手段上总会留下争议。比如嬴政、朱元璋的口碑都不好，都以残暴出名。

伟人饱受诟病，似乎是历史的常态，但杨坚似乎是历史的例外。是杨坚这个人特别好，既雄才大略，又不凶残狭隘吗？不是。主要是因为他比其他皇帝高明了一点点，善于给人营造好印象。

他要搞什么大新闻，都不会以朕的名义进行，而是无限扩大民意的基础，以人民、臣下的名义行事。搞得好像就连他登上帝位也是被逼的。

公元581年正月，杨坚让人替北周静帝写好退位禅让诏书，送到他的王府。然后，还假装不知情，假意再三推辞，最后才接受了大家的拥戴，穿上龙袍，登上心仪已久的宝座。这种体面的夺位方式，无形中淡化了权力转移的残酷性。

统一全国后，杨坚知道，以自己的功业在历史上绝对排得上号了，得搞点什么仪式来匹配这不世的功业才行。大臣溜须拍马惯了，皇帝放个屁都秒懂他想表达什么，于是恭维隋文帝德配天地，再造太平盛世，鼓动他封禅泰山，竖碑立传。杨坚却欲擒故纵，严词拒绝，说凭我这点德行，还不配封禅泰山。以后谁也不准提"封禅"两个字。

听听，真的是一代明君，堪比尧舜。然后，他真的不提"封禅"，换了个词儿"东狩"，还是去了一趟泰山。理由是禁不住大臣们的一再劝告！

被独孤皇后气得离家出走那一次，也是要大臣劝着说"以天下苍生为重"，才觉得找到了台阶，趁势回宫。

这些戏码，君臣配合得天衣无缝，看得出平时没少排练。

隔着一千多年的时光，我们仿佛都能听见杨坚的内心独白：你们劝我呀，劝我呀，朕从谏如流，会听的。

## 3

如果说大臣的苦劝与杨坚的听劝是一场约定好的政治秀的话，那么，杨坚说自己"不得自由"则可能是一句真心话。

还在做北周的国丈那会儿，他就权势很大，面临的风险也很大，时时战战兢兢，如履薄冰，不得自由。

他的女婿，北周宣帝年纪轻轻，虽然比较昏庸荒淫，但还是能感受到杨坚对自己的威胁，而且严重怀疑杨皇后就是杨坚安排在自己身边的间谍。有一次，宣帝心情不好，威胁杨皇后说："我早就看你爸不顺眼了，明天就灭了他。"几天后，宣帝召杨坚入宫，事先埋伏下刀斧手，下令说杨坚如果有任何心情紧张的表现，就直接做掉他。杨坚来了，举止自若，毫无异样，这才捡回了一条命。

当了皇帝后，杨坚也很辛苦。私人生活被独孤皇后困住，不得自由只是一种表象，更深层的是，他被国家政务困住了，大小决定都要自己拿主意，以至于废寝忘食都干不完。他被迫成了一个工作狂，没有私人时间。

这么勤政的好皇帝，难道不应该表扬吗？

别人看不透，但著名的皇帝唐太宗李世民却早看透了。

李世民曾问大臣萧瑀，杨坚这个皇帝做得怎么样？萧瑀把杨坚大大吹捧了一通，说隋文帝这个人不纵欲，长时间工作，深入基层，吃工作餐，简直是君王勤政的典范。

没想到李世民大摇其头，一点儿都不赞同："公知其一，未知其二。此人性至察而心不明。夫心暗则照有不通，至察则多疑于物。又欺孤儿寡妇以得天下，恒恐群臣内怀不服，不肯信任百司，每事皆自决断，虽则劳神苦形，未能尽合于理。朝臣既知其意，亦不敢直言，宰相以下唯即承顺而已！"

就是说，杨坚这个人对人性悟得太透彻，知道人心叵测，他通过篡夺女婿的皇位建立隋朝，怕有人也觊觎他的皇位，重演他的故事，于是干脆谁也不相信。

他居高临下，自己把自己放在了什么都懂的位置上，不得不事必躬亲。可是这样做的结果，对于皇帝来说，哪怕十件事判断错了一件，执行下去就是滔天恶浪。

他刚愎自用，格局狭隘，日子久了，旁边的人只拣他喜欢听的说。表面上他能与臣下对谈，实际上什么也听不进去。

说白了，杨坚所谓的"不得自由"，就是权力欲太强。这个世界上的工作狂，其实跟杨坚都是同一种性格。

## 4

早年在北周的惊险经历，一定程度上练就了杨坚的个性。

这就是，当皇帝，城府要深，演技要好。这样才不会被近臣摸透，才能对臣僚进行控制，而不被他们反控制。历史上那些被大权臣或大阉宦操弄的皇帝，基本上性子都太直，喜怒哀乐形于色，很容易就被利用。尤其是明朝中后期大多数皇帝，都很任性，很率真——我就爱扮大将军打仗，我就喜欢闭门炼仙丹，其他我不管——权臣阉宦最中意他们服侍的皇帝直来直去，有句话叫"不怕你有原则，就怕你没爱好"，正是这个道理。这些皇帝在权力手段上的致命弱点在于，不懂得演戏。

杨坚不一样，他在这方面很有天赋，天生是个好演员。他可以做到这样：我虽然喜欢，但我偏说不喜欢；我虽然不喜欢，但我偏要表现得很喜欢。看你们怎么办？

他变幻莫测，猜忌严苛，底下的大臣根本无法真正熟悉他，看破他。他可以前一秒对大臣许诺加官晋爵，后一秒就在金殿上对其实施杖责，也许只是某句话让他感到不爽，直接翻脸不认人。

他甚至嫌执行杖责的人下手太轻，怀疑他们手下留情，于是下令将行刑者推出去斩首。如此一来，行刑者无不狠如虎狼，所以经常有人当堂死于杖下。

然后他又突然表演仁慈，让人把木棍从金殿上撤走。过了段时间，他又想打人，就假装忘了这事，大吼一句：谁把棍子拿走的？是谁？

杨坚

更可怕的是，他还擅长搞钓鱼执法，经常派人向一些官吏行贿，发现有人受贿了，直接处以极刑。

他对老百姓也经常飙演技，时而宽厚得可以跟民众同行同吃，时而又荒唐到连民间大点的船只都要没收，理由是大船可能被用来藏匿奸党。

总之，杨坚一直在揣摩一件事，那就是怎么演好皇帝这个角色。

<h2 style="text-align:center">5</h2>

杨坚一生最成功与最失败的戏，是同一场戏。

在这场戏里，他表演节俭。

节俭到什么程度？他吃饭不过一肉，旧衣服缝缝补补照穿，车子破旧了也不换，大臣进献绫罗绸缎，他当场烧掉。可以说，节俭到把自己感动哭了。

他不仅自己节俭，还要求家人亲属节俭。太子杨勇适度奢侈了一把，直接被他黄牌警告，后来被罚下场，废掉太子身份，与这次警告也有点关系。

他不仅要求家人亲属节俭，还要求百官节俭。其实也不用要求，大臣们一看皇帝好这口，都"自觉"地节俭起来。你想啊，皇帝都对自己这么狠，大臣们能对自己仁慈吗？还不是一个个苦修演技，不把自己弄得跟半个月揭不开锅似的，就不要在大隋影视圈混了。

他在本人节俭的同时，也舍不得让老百姓过上较为富足舒服的日子，紧紧守着国家的财富，死活不让肥水外流。所以，老百姓的生活并没有得到很好的改善，还是过着紧巴巴的苦日子，没能分享国家经济发展的成果。甚至，在关中百姓遭遇灾荒、生活难以为继时，他仍不肯开仓赈灾，而是任凭一队队饥民艰难地踏上逐粮洛阳的苦旅。难怪明清之际的大儒王夫之看杨坚不爽，一语道破，说："隋文帝之俭，非俭也，吝也。"就是说，杨坚不是节俭，他是吝啬。吝啬跟节俭是两回事。

节俭，用来要求自己才叫节俭，用来要求别人就叫吝啬。如果还利用手中的权力，上纲上线，上到法律层面，穿得好看了，杀；吃得太好了，打……那这样的社会就更可怕了。很不幸，杨坚就是这样一个人。

你只要查清楚人家的实际收入够不够得上他的消费力，有没有贪污腐败搞非法创收，就可以了，不要用法律与道德去制约一个人的消费习惯。

节俭是一种美德，很好，但是，适度的奢侈也不全是坏事，还可能是整个社会进步的阶梯。一个没有消费欲望，没有炫富追求的社会，迟早会陷入发展的困境。不追求奢侈，也就不崇尚打拼，这个社会终将处于一种低端的发展状态。

说回隋文帝杨坚，他明明可以锦衣玉食，却偏要粗食布衣，这固然很好，然而相对于他手中的帝国，这点节约的偏好，只能算是小节俭。是否够得上大节俭，要从他治国的大项目才能看出来。

杨坚即位第二年，开始营建新都，大兴土木，劳民伤财。十几年后，又营建仁寿宫，征调民夫数十万平山填谷。新宫用了两年建成，蔚为壮观，一点都看不出节俭的模样。这期间，为了赶工，上万民夫劳累而死，不见杨坚有何反思。穿穿破衣服、坐坐旧车子，这样的节俭跟耗费巨资、累死成千上万百姓的大工程比起来，简直虚伪得让人作呕。

结果，伪节俭的杨坚正是在节俭这件事上遭遇了算计。

他的二儿子杨广觊觎皇位，跟父亲互飙演技，把自己装得跟劳模一样能干，跟乞丐一样节俭。这个浑身都是戏的戏精，顺利骗过了杨坚的眼睛，成功继位。杨广上位后，做了史上最奢靡的一件事——把整个帝国败光了。隋朝，成了继秦朝之后二世而亡的统一王朝。这是后话了。

总之，杨坚这个人，的确是个伟人。但是，再伟大的人，也有他的毛病。我们读历史，不能用他的毛病去否定他的功绩，但也不能用他的功绩去美化他的毛病，要跟法官断案一样，讲求客观公正。

## [ 历史档案 ]

隋文帝杨坚（541—604 年），弘农郡华阴（今陕西省华阴市）人，隋朝开国皇帝。

北周大定元年（581 年），杨坚受北周静帝禅让为帝，改元开皇。即位后，修定刑律和制度，使适合于南北统一后的中国。在中央实行三省六部制，将地方的州、郡、县三级制改为州、县两级制。

在位 24 年间，锐意改革，政绩卓著。但是在位晚期逐渐多疑，杀害功臣，废黜长子杨勇，立晋王杨广为太子，埋下了亡国祸根。

仁寿四年（604 年）在仁寿宫离奇去世。终年 64 岁，庙号高祖，谥号文皇帝。

延伸阅读

## 秦隋两朝，为何短命？

读历史总有一个感觉，秦朝和隋朝的历史评价，为什么远远配不上它们的历史地位？

秦、隋都结束了四分五裂的局面，开创了大一统的先声。这盖世功业，理应好好吹一吹，然而并没有。历来史家捧得最多的是紧随其后的汉、唐两代。

秦、隋两代吃亏就吃亏在太短命了，一个活了 15 年，一个存在 29 年（均从完成统一大业起算）。以人的生命比拟，一个未成年夭折，一个未到而立之年离世；从朝代留名的可能性看，还没来得及好好修饰本朝的历史就挂掉了。可惜啊！

这俩朝代一亡，就有很多大咖趁热研讨这个问题：这么强的朝代，为何这么快就亡了？

关于秦朝，汉代的陆贾说，秦朝速亡是因为不尚德而尚刑，太倚重严刑峻法了。贾谊的观点也类似，说是秦朝不施仁政。清代的王夫之则认为，最主要的原因是秦始皇用错了人。

关于隋朝，隋亡对唐初统治者触动很大，唐太宗君臣专门组织过研讨会，交流心得，吸取教训。唐太宗认为，隋朝短命要怪隋文帝事事亲为，处理得又不合理。魏徵则重点反思了隋炀帝的荒淫暴政。

除了这些传统的解释，我们能找到新的视角，更好地回答这个问题吗？

### 二传手定律

这是笔者生造出来的一个概念，用来解释中国历史上朝代兴替的大致规律：一个朝代的第二代接班人，关系到这个朝代的国祚长短，其重要性甚至超过开国皇帝。这个接班人选对了，有作为或者扶得起，这个朝代长寿的概率就会更大；一旦选错了，乱作为或者扶不起，就会把还未焐热的江山玩完。

秦、隋两代都是二世而亡。如果要问责，秦二世胡亥、隋炀帝杨广都是直接责任人，很明显是这两个二传手把球搞丢了。但要追究终极责任人，秦始皇和隋文帝都难辞其咎。

王夫之眼光毒辣就在这里，他说，"秦始皇之宜短祚也不一，而莫甚于不知人"。

历史没有如果，但还是要说如果，如果是扶苏而不是胡亥继承皇位，秦朝还会不会二世而亡？

应该不会。史载，扶苏对秦始皇的运动进行过多次劝谏，比如针对打倒知识分子的"焚书坑儒"，他说，儒生都读孔子的书，现在以"重法绳之"，恐怕天下不安啊。

扶苏和秦始皇在治国观念上截然不同，他若继位，正好可以对父亲的过激做法进行拨乱反正，而不会像胡亥那样变本加厉。秦朝的统治还有回旋的余地，就像一把弓，张得很满了，再去使劲撑开，难免"嘎嘣"断了，如果往回收一收，张弛有度，还能用很长的年头。

隋文帝杨坚也一样，错在废了太子杨勇，而立杨广为接班人。杨坚执政之初，名声还不错，在减轻百姓负担方面下了一番功夫，但后期已经趋于暴虐，容不下异见分子，实行酷刑，滥杀功臣。隋朝要续命，只能寄希望于接班人通过仁政来补救。

杨勇是合适的人选，其人品、能力都很好，当太子时已受到百官拥戴。杨广正好相反，作风奢靡，好大喜功，这样一个接班人完全不利于隋朝的喘息。隋文帝竟然老糊涂到看不出杨广是个戏精，被他装孝顺、扮朴素给蛊惑得一愣一愣的。结果证明，改立太子的代价大到把杨家人的江山都弄丢了。

作为对比，我们再快速看看那些长寿王朝的二传手们。

在西汉，刘邦死后，继位的是汉惠帝刘盈，但实际掌权的是吕后。汉惠帝终归是仁厚之君，轻徭薄赋，无为而治，让帝国度过了二传手危机。如果剔除吕后干政的几任皇帝，真正的二传手是汉文帝刘恒，那更是一个相当棒的接班人，拉开了"文景之治"的序幕。

唐代的二传手李世民就不用说了。贞观之治之后，唐帝国的皇帝躺着也能坐江山。

明代的二传手建文帝比较弱，但朱棣起兵篡夺皇位，江山好歹还在朱家人手里。实际上，朱棣充当了明代真正的二传手，干得那叫一个霸气。

清代入关前的二传手皇太极，入关后的二传手康熙，都是历史上排得上号的雄主，也不用多说。

总之，选好二传手的大一统朝代，国祚基本短不了，没有三四世而亡的。三世以下，奇葩皇帝尽管上位，帝国秩序一旦稳定了，照常运行得很溜。像明朝一样，从正德到天启，连续六任皇帝都不太像话，要么发展业余爱好，要么长期罢工不上朝，但仍历时百余年不倒，到了极想有所作为的崇祯反而成为亡国之君。历史惯性强大到了超越个人作为。

## 改革冲击波

笔者用这个概念来解释秦、隋两代的短命与伟大。所谓改革冲击波，指的是改革有风险，任何改革都会附带产生一轮冲击波。改得好或改得是时候，可以抵挡其释放的负能量，得到永续发展的红利；改得不好或改得不是时候，则会为其所伤，万一招架不住，整个王朝会吐血而亡。

秦、隋两代短命，正是因为招架不住改革冲击波。但这两个朝代之所以伟大，是因为它们的改革举措都具有开创性的意义。不改革，它们或许不至于速亡，但社会因循守旧，没有进步，于后世而言，并无益处。它们不约而同选择了风险极大的改革，功不在当代，而利在千秋。

秦、隋这两个改革先驱王朝，实际上是丈八高的灯台——照远不照近，牺牲自己，成全了后起的汉、唐。这是一种什么样的精神？这是一种高尚的精神，纯粹的精神，脱离了低级趣味的精神……

秦始皇统一六国后，政治、经济、文化和军事体制均大刀阔斧推行统一的改革措施。包括重划国家行政区划，改分封制为郡县制；统一文字、货币、度量衡等。这些改革，随便哪一条都动了一大批既得利益者的奶酪。本来六国被征服者的离心力就很强，秦始皇不给予拉拢安抚，还来动他们的利益，相当于火上浇油，逼他们造反。结果，除了农民造反，六国的贵族们基本也都反了。

但是，从历史主义的角度分析，秦始皇这些改革都是功德无量，奠定了以后中国历史"统一是主流，分裂是逆流"的底色。

隋朝改革亦如此。隋朝建立后进行了合并州郡以精简机构、创立租庸调制，把萌芽于南朝的科举制进一步制度化以及完善府兵制等改革。比如科举制，摆明是跟门阀士族对着干，阻力可想而知。这些有益的尝试，在隋朝未来得及显示其作用，隋朝便灭亡了。

秦、隋两代都低估了改革冲击波的威力，但虽死犹荣。这些改革成果通通为后起的汉、唐所吸收。换了朝代，冲击波减弱，改革红利逐步释放，再加上汉初、唐初休养生息、轻徭薄赋、无为而治的三板斧，捡了大便宜的汉、唐不繁荣长寿都不好意思。

汉、唐能够长治久安，实在应该感谢秦、隋在前面试错探路，才给了它们一套守成发展的稳定系统。这套稳定系统一旦起用，经过两三代人的运行考验没有问题，就绝不可能一下子崩溃，要到中后期才慢慢老化，慢慢修理。秦、隋就当是为汉、唐做了嫁衣裳吧。

就教训而言，秦、隋改革的失误在于时机不对，有点操之过急。立国未稳之时，应以平稳政策引导之，到天下太平、时机成熟，再行改革。此时，冲击波还在，对抗力量还在，但帝国已积攒了足够的抵御能力，或许可以涉险过关，不至于亡国。

这方面的例子，可以宋王安石变法、明张居正改革为例。两次改革动作都不小，反对派也很强势，反攻倒算，轮番上演，最后改革虽有反复，不算成功，但均经受住了冲击波，两个朝代都活得好好的。究其原因，很重要的一点是，这两次改革都在王朝的中期进行，时机选择适当。

如果秦、隋早期都能多奉行一点拿来主义，将改革大业留待中兴之主进行，结果真的会不一样。

## 盛世迷魂阵

这是一种相对形象的说法，笔者造这个概念用来剖析某些帝王的心态：建立了或自以为建立了不世之功，就飘飘然如堕迷魂阵中，意识不到危机近在咫尺。结果，真的把一手好牌打烂了。

秦、隋两代于大乱之后实现了国家大一统，尽管不排除穷兵黩武，但在当权者眼里，这就是盛世之霸业。紧接着，欲望扩张，好大喜功，一切不好的毛病都犯了。秦始皇夸耀武功，频频外出巡幸，到处刻石颂功，"以为自古莫及己"，给人一种自古以来无人比我牛的即视感。隋炀帝不仅向外示强，还炫富，好脸面。胡人来了，酒肉随便吃喝，都不用给钱，理由是"中国丰饶"，全然不顾全国还有那么多贫穷人口。

盛世迷魂阵中的统治者无不向往劳民伤财的事情，如大举征伐、大兴土木。这些忌讳，秦、隋都干了。秦修长城，建全国性公路网，隋贯通大运河，都是以一个王朝之力承担了巨大的成本。秦始皇修帝陵，建阿房宫；隋文帝建仁寿宫，大肆崇佛。秦打匈奴，隋征高句丽。这些都是帝王们在盛世的幻觉中干出来的大事。

这些都逼得不堪重负的农民起来干大事。农民一闹腾，这个朝代基本就凶多吉少。秦、隋两代后期，均爆发了大规模的农民起义，所以都离死不远。

不仅秦、隋两代统治者如此，大国心态下的统治者都容易陷入盛世迷魂阵不能自拔。汉、唐、清等朝代都出过这样的皇帝。

汉朝在经历了几代人的休养生息后，到汉武帝时臻于鼎盛，恰好这一时期就出了问题。汉武帝一系列"大手笔"，虽然功绩卓著，但也耗空了国库，激化了社会矛盾，动摇了大汉根基。汉武帝晚年不得不下"罪己诏"，希望挽回汉朝渐颓的国势。

唐朝在唐玄宗统治前期，国力鼎盛，社会繁荣，然而"开元盛世"接着就是"安史之乱"。唐朝从此由盛转衰。

清朝到了乾隆帝时期，号称"康乾盛世"。这个自称"十全老人"的皇帝，被别人也被自己捧得好高，但后世史家明明白白告诉我们，清朝正是从乾隆朝展露败象的。

这几个朝代，比秦、隋好运，靠着历史惯性没有很快亡国，但也慢慢跟亡国挨着边儿了。他们夸耀文治武功之后，西汉、唐、清的后半段基本已无大国存在感。

皇帝任何时候都要谨防堕入盛世迷魂阵，这条禁忌甚至比制造盛世本身还重要。这反过来也能解释，宋孝宗、明孝宗等制造不出盛世的低调皇帝为什么反而广受好评。

# 孤独的父亲：玄武门血案后的李渊

唐朝贞观九年五月庚子日，这一天是公元 635 年阳历 6 月 25 日，唐帝国的开国皇帝——69 岁的李渊，在风烛残年中，终于走到了他生命的尽头。

这是一位老来英雄，却最终孤独至死的开国皇帝。

千百年来，人们从来都只关心他那位英雄的儿子——唐太宗李世民，却没有多少人关注过在玄武门之变后日渐苍老和衰竭的李渊，因为历史从来都是：只见新人笑，哪闻旧人哭？

今天，我们要来讲述一位孤独的君王：李渊。看看他在玄武门之变后的痛苦和悲凉，以及孤独落寞的晚年。

这一切，都要回溯到李渊去世前的九年，公元 626 年玄武门之变的那个上午。

## 1

在玄武门之变前的一个晚上，李渊心里震撼，因为二儿子李世民对他说，太子，也就是他的大儿子李建成，以及他的四儿子齐王李元吉"淫乱后宫"。史书记载，"愕然"的李渊从震撼中回过神来，说，明早你们三兄弟一起来当面对质。

他哪里知道，这是李世民为了血腥政变，所埋下的一个恶毒狠招。

不知道玄武门之变前的夜晚，作为父亲的李渊睡得怎么样，反正第二天早上，他应该起得很早。当李世民的手下第二天一大早割下李建成、李元吉的人头时，李渊正在长安城的太极宫里面，召集裴寂、萧瑀、陈叔达等重臣一起在皇宫里的海池里泛舟。

或许是为了排解抑郁的心情，又或许是并未意识到事态的超级严重性，反正，当李世民手下的大将尉迟敬德浑身是血，穿着铠甲、紧握长矛冲进太极宫时，李渊这才知道，出大事了。

尉迟敬德闯进皇宫时，李世民的手下仍然同忠于李建成和李元吉的军队四处混战。随后，李渊被尉迟敬德胁迫写了一道手谕，要求所有军队全部接受秦王李世民指挥。

一夜之间，唐王朝已经变天。他的二儿子李世民在杀了两个同父同母所生的亲兄弟，同时又将李建成和李元吉的十个儿子全部斩尽杀绝后，已经掌握了长安城内外的绝对军权和政权。在屠刀之下，连李渊这个当父亲的，也感觉到了内心的震撼和恐惧。

## 2

他非常怀疑李世民很可能会乘机杀了自己。

李世民政变成功后，跪下来扑在李渊怀里痛哭，不管是真哭还是假哭，李渊心里都是战栗恐怖的。他对李世民说，今天以来，我几次都有想"投杼"的感觉。

投杼，说的是坊间传言孔子的弟子曾参杀了人，许多人都来说，曾母最终扔下手里正在织布的梭子，恐惧逃跑的典故。而对于李渊而言，他从51岁起兵，52岁创立唐帝国当上皇帝，此后九年间他的儿子和部下已经分别平定天下，眼看着人生已经功德圆满，却不料家庭内部发生了如此的惊天血案。

他内心感觉孤独、凄凉、莫名的恐惧，短短几个小时之间，他的两个儿子、十个孙子全部死于非命，而制造这起血案的凶手，也是他的亲生儿子。

在痛苦还没来得及消散的时候，李渊就被迫在玄武门之变的当天，下了一道诏书，里面的内容，是大肆斥责太子李建成和齐王李元吉，说他们罪行累累、死有余辜，而在另外一道《立秦王为皇太子诏》中，则极力赞扬秦王李世民是"气质冲远、风猷昭茂""遐迩属意，朝野具瞻"。

他已然全被架空，迫不得已下旨：以后所有的大小国事，统统交由新太子李世民处理，然后再报给皇帝我听听。

老皇帝已经被架空，报不报其实都无所谓了。

## 3

玄武门之变后两个月，李世民就迫不及待地逼迫自己的老父亲"心甘情愿"地退了位。国事纷杂，由于李世民政变，逼得李建成的盟友、庐江王李瑗也起兵反叛；不久，突厥也趁着唐朝内乱，率领十万大军直逼长安城下；尽管战火相继平定，李渊的内心仍然是不安的。

这位出身于大贵族家庭的官宦子弟，七岁就袭封唐国公。作为隋炀帝杨广的表哥，李渊聪敏，但也仁慈犹豫。母亲去世时，他赤脚行走20多里路葬母，以致脚底磨破、鲜血淋漓。李世民对皇位虎视眈眈，李建成、李元吉与李世民势同水火，三个儿子不睦，他早有耳闻，只是在作为一个皇帝和一个父亲之间，他始终犹豫不决，最终酿成了一宗子女骨肉相残的千古惨案。

而李世民对这位父亲，心里也是怀着愤恨的。

在李世民看来，尽管他英明神武，但父亲却一直坚持正统的嫡长制，"偏袒"着他的大哥、太子李建成。因此政变成功后，李世民开始大肆安排自己的部下进占要职，为自己的登基做好准备。随后，他又开始一次次缓慢地"制裁"报复自己的父亲李渊。

李渊虽然英雄，但也好色，在起兵攻进长安后，短短数年间就跟一堆妃子们生下了20个小皇子，并且他喜欢到处征召宫女。当皇帝的时候，自然没人敢说什么，可老皇帝一退位，李世民的手下们就开始冒头来攻击李渊这位太上皇了。

贞观二年（628年），雨水比较少，于是中书舍人李百药上书说，这是因为太上皇征召了太多宫女，皇宫里"阴气郁积"才导致干旱的。

于是李世民很快下了一道诏令，将李渊身边的宫人裁减了3000多人，全部逐出宫中，按照李世民的说法就是，你们都各自去追求幸福吧，"任求伉俪"。在李渊看来，这是儿子对自己的一次示威，当然，宫女们少就少一点，退了位，能忍就忍了吧。

## 4

这事还没完。

当了皇帝，自然要一个个治治以前那些不听话的人。李渊信任的老臣裴寂，也成了李世民整治的对象了。在玄武门之变前，裴寂一直支持太子李建成；玄武门之变的当天，李渊惶惑之中不知如何是好，身边的萧瑀、陈叔达纷纷拍马屁，说秦王人心所向，都是太子、齐王太险恶才导致被杀的，对此裴寂却不予评论、默默不言。

李世民当然是记在心里的，因此先是将裴寂免官"遣还乡里"，接着又将他流放到位于今天四川阿坝一带的静州，活活就是要搞死这位李渊信任的股肱老臣。

这一切，李渊一直都看在眼里、记在心里。

他是识相的，儿子李世民当上皇帝三年后，李渊从太极宫搬到了大安宫居住。大安宫低矮狭小，夏天非常闷热，但李世民却经常不管不顾自己的老爸，自己跑到隋炀帝留下的九成宫里避暑，对老爸却不闻不问。

有的官员看不下去，便上书李世民说，老皇帝年岁已高，陛下你却经常不去看望，并且你经常自己跑去避暑乘凉，却把老爸扔在长安，这于情于理都说不过去。李世民并未予以理会。

但李渊心里是清楚的，作为一位被逼退位的老爸，他知道该怎么做。一直到贞观八年，李世民在当上皇帝八年后，或许心里也释怀了一些，于是史无前例地，第一次邀请老爸李渊在夏天去九成宫避暑。

但李渊的回话是，隋文帝杨坚就是在那里死的。而当时坊间纷纷传言是隋炀帝杨广杀了父亲杨坚，李渊"恶之"，最终推辞说，我就不去了吧。

## 5

此时，李渊的生命已经剩下没多少时间了。

玄武门之变后七年，唐帝国在他那个血腥上位的儿子手中，治理得越来越好，并且攻破突厥，平定了让李渊心中一直担心的大患。这一年，李世民在未央宫举行宴会，李渊难得地放松了一回抑郁多年的心情，让降服的突厥颉利可汗起来跳舞，又让南蛮的酋长冯智戴咏诗助兴，非常高兴地说："胡、越一家，自古未有也！"

于是李世民乘机拿着酒杯上前给李渊祝寿，说，以前刘邦曾经在未央宫这里，讽刺过他的老父亲，刘邦妄自尊大，儿子我不跟他那样子，我给您祝祝寿！

也不知道李渊此时，该做何感想。

但随着时间流逝，李世民心中的愤恨和恼怒也开始慢慢沉淀下来，毕竟自己的老父亲，已经时日无多。

就在去世前的一年，68 岁的李渊（按照古人的虚岁算法，李渊当时是 69 岁）宴请西突厥的使者用餐，李渊又再次感慨起来说，如今蛮夷都降服了，这是自古未有的事情。

在这场宴会上，李世民不知道为什么流下了眼泪，他给老父亲李渊敬酒祝寿，说，父亲，这也不是我一个人的功劳，我也是遵从父亲您的教诲啊。随后，李世民又和长孙皇后一起，向李渊进献了御膳和衣物，《资治通鉴》对此的记载是：至此父子

玄武门惨剧

俩才"一同家人常礼"，一直到了父亲李渊人生中的最后光景，这对父子，心里才算解开了一些不可言说的心结。

而李渊已经老了，太老了，尽管他心中也有恐惧、怨恨，尽管在玄武门之变后的岁月里，他一直孤独地、寂寞地、隐忍地生活着，但儿子毕竟是儿子。贞观九年（635年）五月庚子日，69岁的李渊临死前交代了自己的后事。他说，我死之后，就跟汉朝的皇帝一样薄葬就可以了，皇帝（李世民）也没必要太遵循古人守孝三年的死规定，就用一天来代替一个月执行就可以了，至于陵墓，一切俭约从事。

这位一生奢华的老皇帝，到老了，也不知道是为儿子着想，还是知道自己的尴尬地位，很识趣地安排了自己的后事。

因为一切都无关紧要了，尽管他是开国皇帝，但他在政变中走向帝位的儿子却更加耀眼夺目，生命既然走到了这个终点，那就平静地接受死亡好了。

而李渊也不例外，自古至今，一切的君王都不例外，尽管他是开国皇帝，但孤独，却成了他最后的终点。

[ 历史档案 ]

唐高祖李渊（566—635 年），字叔德，生于长安。唐朝开国皇帝。

在唐朝历史上，李渊和他的太子李建成，是被黑得很惨的人物。公元 626 年玄武门之变后，通过政变上位的李世民，为了掩饰自己谋权篡位、杀兄逼父的恶行，开始授意御用文人，将李渊和李建成描绘成无能昏庸之辈，以彰显自己血腥政变的合法性。

李渊出身于北周的关陇贵族家庭，七岁就袭封唐国公，是隋炀帝杨广的表哥。在隋末乱世中，李渊起兵攻伐，运筹帷幄，在自己的儿子李建成、李世民、李元吉等人和众多文臣武将的辅佐下，逐步平定天下。但与英武纵横却不能妥善处置儿子们权力纷争的赵武灵王一样，李渊的晚年同样是悲剧的。只不过与被活活饿死的赵武灵王相比，李渊的悲剧是慢变量而已。

## 赵匡胤称帝：一根擀面杖打出来的新朝代？

### 1

后周显德七年（960 年），正月初二，作为后周大将的赵匡胤（927—976 年），被一则到处谣传的消息，搞得有点惶恐不安。

此前一天的大年初一，不知道从哪里传来的消息，说契丹联合北汉再次南下进攻后周，慌乱之下，后周朝廷急忙命令赵匡胤领兵出战，因为当时，赵匡胤是后周两大军队系统之一殿前司的最高统帅：殿前都点检。

尽管事前已经做了大量准备，然而消息还是走漏了出去，开封城里到处传言，说："出军之日，当立点检（赵匡胤）为天子。"

正值新年，开封城里的老百姓，却被这则传言吓得到处逃命，整个开封城里人心惶惶，然而诡异的是，好像已经被封锁了消息的后周朝廷却毫无反应，貌似对开封城里的大骚动毫不知情。

但是赵匡胤自己却被吓了个半死，正在千钧一发的当口上，事还没干呢，眼下这帮混账小兵们就开始到处传言，万一出点闪失，岂不要了卿卿性命？

惶恐不安的赵匡胤马上叫来家里人一起商量，说：

"外间汹汹若此，将如何？"

赵匡胤的姐姐当时正在厨房里，她听到后铁着个脸，拿着个擀面杖出来打了一下赵匡胤，说：

"大丈夫临大事，行不行自己决定！不要来家里吓女人！"

对此，北宋史学家司马光在《涑水纪闻》中写道，在被打后，赵匡胤若有所思，"默然出"。

临走前，赵匡胤命令，将家里人全部隐藏到开封城中的封禅寺，以免失败罹祸，因为他决定，哥们要干大事了。

## 2

赵匡胤被姐姐拿擀面杖打的两天后，后周显德七年（960年）正月初四早上，赵匡胤在离开封城不远处的陈桥驿（今河南封丘东南陈桥镇），发起了一场被后世称为"陈桥兵变"的政变，随后迅速回师开封，逼迫7岁的后周恭帝柴宗训"禅让"帝位，演出了中国历史上的一次"禅让"大剧。

关于这个事件，按照《宋史》等权威版本，说的是公元960年正月初四（2月4日）这天早上，喝了酒还没完全醒的赵匡胤，在稀里糊涂之中，被将士们拿着一件不知道从哪里搞来的"黄袍"，强行逼迫当皇帝的。

事情真有这么简单吗？

事情确实不简单，对此，赵匡胤早已密谋了许久。

要夺权，首先要掌握禁军。

在后周世宗柴荣时期，后周拥有侍卫亲军司、殿前司两大军队系统，而当时，赵匡胤只是殿前司的副将：殿前都指挥使；而殿前司主将殿前都点检，是后周太祖郭威的驸马张永德——如何才能取而代之当上主将，真正掌握其中一支禁军呢？

机会很快到来了。

显德六年（959年）六月，英明神武的后周世宗柴荣病重，就在这时，柴荣不知道从哪里听到一则传言，说"点检做天子"。此时，作为禁军大将的张永德兵强马壮，而后周太子柴宗训却只有7岁，于是，临死前几天，柴荣下令撤掉张永德的殿前都点检职务，改命赵匡胤接管殿前司这支禁军。

四天后，显德六年（959年）六月十九日，39岁的柴荣病逝。

在一个来路不明、不知道谁制造的传言的帮助下，赵匡胤，作为最大的受益者，顺利得到了"殿前都点检"这个禁军大将职务。

此时，赵匡胤只有33岁。

## 3

这个33岁的帝国禁军大将，年纪之轻、手段之高、演技之精，堪称人精、戏骨。

眼看着39岁的周世宗已经病死，而新即位的周恭帝柴宗训不过是个六七岁的小儿，所以，赵匡胤对皇位，很是心动。

尽管宋代的史学家对"陈桥兵变"隐晦很深，因为或许在他们看来，一手提拔赵匡胤的后周世宗柴荣仅仅病死半年，赵匡胤就迫不及待兵变夺权，欺负柴宗训和符太后等孤儿寡母，于情于理实在太不光彩，所以，如何变着法儿为赵匡胤粉饰一下，自然是宋代史学家们的重大政治任务。

然而，总有那么丁点信息，隐晦传达着与"权威版本"迥异的神秘信息。

前面已经说过，后周时期，为了防止禁军掌控国家命脉，军队被分为侍卫亲军司、殿前司两大系统，周世宗柴荣临死前，赵匡胤通过一则广泛流传的传言，顺利当上了殿前都点检，掌控了殿前司这支军队。

然而还有一支军队，侍卫亲军司怎么办？

当时，作为柴荣的皇后，周恭帝柴宗训的母亲，符太后还有一个身份。她有个亲姐妹，是赵匡胤的弟弟赵光义的妻子。

在符太后看来，赵匡胤是后党、外戚成员，掌控禁军，她心里比较踏实；在赵匡胤一党的撺掇运作下，不久，侍卫亲军司的最高统帅、始终效忠后周的侍卫马步军都指挥使李重进，却被外派到扬州，做了淮南节度使。

在曲线运作，调走自己的最大军事对手后，赵匡胤又在侍卫亲军司中，将"自己人"高怀德运作当上了侍卫亲军司马军都指挥使；另外一个"自己人"张令铎，则被任命为侍卫亲军司步军都指挥使——如此一来，尽管名义上的侍卫亲军司最高统帅仍然是外派扬州的淮南节度使兼侍卫亲军司马步军都指挥使的李重进，实际上的指挥权却已经落到了赵匡胤的"自己人"手中。

不知不觉，在周世宗柴荣死后半年，被符太后视为外戚和亲信的赵匡胤，已然隐秘掌控了后周帝国的两支军队。

## 4

在这个神奇的帝国，你要掌权，人脉是一件非常重要的事。

说起来，赵匡胤的祖父赵敬，曾经当过五代十国时期后唐的营州（今辽宁朝阳市）、蓟州（今河北蓟县）、涿州等三州刺史；赵匡胤的父亲赵弘殷，则长期在后周的侍卫亲军司担任高级将领，为儿子赵匡胤留下了深厚的人脉，一直到陈桥兵变四年前的 956 年，58 岁的赵弘殷才在军中病逝，死后还被后周世宗柴荣追赠为武清军节度使、太尉。

所以，后周帝国的军队系统中，到处都是赵弘殷和赵匡胤父子的人脉，而作为儿子的赵匡胤，在后周的军队中，还加入了一个连他在内，号称"义社十兄弟"的组织。

"义社十兄弟"，指的是赵匡胤、杨光义、石守信、李继勋、王审琦、刘庆义、刘守忠、刘廷让、韩重赟、王政忠十人，在他们年轻时还是低级军官时的一个结拜组织。日后，这些人有的成长为后周帝国的高级军官。

到陈桥兵变前，赵匡胤的"义社兄弟"石守信，已经是殿前司的第三号人物：殿前都指挥使；另外一位"义社兄弟"王审琦，则是殿前司的第四号人物殿前都虞候；而赵匡胤的其他"义社兄弟"们，则分散在后周帝国的各个军队系统中，担任着大大小小的职务。

如此一来，整个后周帝国，说起来，军队系统中，上上下下、大大小小，都有赵匡胤的人。

大哥要是当了皇帝，兄弟们也该跟着沾沾光不是？

## 5

尽管筹谋已久，但发动兵变前，赵匡胤还是有点忐忑。这不，回到本文开头，底下那些该死的小兵就管不住自己的嘴巴，把个"出军之日，当立点检（赵匡胤）为天子"的话传得整个开封城人尽皆知。除了蒙在鼓里的符太后和小娃娃周恭帝，开封城里的老百姓，已经掀起了一场大逃亡，搞得赵匡胤心里惶恐不安，这才有了本文开头，被他的姐姐用擀面杖小打"训斥"的事。

说起来，赵匡胤一家对这场兵变早已了然于胸。陈桥兵变成功后，赵匡胤的母亲、荣升为太后的杜氏很是得意，说了一句很有名的话：

"吾儿素有大志，今果然。"

有这样好妈妈的鼓励，小名为"香孩儿"的赵匡胤，当然要放手干一场、搏一把了。

于是，后周显德七年正月初一（960 年 2 月 1 日），一个诡异的消息从后周前线传来，说契丹联合北汉南下，军情紧急（后来事实表明，应该是假消息），请求允许

杯酒释兵权

让大将、殿前都点检赵匡胤立即带兵出征，慌成一团的后周朝廷立马传令整军出兵。

说起来，符太后和后周朝廷的重臣们，忘记了十年前发生的一件事：

那是后汉隐帝乾祐三年（950年），当时，枢密使郭威也是以契丹入侵的名义，乘机掌控军队发动兵变，建立了后周；时间才过了十年，随着周太祖郭威、周世宗柴荣的相继去世，孤儿寡母的后周小朝廷，已然忘记了后周如何得以建立的"大事"了。

以军情紧急掌控大权后，后周显德七年正月初二（960年2月2日），赵匡胤先是打发他的副手、殿前副都点检慕容延钊作为前锋，先整军出发离开开封城。当时，与殿前司的第三号人物石守信、第四号人物王审琦不同，殿前司二号人物慕容延钊虽然跟赵匡胤关系不错，但他并不知晓赵匡胤的兵变计划，所以赵匡胤先将他打发走远一点，以免妨碍"大事"。

新年的第三天，后周显德七年正月初三（960年2月3日），赵匡胤也整军出发了，当晚，他就带兵抵达了陈桥驿（今河南封丘东南陈桥镇）。

当天傍晚，有一个自称懂得天文的军士苗训先是大叫起来，说你们看你们看："日下复有一日"。原来，那会刚好日晕，但经苗训这么一说，似乎天机有变，大太阳要吞掉小太阳了！

于是乎，将士们开始"相与聚谋"，说这不对啊，要变天了！

然后，正月初四（2月4日）凌晨，赵匡胤的弟弟赵光义、家臣赵普等一帮子人马涌进了赵匡胤的军帐，把一件事先准备好的黄袍披在了赵匡胤身上，然后跪下，大声喊起了万岁。

假装喝得有点晕乎乎，还没完全"酒醒"的赵匡胤，于是跟手下们约法三章，说你们不要随便杀人，不要随便抢劫，这样子我才能当你们的皇帝。

早就说好的事，将士们自然大声说：一定一定。

## 6

在宋代史学家的渲染中，陈桥兵变似乎一呼百应，属于一个完全没有前期准备工作的突发事件。然而，史学家们总是春秋笔法，时不时就留下一点破绽，例如那个司马光，就有意无意记下了赵匡胤挨姐姐训打"点拨"的事。

正月初四，在陈桥驿黄袍加身当天，赵匡胤带着大军杀回了开封城。

然而在开封城陈桥门值班的两位警备队长陆、乔二人（史书没有记下详细名字，仅留姓氏），在开封城几日来的异动中，已感觉到了不对，他们拒绝为赵匡胤打开城门，并与赵匡胤的部队形成对峙；赵匡胤也没有强行攻打，而是指挥部队绕路到封丘门进入开封城，在那里，赵匡胤的亲信打开了城门。

当时，作为后周两大军队系统之一的侍卫亲军司的二把手、马步军副都指挥使韩通正在皇宫内，在听说赵匡胤兵变入城的消息后，忠于后周朝廷的韩通在仓促之中，立马带着少数亲兵出城迎战，没想到却被赵匡胤的内应、作为"义社兄弟"的石守信派兵伏击。韩通随后冲出重围，并马上派人前往搜捕赵匡胤的家属，没想到的是，赵匡胤的前锋王彦昇已杀入开封城中，随后，韩通及其三个儿子全部被杀。

而在听说皇宫已经沦陷后，守卫陈桥门的陆、乔两位警备队长，不甘心投降赵匡胤，双双选择了上吊自杀，为后周殉国。

至此，开封城中微弱的敢于抵抗的军事力量，已全部消失。

## 7

陈桥兵变当天，赵匡胤随即杀进开封皇宫。对于这场突如其来的兵变，宰相范质在愤怒之中，紧紧抓住次相王溥的手，指甲几乎将王溥掐出血来。范质不顾生命危险，大声质问赵匡胤，赵匡胤的部下罗彦瑰拔出剑，厉声威胁范质等人说：

"三军无主，众将议立检点（赵匡胤）为天子，再有异言者，斩！"

此时，被吓得面如土色的二号宰相王溥，随即跪拜起了赵匡胤，而范质则"颇诮让太祖，且不肯拜"。

赵匡胤倒也不杀范质，只是强行逼迫后周恭帝马上退位"禅让"。开封皇宫内杀气腾腾，仓促之中，赵匡胤突然想起来"受禅"还"未有禅文"，这下怎么搞？

没想到的是，早已有人提前洞察先机。翰林学士陶穀马上跑了出来，说我早就写好啦（原话"已成矣"），然后从怀中掏出逼迫后周恭帝"禅让"的"禅文"，恭恭敬敬进献给赵匡胤审阅，再转身交给了范质等人。

陈桥兵变第二天，960年2月5日，赵匡胤正式将后周国号更改为宋，并改年号为建隆。至此，大宋帝国正式建立。

赵匡胤夺权后，周世宗柴荣遗留下的四个儿子，周恭帝柴宗训（953—973年）在被迫"禅位"后，被降格为郑王，13年后去世，年仅21岁，无子。

陈桥兵变后两年，柴荣的另外一个儿子、年仅10岁的柴熙谨去世。

而柴荣的最后两个儿子：柴熙让、柴熙诲，按照北宋史学家、编撰《新五代史》的欧阳修的说法是：

"不知其所终。"

至此，柴荣家族的血脉，也从史书中被"消失"了。

对于后世所谓宋朝皇家厚待柴氏后人，封其后人为世袭崇义公、宣义郎的记载，从血脉来说，他们其实，并非柴荣的嫡系子孙；因为真实的柴荣子孙，早已在历史上或夭折，或无子，或"消失"了。

赵匡胤想不到的是，陈桥兵变后16年，公元976年，他自己也会在一场诡异的大雪之后离奇暴亡；而他仅存的两个儿子赵德昭和赵德芳，也先后一个自杀，一个离奇暴死。

历史，是有轮回的。

## [ 历史档案 ]

宋太祖赵匡胤（927—976 年），字元朗，宋朝开国皇帝（960—976 年在位）。

相传，赵匡胤建立北宋后，曾经在开封皇宫太庙内立了一块石碑，并要求此后登基的皇帝必须对碑宣誓，史称"太祖碑誓"。

1127 年靖康之变，金人灭亡北宋后，"太祖碑誓"内容才为世人所知。原来，赵匡胤在石碑中对子孙立了三项要求：

第一，柴氏子孙有罪不得加刑，纵犯谋逆，止于狱中赐尽，不得市曹行戮，亦不得连坐支属。

第二，不得杀士大夫，及上书言事人。

第三，子孙有渝此誓者，天必殛之。

赵匡胤的后人，第二条确实做得很好，有宋一代，文人士大夫的待遇之好，在帝国时代是空前绝后的。至于第一条，更多的则是糊弄了。

## 延伸阅读

### 斧声烛影：赵匡胤真是被砍死的吗？

宋太祖赵匡胤，到底是怎么死的？

开宝九年（976 年）十月十九日夜晚，宋太祖赵匡胤（927—976 年）跟他的弟弟晋王赵光义喝了顿酒。几个小时后，身强体壮、无病无害的赵匡胤，突然暴毙宫中，五天后就被匆匆下葬。由此引发了千百年来，关于"斧声烛影"等有关赵匡胤死因的诸多争论。

作为一个皇帝，临死之前、死亡之后，御医与大臣必定会入朝问疾，但奇怪的是，关于赵匡胤之死，记载赵匡胤生活起居的《太祖实录旧录》，关于赵匡胤死亡前后及死因，竟然完全略过，一字不提。而正史《宋史·太祖本纪》中，只有寥寥的九个字："帝崩于万岁殿，年五十。"此外，《宋史·太宗本纪》中，也只有九个字提起了这件事："太祖崩，帝（宋太宗赵光义）遂即皇帝位。"

一个开国皇帝，突然间，就这么不明不白地"暴毙"而亡，并且史书记述非常诡异、不合常理，且皇位的继承，也并非由赵匡胤已经成年的两个儿子继承，而是诡异地被他的弟弟赵光义抢占。所以 1000 多年来，无数人都提出了一个观点：

赵匡胤之死，凶手就是赵光义。

实际上，追踪一桩 1000 多年前的命案，历史，已经没有真相，但我们可以尽可能地接近真相。

对赵匡胤的离奇死因，北宋时人就隐约感觉到了不对劲。关于赵匡胤是被赵光义用斧头砍死的这个说法，在赵匡胤死后不久，就开始在朝野之间秘密且广泛地流传，这就是所谓"斧声烛影"的传说。

### 死因推测一：斧头劈死的

"斧声烛影"的说法，最早来自宋神宗（1048—1085 年）时期，与欧阳修等朝廷重臣交游甚广的僧人释文莹。在其根据政坛秘闻所撰写的《续湘山野录》中，释文莹记载说：

赵匡胤在死前几个小时，召弟弟赵光义一起喝酒，并将太监、宫女、妃嫔全部屏退。外围的人，"但遥见烛影下，太宗时或避席，有不可胜之状。饮讫，禁漏三鼓，殿雪已数寸。帝引柱斧戳雪，顾太宗曰：'好做，好做！'遂解带就寝，鼻息如雷霆"。

这段话，也是"斧声烛影"传说最早的由来，意思是说，当时外围的人看到，烛影之下，赵光义很奇怪地走来走去，"有不可胜之状"。后来赵匡胤拿出"柱斧"戳着地上的雪，对赵光义说："好做！好做！"几个小时后，已经睡下的赵匡胤在宫中"暴毙"。

释文莹的这段说法，在南宋宋孝宗时，也被历史学家李焘写进了《续资治通鉴长编》这部史书中。关于当时的情境，李焘写道："但遥见烛影下晋王时或离席，若有所逊避之状。既而，上引柱斧戳地，大声谓晋王曰：'好为之！'"

关于这段记载，李焘将赵匡胤用"柱斧""戳雪"，改成了"戳地"，显得更合乎情理。因此当时人的说法是，赵匡胤当时一直在室内；赵匡胤对赵光义大声说的话，从"好做！好做！"改成了"好为之！"这相当于是对北宋口语，在南宋时代的一种翻译。

关于赵匡胤临死前的这段情景，作为历史学家的李焘，特地指出释文莹的记载不一定可靠，但他仍然将这段记述引用进了史书，由此可见，李焘心中也存在疑惑。

由此，后人开始推断，赵匡胤是被赵光义用斧头给砍死了。

学界：斧头劈的？不靠谱！

赵匡胤是被斧头砍死的？史学界很多人也一直怀疑赵匡胤是非正常死亡，但对赵匡胤是被斧头砍死的这个说法，很多学者都论证指出，这个传说，不太靠谱。

很多学者都指出，当时赵匡胤身边出现的"柱斧"，在北宋时有两种，一种是武士所用的利器，一种则是文房用具。作为文房用具的柱斧，又称玉柱斧、玉斧，一般是用水晶或铜铁做成，而"斧声烛影"中的柱斧，即为文房用具的玉斧。

如果说赵光义是用这玩意杀死了赵匡胤，那这种说法就很不可信：一个是这玩意很难杀死人；另一个，即使用这种玉斧杀死了人，外伤肯定也非常明显，难逃众人的耳目。

最早传出"斧声烛影"这一宫廷秘闻的释文莹，他所生活的时代，离赵匡胤死亡只有几十年的时间。释文莹在《续湘山野录》中，记载了赵匡胤死后，赵光义曾经"引近臣环玉衣以瞻（赵匡胤）圣体，玉色温莹如出汤沐"。

也就是说，在赵匡胤的宋皇后等人看过尸体后，赵匡胤的一些重臣也看到了赵匡胤的尸体，而赵匡胤的尸体有被洗浴过的痕迹，所以"温莹如出汤沐"，但可以肯定的是，尸体没什么外伤，至少表面没有。

所以，赵匡胤是被斧头砍死的这个说法，史学界普遍认为不靠谱。

### 死因推测二：突发脑溢血？

但即使不是被斧头砍死的，赵匡胤的死因，也确实很蹊跷。

几个小时前，还好好地跟弟弟喝着酒，怎么一睡下，就突然死了呢？

对此，有学者就提出，赵匡胤可能是当时饮酒过度，酒精中毒死了；也有学者根据宋真宗等宋代皇帝的死因，提出赵氏家族可能有躁狂忧郁症遗传，赵匡胤在当时，有可能是突发脑溢血死掉了。

但是这两种观点，论据都不充分。

史书记载，赵匡胤喜欢喝酒，但他对喝酒还是相当节制的。建隆二年（961年），赵匡胤就曾经对侍臣说："沉溺于酒，何以为人？"可见他对喝酒，有自知之明和相当的克制。

至于突发疾病原因，史学家们翻遍了未被赵光义动过手脚的、记载赵匡胤生活起居的《太祖实录旧录》，也没有发现任何疾病记载。

《太祖实录旧录》记载，赵匡胤暴毙那一年，先是在三月份出游洛阳；死之前13天，开宝九年（976年）十月初六，赵匡胤还"幸西教场，观飞山军士发机石"。这段时间，赵匡胤身体好得很，频繁出游，根本没有任何生病及传召御医的记录。

所以，赵匡胤突发心血管疾病暴毙说，也被学界所质疑。

### 死因推测三：被毒死的？

那么，赵匡胤究竟是怎么死的？

喜欢下毒的赵光义，自然成了被怀疑的对象。

赵光义是否下毒毒死了赵匡胤，没有证据。但史书的明确记载是，上位后的赵光义，很喜欢下毒：北宋时，后蜀国主孟昶、南唐国主李煜、吴越国君钱俶，都是在投降北宋后，被宋太宗赵光义下毒毒死的。

而《资治通鉴》的总编撰、北宋史学家司马光（1019—1086 年），则在离赵匡胤死后只有几十年的《涑水记闻》中，留下了有关这宗千古疑案的重要信息。司马光作为史学家，也是北宋的臣子，很多话不便明说，但他在《涑水记闻》中写道：

赵匡胤在半夜死后，宋皇后马上让宦官内侍都知王继恩前往通知赵匡胤的儿子秦王赵德芳（当时 18 岁），让他迅速入宫。但在这个千钧一发的节骨眼上，王继恩却直接前往开封府找晋王赵光义（赵光义兼任开封府尹）。半夜三更，在开封府门口，王继恩看到，擅长医术（也可能擅长下毒）的晋王近臣、医官程德元，早已等候多时。于是，程德元带着王继恩，进了开封府。

司马光记载说，对于是否马上进宫，赵光义在当时还有些"犹豫不敢行"。在此情况下，宦官王继恩万分紧急，催促赵光义说："事久将为他人有矣！"王继恩的言下之意是，当时，赵匡胤的两个儿子都已成年，其中，赵德昭已经 26 岁，赵德芳已经 18 岁；并且，赵匡胤除了赵光义，还有一个弟弟赵廷美，都是皇位的合法继承人。

在此情况下，赵光义随即带着宦官王继恩、医官程德元等人冒着大雪，迅速赶到皇宫门口。到了皇宫门口，王继恩让赵光义稍等一下，让他先进去通报，但心急如焚的程德元却说："便应直前，何待之有？"于是，赵光义迅速闯进皇宫。当时，宋皇后听说王继恩回来了，就问，是"德芳来邪？"（指赵匡胤的儿子赵德芳），但没想到，出现在她面前的，竟然是不请自来的赵光义。

宋皇后被吓得目瞪口呆，后来，宋皇后对着赵光义说了一句话："吾母子之命，皆托官家！"官家，是宋朝人对皇帝的称呼。赵光义对此回答了一句："共保富贵，无忧也！"

司马光是个史学高手，不方便直说的事，他在《涑水记闻》中委婉地进行了表述。

一个普通的医官程德元，在皇帝赵匡胤暴毙当晚，却像未卜先知一般，提前等候在开封府门口，等待接应宫廷中前来通风报信的宦官王继恩（似乎早已被赵光义收买），并且跟着赵光义一起闯进皇宫夺权。

医官程德元有没有跟赵光义一起对赵匡胤进行验尸，司马光没有记载，但在记述这场隐晦的宫廷政变中，司马光的高明之处就在于，既为宋太宗赵光义隐了晦，又做到了尽在不言中。

### 赵光义上位：斩草除根

赵匡胤究竟是不是被毒死？没有证据。但司马光却记载了擅长医术的程德元，在赵光义夺权前后的一系列蹊跷举动。一个普通的晋王身边的医官，却在这场宫廷政变中鞍前马后，并跟着赵光义进入皇宫夺权，实在匪夷所思。

对这种举动，一个大胆的揣测是：程德元协助赵光义配制了某种奇特的毒药，赵光义随后在与赵匡胤的对饮中在酒中下毒。然后赵光义迅速返回家中，制造自己不在现场的表象，等待赵匡胤毒发身亡的死讯。随后，赵光义让程德元接上来通风报信的宦官王继恩，三个人（也可能更多人）一起闯进了皇宫夺权。

抛开揣测，从遗留的被筛选过的史实来看，从赵光义的顺利进宫，以及宋皇后的束手投降，各种迹象都显示，整个大宋皇宫内外，早已尽在赵光义的掌握之中，所以，皇权似乎很"顺利"就过渡了。

顺利上位后，赵光义马上对夺位的功臣进行了封赏，宦官王继恩被封为剑南西川招安使；程德元则从一个普通的医官，被封为刺史，至太平兴国六年（981 年），程德元已"攀附至近列，上颇信任之，众多趋其门"。尽管程德元贪赃枉法，经常被人举报，但赵光义对此却不管不问，内在门道也发人深思。

但这种似乎平和的权力过渡，表象背后，是接连而来的腥风血雨。

赵光义上位后，随即开始实施一系列斩草除根计划。当时，赵匡胤凭借"义社十兄弟"拥立为帝，赵匡胤暴毙之时，大将王申琦等已死，石守信等已被解除兵权，此时仍然掌握军权的赵匡胤的爱将，还有李继勋和杨信。赵光义上位后，先是解除了李继勋北都大名守将的职务，一个月后，李继勋蹊跷死亡；随后，赵光义又到杨信家"探望"，第二天，杨信也死了。

在剪除赵匡胤的遗留大将后，赵光义又开始对皇族下手。

赵匡胤共有五个兄弟，赵匡胤排行老二，赵光义排行老三；赵匡胤死的时候，他的弟弟、老四魏王赵廷美也还活着，并且年轻健康。另外，赵匡胤共有 4 个儿子，但长子和三子都早亡，只有二儿子燕王赵德昭，以及四儿子秦王赵德芳活了下来。这些人，都是赵光义身边赤裸裸的威胁。

赵匡胤死后三年多，太平兴国四年（979 年），宋太宗在平定北汉后，下令进攻辽国，企图一鼓作气收复燕云地区。在高梁河之战中，宋太宗中箭受伤、落荒而逃，当时，整个军队群龙无首。在此情况下，军队中一些将领，主张拥戴正在军中的赵德昭为帝，事情没有成功。不久，宋太宗赵光义回到军队中，听到这个消息后非常震怒。

返回开封后，赵光义一直故意不对征伐北汉的将士进行封赏，赵德昭于是便向赵光义建议，应该进行封赏，没想到赵光义却暴怒，指着赵德昭说："等你做了皇帝，你再赏赐也不晚！"赵德昭听后忧惧恐极，返回王府后，遂"取割果刀自刎"。赵光义听说后，前去察看，"哭着"说："痴儿何至此耶！"

赵德昭死后两年，太平兴国六年，宋太祖赵匡胤的最后一个儿子、时年仅 24 岁的秦王赵德芳，也跟他的父亲赵匡胤一样，在睡眠中突然莫名其妙死去，史书对此的记载是："寝疾薨。"

死法跟赵匡胤一模一样。

赵匡胤两个儿子相继暴死后，赵匡胤和赵光义两人共同的弟弟赵廷美，"始不自安"。

太平兴国七年（982 年），宋太宗赵光义又指使亲信、大臣柴禹锡等人，"告发"赵廷美有"阴谋"。最终，赵廷美被贬黜到房州（湖北房县），最终年纪轻轻，仅 38 岁的赵廷美"忧悸成疾而卒"。

至此，对赵光义有皇位威胁的人，终于被一一铲除。

### 轮回：皇位重回赵匡胤一系

在赵光义上位前，一直跟赵光义有矛盾、主张要抑制晋王（赵光义）势力的宰相赵普，则一直活在恐惧忧虑之中。太平兴国六年，擅长拍马屁的赵普突然"提醒"赵光义说，现在天下传言很多（意思是说赵光义得位不正），但当时杜太后（赵匡胤、赵光义的生母）不是有遗言说，让先皇赵匡胤百年后，再传位给你吗，官家你怎么不向天下人公布呢？

这个所谓的遗言，就是赵普为了迎合赵光义而杜撰出来的，后世流传很广的"金匮之盟"。

看到赵普这么识相，还编了个子虚乌有的事来替自己遮掩，赵光义也不再追究什么，于是将赵普再次提拔做了宰相。后来赵光义对赵普说："我之前差点就想杀了你！"

当然，马屁拍得这么到位，那就算了吧。

宋太宗至道元年（995 年）四月，赵匡胤的宋皇后也去世了。对此，宋太宗赵光义故意不给发丧，也不让群臣临丧，翰林学士王禹偁私下跟群臣讨论这件事，说宋皇后曾经母仪天下，还是要"遵用旧礼"发丧。对此赵光义震怒，马上将王禹偁贬黜为滁州知州。

两年后，至道三年（997 年），做了 21 年皇帝的赵光义最终去世。他死后，北宋的帝位，一直在他这一脉传承，但没想到的是，"靖康之变"后，北宋皇室几乎被金兵掳掠殆尽，赵光义的子孙几乎被一扫而空。

在此情况下，宋徽宗的第九子、宋钦宗的弟弟赵构仓皇登位，是为宋高宗。在南宋初期的乱世中，宋高宗年仅 3 岁的亲生儿子赵旉，在苗刘兵变后受到惊吓而死，此后，宋高宗一直没有生育。

或许是感觉到了一种天意，最终，宋高宗赵构特地从民间挑选了一名赵匡胤的第七代孙，也就是莫名其妙死去的秦王赵德芳的六代孙赵伯琮（后改名赵昚）进行抚养，并立为太子。这就是南宋的第二位皇帝：宋孝宗。

此后，从宋孝宗开始一直到南宋灭亡，南宋的皇位都是由赵匡胤一系的子孙继承，冥冥之中，历史又反转轮回。

一切，难道都是天意？

## [ 历史档案 ]

宋太宗赵光义（939—997 年），宋太祖赵匡胤的弟弟，北宋的第二位皇帝（976—997 年在位）。

赵光义在诡异的"斧声烛影"中登基上位后，继承哥哥赵匡胤的战略，致力于结束唐朝末年以来军阀割据的局面。赵光义先是迫使东南地区的吴越王钱俶和割据福建一带的陈洪进纳土归降，随后又攻灭北汉，结束了五代十国以来的分裂割据局面。

但赵光义两次进攻辽国，都未能收复北方的屏障燕云十六州，此后，宋朝一直都处于北方少数民族契丹、女真和蒙古人的轮番威胁之下。尽管军事上无法做到强势崛起，但赵光义仍然为开辟北宋繁荣，做出了承前启后的贡献。

## 李自成"创业"，临门一脚为何踢得这么烂？

创造一个帝国，需要什么？

答案固然很多，但拥有一个优秀的带头大哥和一支素质优良的"革命队伍"，显然是"创业"打江山的基础。

可惜，古往今来，带头大哥不好当，"革命队伍"也不好带。

### 1

崇祯十七年（1644年），三月二十一日，这一天，是崇祯皇帝上吊自尽、大明亡国的第三天。

按照新主子、大顺政权高管们的吩咐，刚刚亡国的遗老遗少、大明帝国的文武大臣、候补官员们4000多人，这一天早早就来到了紫禁城午门外，等候朝拜大顺政权的新皇帝李自成。

可从早等到晚，左等右等，腿都站折了，新皇帝还是没有露面。

这是怎么回事？

原来，李自成这一天和手下的大将刘宗敏及最重要的文臣牛金星、宋献策等人叫了几十个妓女、戏子一起，正在后宫喝酒、纵情玩乐。李自成玩得好生开心，压根不记得还有要接见朝臣这码事了。

在李自成看来，哥们从崇祯二年（1629年）就开始"起义"闹"革命"，如今好不容易打进了北京城，累得要死，自然要放松放松、纵情享乐一下。

至于那帮文人和武将，就让他们站一站、凉快凉快吧！

## 2

有些书里常说"闯王"李自成的部队，无论走到哪里，都受到人民群众无比热情的欢迎，民间甚至有歌谣传唱说："杀牛羊，备酒浆，开了城门迎闯王；闯王来了不纳粮！"但让人纳闷的是，怎么闯王一进北京，才一个多月，就迅速溃败了呢？

如果真像书上说的，是受到了清朝和反动地主阶级的联合绞杀，那么地主阶级，既然都热烈欢迎闯王进北京了，干吗还要绞杀他？

好吧，我们接着从李自成喝酒享乐这件事说起。

话说 1644 年，自从打进了北京城，干了 15 年革命，终于进了帝都的李自成，就开始"蜕变"了。

进入北京后，此前"不好酒色"的李自成，也开始享乐起来，并跟自己的大将刘宗敏、李过一起，从崇祯帝的后宫中，各自挑选了 30 名美女进行享用；从崇祯十七年（1644 年）三月十九日进入北京后，李自成便开始每天都在紫禁城中摆酒，并叫来娼妇、宫女陪酒，燕歌起舞助兴。

尽管北方的明朝旧将吴三桂仍然手握着五万"关宁铁骑"，大清更是一直虎视眈眈。大敌环伺，但李自成却压根不当回事，提前过起了皇帝生活。

坚持了那么多年理想，带头大哥开始有点堕落了，他手下的一帮文臣武将、"革命高管"们，表现又如何呢？

李自成的"革命高管"们，很多都是大老粗出身。

尽管 1644 年年初，李自成就在西安建立了大顺政权，但他手下的一帮创业小伙伴们，还是习惯在他们这个自号为"永昌"皇帝的带头大哥面前大肆吆喝。

虽然已经进了北京城，但李自成手下的第一号武将、锻工出身的刘宗敏，还是经常按照江湖草莽规矩，大声直呼李自成"大哥"；在李自成面前喝酒吃肉的时候，也是经常直接用手抓起肉来就猛啃；在北京城，他们天天纵酒狂欢，搞得乌烟瘴气，对此李自成也无可奈何。

不仅如此，李自成手下的大将刘宗敏、李过、田见秀等人，还经常叫人到北京莲子胡同叫来几十个妓女、"娈童"一起佐酒助兴，然后叫她们爬到桌子上"环而歌舞，喜则赏以大钱，怒即杀之"。

武将们素质不高，文臣们也不咋的。

攻入北京后，号称李自成重要谋士、学历不详的顾君恩，俨然成了大顺帝国的国家组织部部长，他经常披头散发坐在吏部大堂里，左拥右抱几个"娈童"，然后乘着酒劲、双脚踩到吏部大堂的案几上，大吼大叫。对此，李自成的另外一位部下、吏政府尚书宋企郊劝他要收敛一点，说："衙门自有体制，不比在军营中，可以随意放纵。"

没想到顾君恩却很生气地说："老宋犹作旧时气象耶？"意思是说，老子现在成了政府大员，当然要享乐放纵一番，你老宋（宋企郊）还当我是以前那个时候？

许多年后，我们分析李自成的"创业团队"，可以发现：

李自成本人是驿卒出身，手下第一号武将刘宗敏是锻工出身；在他的队伍中，文化程度最高的，只有两个举人牛金星和李岩，另加一个算命先生、身高不足三尺（1米）的侏儒宋献策。

牛金星是个失意文人，由于考试复查时被取消了资格，心怀不满的牛金星便开始跟着李自成干起了"革命"。为了扩大李自成的人才队伍，牛金星还给李自成推荐了一位号称通晓奇门遁甲的"卜者"侏儒宋献策。

宋献策很会讨李自成欢心，他编了一句谶语"十八子，主神器"。所谓"十八子"，组合起来就是"李"的意思，意思是说姓李的要当皇帝。这马屁，拍得李自成飘忽忽的。

手下知识分子太少，智囊力量不足，是李自成革命"创业团队"中一个显而易见的短板。

### 3

"革命高管"们素质一般，那么，李自成手下的基层干部、普通兵士们，素养又怎么样呢？

李自成的革命队伍，主要是由饥民、流民、工人和明朝投降的散兵游勇等组成。1629年起兵"闹革命"后，李自成的部队最开始也是到处烧杀掳掠，后来，李自成的重要谋士李岩到来后，便开始劝说李自成：

首先，要有所收敛，减少杀戮和屠城，收买人心；其次，便是救济百姓，每攻下一座城市，便将俘获的钱米赈济百姓；最后，则是进行革命"舆论宣传"。

针对明朝的加饷征派，李岩开始针锋相对地提出了"迎闯王、不纳粮""开了大门迎闯王，闯王来时不纳粮""早早开门拜闯王，管教大家都欢悦"的革命口号，并让孩童们又唱又传，在整个大明帝国，进行革命舆论宣传。

可不要小看这些简单的革命口号和措施，尽管此前屡战屡败，但从起用李岩起，李自成的军队自1641年后便开始所向披靡。以河南为例，当时河南遍地饥荒，百姓听说这些所谓的"民谣"后，"惟恐（李）自成不至"，争先恐后地追随李自成的农民军，"从自成者数万"。

人民群众的蜂拥而至，对"革命"是一件大大的好事，可这也带来了一个潜在的问题：革命队伍素质低下、越来越鱼龙混杂，如果约束不好，后患也将无穷。

刚进北京城的头几天，"闯王"的军队军纪貌似还是很严明的，有两个抢夺绸缎的士兵，还被砍断了手脚示众；但很快，眼看着"革命高管"们已开始纵情享乐，李自成手下的基层干部和士兵们，自然也心痒痒了。

话说在他们看来，豁出性命"搞革命"，图的是啥？

无非七个字，"抢钱、抢粮、抢女人"嘛！

在强行"散居"到北京百姓家中后，李自成的十几万弟兄们很快行动起来。除了逼迫北京城的老百姓供应饮食外，士兵们纷纷开始"奸淫杀戮，备诸暴酷"，如果百姓"稍不给，就刀背马箠挞之"，致使很多平民百姓"往往立毙"。

不仅如此，士兵们还开始大肆奸淫、抢掠良家妇女。军官们则将明朝官员们的妻子、女儿编成名册，按照大顺军的官职进行强掳分配。据当时留居北京的士人记载：当时大顺军有的军队士官，掳掠到一些年轻貌美的女子后，经常把他们抱到马上招摇过市，以此炫耀自己的"战果"。

## 4

对待北京的百姓毫不客气，对待大明投降的文臣武将们，李自成又怎么个想法呢？

刚开始，大明的遗老遗少们都以为，新主子来了，多少还是需要他们这帮"老臣"的。可他们很快就发现，大顺政权除了招录了一两百位文官外，对剩下的官员，压根不予理睬。整个大明帝国的文臣武将、知识分子和精英们，被晾在一边，李自成可压根没有要安抚他们的意思。

在李自成看来，尽管进了京城来当皇帝，可这个皇帝要怎么当，政权怎么组织，明帝国剩余的文官武将们如何安排，他显然完全没有想好。眼下他最心急的，不是

闯王李自成

什么安抚人心，而是想着怎么搞钱，来养活十几万进入北京城的军队和供他自己享乐快活。

部队和新政权都缺钱，于是李自成下令，对所有原来大明朝的官员，都统统进行"助饷"和"追赃"。这项工作，从李自成进入北京后的第八天，也就是三月二十七日就开始执行，具体工作由大将刘宗敏和李过主持，还设立了专职部门比饷镇抚司进行负责。

有了李自成的支持，整个北京城顿时成了一个烧杀掳掠、鬼哭狼嚎的人间炼狱。当时，整个北京城，大顺军的士兵们"人人皆得用刑，处处皆可用刑"，大明帝国的遗民，上至文臣武将，下至富商平民，纷纷被十几万大顺军士兵抓起来严刑拷打、追索钱财。

当时，一些富有的贪官，例如崇祯皇帝的老岳父、嘉定伯周奎，在拷打之下，就吐出了50万两银子；大太监王之心也乖乖上贡了15万两；大学士陈演，也被迫交出了4万两。

但问题是，高官巨富们多少还有点家底，无非掉一身皮，"捐"出银子交差；可是穷苦的中下级官员们可就惨了，要么没有钱，要么钱不够，满足不了李自成、刘宗敏们的需求。

于是大顺的士兵们得到的指示，只有一个：

整，往死里整！

大学士魏藻德，是明朝崇祯十三年（1640年）的进士，此前被崇祯帝破格录用为阁臣。在主持"助饷""追赃"的刘宗敏看来，这么大的官，肯定有不少银子，于是招呼手下一番严刑"伺候"。没想到魏藻德压根没啥银子，让家人东拼西凑了1万两银子，给李自成和刘宗敏上贡。结果刘宗敏非要他10万两银子，为了逼出这差额的9万两银子，魏藻德被活活打死。

临死前，魏藻德痛苦地说：

"我想为新朝廷效力，为何要如此对我？"

可秀才遇到匪，哪有什么道理可讲？

老子身上没搞出钱来，刘宗敏又将魏藻德的儿子抓来严刑拷打。可还是没钱，于是，魏藻德的儿子也被活活拷打致死。

从崇祯十七年（1644年）三月二十六日开始，到四月六日短短十天时间，北京城里类似魏藻德这样被严刑拷打、逼勒致死、致残的大明文官武将，足足有 1000 多人。而通过在北京城挖地三尺、严刑勒索，不到一个月时间，李自成的军队共在北京掳掠夺得 7000 多万两白银。

这是什么概念？

明朝时，即使是号称富庶的万历初年，大明帝国一年的财政收入也不过区区 496 万两；而明朝末年，在全国范围征派的"三饷"（辽饷、练饷、剿饷）所得也不过 2100 万两白银，就已经搞得民不聊生。而李自成在北京城短短十来天时间，就搜刮到 7000 多万两白银，可以说，这几乎是将整个北京城的血肉都给榨干了。

如此情况下，大明帝国的遗老遗少（文臣武将、知识分子、士绅平民），又怎么可能为李自成所用？

## 5

作为李自成农民军仅有的两个举人之一，军师牛金星也掳掠了几个美女，到处纵情享乐。可看到大顺军进入北京城后军纪败坏，牛金星也觉得不对劲，他担心激发民变，于是劝告大将刘宗敏要约束部下。没想到刘宗敏却说，士兵们又没有兵饷，不抢劫、勒索，怎么搞？

刘宗敏说，要是民变，只要把北京城门一关，把百姓统统杀掉就行了；可要是不让抢劫掳掠，万一造成兵变，他可就难以控制了，"此时但畏军变，不畏民变"。

见到大顺军开始倒行逆施，李自成另外一个重要智囊、举人李岩也忧心忡忡。李岩赶紧上书李自成，建议重整军纪、招抚吴三桂父子。但李自成对此很不耐烦，只在奏疏上批了三个字："知道了。"

实际上，李自成啥也没干，而是继续纵容部队在北京城内到处烧杀掳掠。对刘宗敏等人在京城到处掳掠勒索，李自成也基本不管不问，由此，开始酿下大祸。

正是在这时候，吴三桂粉墨登场。

后世的小说家们，经常讽刺吴三桂是"冲冠一怒为红颜"，为了美人陈圆圆转而勾引清兵入关侵略。

但史实，真的是这样吗？

事实上，吴三桂本无意投降清朝，真正逼反吴三桂的，是李自成本人。

1642 年，大明朝在松锦之战中惨败后，吴三桂被委以重任，率领五万关宁铁骑，驻守在宁远等关外五城。吴三桂的部队骁勇善战，因此即使是皇太极等人，也因为吴三桂的驻守而难以入关。

李自成进逼北京城后，崇祯皇帝手足无措之下，只好命令吴三桂放弃宁远，迅速率兵勤王、支援北京。在此情况下，崇祯十七年（1644年）三月初五，吴三桂只得将宁远50万兵民全部迁徙入关。

三月十九日，北京城陷，崇祯上吊自杀。二十日，吴三桂在得知消息后，无奈只有停止前进，屯兵在山海关等候消息。

在这种关键时刻，李自成逮捕了吴三桂的父亲吴襄，并命令他写信劝降吴三桂。

当时，吴三桂进退失据，50万兵民亟待安顿，而与清兵斗争了十几年的他，实际上忠君思想仍然强烈，不甘心投靠皇太极。在接到父亲的书信后，吴三桂最终将山海关的防务转交给了大顺军的将领，自己则率领人马前往北京，向李自成投降。

但在前往投降的路上，坏消息却接踵而至。

当时，李自成的大顺军在北京城内到处酷刑拷打朝臣、掳掠淫辱百姓的消息陆续传来，家小都在北京的吴三桂，不免心生震动。

当吴三桂抵达靠近北京的滦州（今滦县）时，吴三桂的家人傅海山，在北京的变乱中冒着生命危险逃难出来，并带来了吴襄实际上被大顺军抓起来严刑拷打、几乎被"拷掠"致死的消息；而吴三桂也得知，他的爱妾陈圆圆，也在这场变故中被李自成的大将刘宗敏乘机霸占侮辱。

得知自己全家老小都被掳掠拷打，老父亲吴襄更是危在旦夕后，不胜寒心的吴三桂在犹豫再三后，迅速率兵返回山海关，并击溃李自成的大顺守军，转而联系清兵，希望一起夹攻李自成。

在获悉吴三桂发生变故后，李自成亲率十万大军进攻山海关。（1644年）四月二十二日，李自成的大顺军与吴三桂的关宁铁骑最终在山海关外决战厮杀。清兵则隔岸观火，一直到双方两败俱伤时，多尔衮才下令出兵，最终击溃了李自成的军队。

兵败山海关的李自成恼羞成怒，退回北京后，四月二十六日，李自成下令将吴三桂满门34口人全部斩杀。四月二十九日，他在仓皇中举行登基大典，完成在北京称帝的夙愿。第二天——四月三十日清晨，李自成随即率领残兵退出北京城，并纵火焚烧紫禁城和北京城的各个城楼。

从崇祯十七年（1644年）三月十九日进入北京，到四月三十日退出紫禁城，他在北京待了不到 42 天。

算起来，这位一代"闯王"，只是在北京做了个"一月游"的帝王梦。

一年后，1645 年 5 月，走投无路的李自成最终在湖北通城九宫山被杀。

一代"闯王"，至此，终于谢幕。

## [ 历史档案 ]

李自成（1606—1645 年），明朝末年农民起义领袖，世居陕西榆林。童年时，李自成当过和尚，给地主放过羊，还曾经在甘肃当过驿站士卒。由于驿站改革，李自成被裁撤。失业加上欠债杀人，他后来逃亡当起了边境士兵。

1629 年，年仅 23 岁的李自成参加兵变起事，随后十几年间辗转参加各路农民军。李自成借助明朝末年内忧外患，外有后金入侵、内有各路农民起义的混乱时局，在屡败屡战中逆境崛起，并于 1644 年率军攻入北京，灭了明朝，迫使明朝最后一位皇帝崇祯上吊自杀。

但李自成的农民军在进入北京后，到处烧杀掳掠，又逼变吴三桂，最终导致兵败山海关。

## 延伸阅读

## 中国三千年定都史，为何偏爱这两座城市？

中国历史上出现过数百座都城，但真正出名的，十个手指头数得过来，大抵就是"六大古都"或"七大古都"。这其中，称得上超级都城的，其实就两个——长安与北京。

公元前 202 年 2 月，汉王刘邦击败西楚霸王项羽之后，建立汉朝，定都洛阳。

刘邦对洛阳很满意，当年跟着他起事的将士们也很高兴。这些人都是山东（崤山以东）人，洛阳离老家近，无论从其势力范围还是衣锦还乡的角度衡量，此地作为都城，都是最佳选择。然而 3 个月后，一个叫娄敬（他也是山东人）的小人物来到洛阳城，面奏刘邦，劝说他改迁国都于关中。这惹得那些既得利益者大不高兴，他们纷纷劝阻刘邦，理由是：洛阳是天下的中心，大吉大利；而关中是亡秦之都，很不吉利。

1500 多年后，公元 1368 年，朱元璋建立大明王朝，犹豫了很久，最终定都南京，这跟他手下的谋臣良将多为南方人有关。其实，他心中理想的都城不是南京，而是长安或洛阳。他曾派皇太子朱标巡视西北及洛阳，研究迁都的可能性。

从历史大趋势而言，即便没有朱标的暴毙，迁都长安或洛阳亦无可能实现。燕王朱棣后来从侄子手中夺得皇位，几经曲折，把都城迁到了他的根据地——北京。这才算为大明王朝确定了延续两百多年基业的政治中心。

### 长安：中华帝国前半段的绝对核心

娄敬是用一大通美化长安的说辞说服刘邦的。张良也在其中起到了"添油加醋"的作用。

刘邦定都洛阳，内心深处也有依循东周都城旧例的意思。娄敬重点拿东周的衰落出来说事儿。春秋五霸，战国七雄的历史离刘邦的时代不算久远，周天子虽处天下之中，天下诸侯却没有一个甩他。为什么？娄敬说："非其（周天子）德薄也，而形势弱也。"紧接着他话锋一转，相比洛阳，长安的形势不是小好，是一片大好。具体说来："秦地被山带河，四塞以为固，卒然有急，百万之众可具也。因秦之故，资甚美膏腴之地，此所谓天府者也。陛下入关而都之，山东虽乱，秦之故地可全而有也。"

张良也说关中不仅土地肥沃，农业发达，最关键是地势险要，易守难攻：阻三面而守卫京师，独以一面朝东，对各诸侯国起着相当大的震慑作用。

刘邦决定听从他们的"忽悠"，迁都长安。他头脑一发热，也没去细想：关中"形势"这么好，秦朝怎么会二世而亡呢？

在以后历朝历代的定都之争中，我们可以经常听到某地形势险要，适于定都之类的话。这些地方包括长安、洛阳（对，主张定都洛阳的人也说洛阳险要）、南京、北京等。历史读多了，我们就知道这不过是谋臣们怂恿帝王的话术罢了。形势再险要，地势再虎踞龙盘，守城还得靠人，难道靠石头？一个王朝到了末路，曾经固若金汤的都城不也说破就破，有的一破还好几次呢。

不管后话如何，当时还好刘邦听了娄敬、张良的话，这才有了中华帝国前半段唯一的超级都城长安的诞生。

秦始皇统一六合，定都关中，不过是本地人顺势而为。刘邦选择关中，是外来政权的认可，对长安的意义显然更为重要。此后，到隋、唐两代，仍旧定都长安，这两代的发家都有赖于关陇集团的撑腰，自然离不开他们的龙兴之地。

唐朝没必要像西汉初年一样离开政治根据地，另择新都，根本上还是由他们的敌人决定的。汉、唐两个大一统时期，边患均来自西北，前有匈奴，后有突厥。长安作为都城，戍边功能自然比起中原地区的城市强大得多。而且，长安直抵前线，极大的危机感促成定都于此的朝代均崇尚武力，力图开疆拓土，前有汉武帝，后有唐太宗。

在汉、唐成就霸业的极盛时期，随着帝国版图的西扩，原本偏居西北的长安亦渐居中央，成为名副其实的中心。

### 双中心：帝国都城的东移与反复

从西周到唐末，中国的主要都城除了长安，就是洛阳。

与西汉的开创者刘邦一样，东汉光武帝刘秀也面临着定都何处的二选一难题：长安，还是洛阳？

刘秀集团的主力来自南阳、河北豪族，定都洛阳比起长安离这两大政治根据地更近。

一般而言，统治集团都力图将首都定在与自己起家的政治根据地不远的地方。周、秦、隋、唐如此，辽、金、元、清亦如此。在明朝，明太祖选择南京，明成祖选择北京；中华民国时期，袁世凯选择北京，蒋介石选择南京，同样如此。

刘邦的不同寻常即在这里，他为了成就更大的霸业，宁愿舍近逐远。刘秀不似刘邦，决定了东汉不如西汉。唐代以前，中华帝国的外部敌人主要来自西北边境，故大抵而言，一个进取的王朝更偏向于选择靠近前线的长安，而一个守成的王朝则选择相对远离前线的洛阳。

东汉国力远不如西汉，打匈奴，打羌，都很困难，只能建都洛阳寻求自保。以后定都于此的西晋、曹魏都是如此。

不过，洛阳确实有它独特的优势——粮食。洛阳在地理位置上处于天下之中，四通八达，在粮食供应上得到了基本的保障，各地区朝贡的调集和商贸上的往来都非常便利。

基于此，定都长安的隋、唐两代，从未放弃营建洛阳，呈现政治双中心的局面。

唐代多任天子都曾从关中逃荒，像乞丐一样就食洛阳。根据全汉昇的统计，唐玄宗执政头 25 年里，有三分之一的时间待在洛阳，而每次去洛阳都是因为粮食问题。这实际上反映了经济重心东移之后，洛阳的漕运优势远胜于长安。

但还有一个问题：偌大中国，从西周到唐代两千年，定都为什么非长安即洛阳，难道没有第三处选择吗？

周振鹤教授对此有相对合理的解释，他说，因为古代从整个统一王朝的疆域而言，主要部分是在黄河与长江流域。而且从有文字记载以来的历史一直到唐代，文化经济重心一直在黄河流域，这正是中国早期首都必选在黄河流域的基本原因。在黄河流域最适宜建都的地方，除西安、洛阳之外，我们至今不能想出有第三处。

此外，由于建都的时间都很长，形成了另一个重要背景，那就是这两处人文因素积淀深厚。长安和洛阳从西周开始便是政治中心与陪都所在，朝纲典制衣冠威仪，积渐而下，其他地方都不能比拟。

## 开封：都城东西／南北变迁的过渡

中国三千年来的都城变迁，用两条线就能划出个大概。

第一条，从周朝至北宋时期，都城大体平行分布在渭河及黄河中游的东西走向，迁移轨迹沿着西安—洛阳—开封一线，呈东西向波动迁移。

第二条，从北宋至今，都城主要建立在开封、杭州、南京和北京四地，大体沿京杭大运河分布，且这一历史时期的都城较南宋之前而言，其整体空间分布格局进一步东移，使得都城迁移轨迹为沿着京杭大运河南北向近海迁移。

不难看出，这两条都城分布线以开封为交点。开封作为北宋都城，是中国都城变迁由东西横轴转向南北纵轴的过渡。

"安史之乱"彻底改变了中国，此前北方经济优于南方，此后南方经济实现逆袭。对于仍然定都长安的晚唐而言，运河控制权决定了王朝的存亡。一些跋扈的藩镇动辄以切断汴渠漕运对中央进行经济封锁。最危急的时候，扬州的三万石大米终于运到长安，皇帝对太子说："米已至陕，吾父子得生矣！"

长期战乱、气候剧变以及运河经济的崛起，种种因素决定帝国前半段两大都城双双衰落，且再无回光返照之日。

在争夺运河的过程中，汴州（即开封）脱颖而出。它控制着汴河到黄河的入口，是运河的一个关键点。控制它，就可以截留漕运的财富。

公元907年，军阀朱温以汴州为基地，灭了唐朝，建立后梁，拉开五代十国的序幕。五代时期，北方政权除后唐定都洛阳，其他四个王朝均定都开封。

赵匡胤取代后周，建立北宋，仍以开封为都。但与历代开国君主一样，他也有传统都城情结，曾有迁都长安之意，因遭赵光义等人反对而作罢。但此后，有很多人认为定都开封是北宋最大的失策，更有甚者将其与北宋的灭亡联系起来。

事实果真如此吗？

与长安、洛阳在唐后期走下坡路相反，开封城在隋唐五代时期却处于上升阶段。如前所述，开封因大运河而繁荣，地处中原腹地，黄金水道交错，每年漕粮定额600万石，足以保障百万人口的生存以及王朝的运转。同为百万人口的唐长安城，由于路途遥远艰险，每年漕运量仅100万石左右，还曾因缺粮引发禁军骚乱事件。

从军事角度看，随着西方突厥族的灭亡及北方契丹族的崛起，国家的防御重点从西北转向正北或东北。此时，定都长安或洛阳，固然京师本身有山河之固，但由于国都偏西，并不利于抵御外族。

北宋定都开封，客观上无山川可凭恃，所以用主观努力进行弥补：一是在京城四周构筑防御设施，把开封建成一座军事堡垒；二是宋太宗两次发动收复幽燕的军事行动，企图夺回长城防线，可惜均以失败告终。

### 在南方：经济中心≠最佳都城

唐代以后，中国的政治地理格局彻底由东西对立转向南北对峙。

在唐之前，以东西对立为主，关中地区凭借地理优势，轮番上演武王灭殷、秦翦山东六国、汉胜西楚、景帝灭吴楚七国、北周收北齐等历史进程。此时的都城主要在长安、洛阳、开封这条横线上迁移。

唐之后，以南北对峙为主，如五代与十国、契丹与北宋、金与南宋、蒙古族与南宋、明与蒙古及后金、清与南明等。相应地，都城在北京、开封、南京、杭州这条纵轴上变迁。

南宋是北宋灭亡后，宋室南迁在江南建立的政权。其都城杭州成为中国古代相对统一的政权下最南端的都城，同时也是经济中心与政治中心合一的典型。

但必须注意到，南宋是偏安政权，都城实现政治中心与经济中心合一并不奇怪。如果是统一王朝，这种现象则可能是一种禁忌。

在中国历史上，就统一政权而言，国都建在全国经济最富庶地区的例子并不多见，数得上号的，可能只有东汉、西晋定都洛阳，明初定都南京，以及中华民国南京国民政府时期等。汉、唐时期的长安其实并非帝国的经济中心，关中虽然富庶，但汉朝的经济中心在河北河南一带，隋唐以后更往南转移。

大多数历史时期，存在着政治中心与经济中心相分离的现象。东晋王导说过，古之帝王不以丰俭移都。出于稳定国势和向外发展的需要，以并不十分富裕的地区作为都城，是一种常态。这样才能保持经济与文化的流动性，避免畸轻畸重，有利于整个国家的协调发展。

以此观之，即便再给南宋十个岳飞，也不可能收复中原。从历史地理学的角度分析，从南宋定都富庶之地的那一刻起，就埋下了日后蒙难的宿命。

## 北京：中华帝国后半段的绝对核心

政治中心与经济中心必须分离，这是一条不成文的法则。但是，政治中心与军事重心必须重叠，这是另一条不成文的法则，历代君王都谨守不违。稍有差池，就是血的教训。

两者一旦分离，身处军事重心的统帅若心怀异志，起兵相向，处在政治中心的帝王就权柄堪忧。这种事历史上已经发生过好几次，比如唐"安史之乱"、明"靖难之役"等。这也从侧面解释了中原王朝都城随边疆形势迁移的规律：边疆形势是中原王朝的防御重心，即军事重心所在。而军事重心的改变，必然带动政治中心的改变。汉唐定都长安、北宋定都开封、明朝定都北京都是这一规律的具体体现。

谭其骧教授曾精辟地提出都城选择的军事条件，即制内御外的性质和作用。内制与外拓是国家政权的两项大事。国都选址须服从全局，审时度势，缜密考虑每一地区国防地理位置的得与失、优与劣。

自 1153 年金海陵王定都中都（今北京市）之后，北京就成为中国北方乃至全国的首都，历经元、明、清，迄今 850 多年，地位没有第二座城市可与之比肩。放在中国三千年的历史长河中，也只有唐朝之前的长安能与之媲美。

为什么？用谭其骧的理论进行分析，不难看出北京作为首都的优势：一是在南北对立格局中，北方处于绝对优势，都城必须在北方；二是唐宋以后，东北地区及蒙古高原的少数民族陆续兴起，致使地处东北、蒙古高原和中原三大地区枢纽位置的北京城成长为全国首都。还有一个经济原因，北京处于京杭大运河顶端，交通便利，易于吸收南方财富与漕粮。

保守估算，从明成祖迁都北京起，至蒋介石定都南京止，北京连续做了 500 年的首都。期间，尽管有迁都之议，但从无迁都之实。明英宗出征被蒙古人掳了去，不迁都；李自成破城在即，崇祯帝宁可吊死，不迁都；八国联军入京，慈禧、光绪"西狩"，不迁都……

所以说，每一座都城的上位，都是应运而生的产物。没有一座都城能够随随便便成功。

继承者：

打江山容易坐江山难

## 储君争夺战：李世民选太子，为何挑了最平庸的一个？

话说：什么样的人，最适合当太子？

答案似乎毫无疑问：选品德、才能最出众的，不就行了吗？

可历史偏偏爱开玩笑：刘邦总认为懦弱的儿子刘盈，最后还是当上了皇帝（汉惠帝）；晋武帝司马炎一直认为自己的太子司马衷智商有问题（也确实有问题），但还是在群臣和宵小的撺掇下，让司马衷继位当了皇帝（晋惠帝），结果导致"八王之乱"，开启了长达 300 多年的两晋南北朝乱世。

那么问题来了，既然知道儿子几斤几两，为何还要选一个平庸，甚至傻的人做太子呢？

很多时候，情况太复杂，皇帝真的也身不由己。

自古以来，再英明的帝王，一到选择太子（储君）这个问题上，头就大。这不，英明神武的唐太宗李世民，就因为选太子的问题，闹得要拔刀自杀了。

### 1

这是大唐贞观十七年，公元 643 年。这一天，唐太宗李世民在长安城太极宫两仪殿内，屏退左右，身边只留下长孙无忌、房玄龄、李勣、褚遂良四个重臣。然后李世民说："我实在不想活了啊！"说完，李世民就抽出佩刀，想往自己身上捅。

李世民想自杀，干吗？

这事，得从李世民的长子、太子李承乾说起。

话说，李世民共有 14 个儿子，其中由长孙皇后所生的嫡子有三个：分别是长子李承乾、四子魏王李泰、九子晋王李治。作为嫡出，又是长子，李承乾自然毫无疑问地成了大唐帝国的太子和储君，但是这个储君，好像问题多多。

李承乾脚有点跛，是个瘸子，但是他聪明活泼，而且又是贤明聪慧的长孙皇后所生，所以很得李世民宠爱。李世民曾经对臣子说："我儿子身体有残疾，但这个不要紧，还可以医治；但如果不敬贤好善，私下老是接触小人，这个问题才严重。"

注重家教的李世民，给李承乾选择的师傅都是当时为人称道的德高望重、学识渊博之人，如李纲、李百药、杜正伦、于志宁、房玄龄、孔颖达、张玄素等。李承乾人也聪慧，当初唐高祖李渊去世，唐太宗李世民居丧期间，让 17 岁的李承乾监国裁决政事，李承乾就"颇识大体"，让李世民非常满意。此后李世民每次外出，都要让李承乾留在首都监国处理政务。

但李承乾是个纨绔子弟。

做太子的生活实在无聊，他就让一些奴仆去偷民间的牛马，然后亲自宰杀煮食；李承乾还喜欢学习突厥语，穿突厥的服饰（要知道，突厥在当时一直是大唐的敌人），然后又仿效突厥人制作五狼头纛 [dào] 及幡旗，设置帐庐，他自己坐在里面宰羊烹煮。

有一次，李承乾又假装成死掉的突厥可汗，然后自己躺在地上装死尸，让手下用刀割脸、围着他哭。过了好一会，他又坐起来说："我要是当上了天子，一定要率领几万军队去骑猎，然后全部散发去做突厥人，投身到阿史那思摩部下，做一位骑兵将领。"

李承乾还喜欢搞同性恋，他喜欢一个叫称心的美貌少年，经常宠幸他。李世民听说后非常恼怒，就将称心等人全部杀死，并严厉训责李承乾。但李承乾不思悔改，反而在东宫内给称心修了一个房间，里面供奉他的图像，并且为称心修筑了坟墓，早晚祭奠"痛哭徘徊"。

由于痛恨父亲李世民对他严加管教，李承乾心里恼怒，就假装生病，几个月不去看唐太宗。李世民有一个异母弟弟汉王李元昌，跟李承乾臭味相投，两个人经常在一起玩。有时候他们就把奴仆分成两队，然后李承乾和李元昌两个人各领一队，让手下披着毡 [zhān] 甲、拿着竹梢 [shāo] 互相冲刺厮杀，以为娱乐。有的手下由于"作战"不力，就被绑上手足用树枝抽打，有的甚至被活活打死。

对此李承乾觉得特别好玩，还说："我要是今天做了皇帝，明天就在皇宫设置万人营，然后跟汉王（李元昌）一起分别统率，看看他们怎么互相战斗厮杀，岂不乐哉！"

太子玩得太出格了，老师们自然就经常规劝。对此李承乾很会伪装，老师们要来进谏，他马上就正襟危坐，"态度诚恳"地引咎自责，搞得太子师傅们答拜不暇，还以为太子知错能改，真是个好孩子。

但背地里，李承乾可就不好惹了。李承乾到处游猎，不学习，还经常在东宫里击鼓玩乐，声音都传到了宫外，对此老师张玄素就去进谏，李承乾非常恼火，当面怒骂说："你是得了疯狂症吗？"李承乾还觉得不解气，又派刺客去刺杀张玄素，搞得张玄素重伤差点丧命。

另外一个太子师傅于志宁也经常劝谏李承乾，李承乾也很恼火，便派遣刺客张师政、纥干承基去刺杀于志宁。结果两个刺客潜到于志宁家中，看到于志宁为母亲守孝，自己睡在庐草上，两人觉得于志宁是个孝子，结果又不忍伤害他。

但李承乾很狂妄，有一次他公然叫嚷说："我要是做了皇帝，一定要纵情享乐，想干什么就干什么。要是有人敢劝阻，我就杀掉他，顶多杀掉 500 个人，就没人敢拦阻我了！"

## 2

太子太出格了，李世民自然心烦，于是这个时候，他的另外一个儿子、魏王李泰乘虚而入。

魏王李泰，人长得很胖，可他心思机敏。知道自己的大哥、太子李承乾长期以来浪荡不羁，父皇李世民心中恼火，他便招贤纳士，大肆拉拢心腹，并且为了博得美名，他还招人著书立说修撰《括地志》，搞得魏王府"广延时俊、人物辐辏、门庭如市"。连他老爹唐太宗李世民都赞叹不已，说我这个儿子真是好学慕士。

按照唐代规矩，诸王都要出外任职，以免长期滞留京城争权夺利。贞观十年（636 年），李泰被任命为相州（今河南安阳）都督，但李泰却不去任职，而是继续留在长安，而且，他还一度住进了皇宫中，以便时时和父皇李世民亲近，只是由于魏徵的力谏反对，才不得已搬回了魏王府。

前面说过，李泰很胖，走路不方便，李世民宠爱这个儿子，就特别允许李泰可以乘坐小舆车进宫，而这是各个重臣和所有皇子都享受不到的待遇。眼看李承乾不争气，李世民也有意要扶持李泰，他给李泰赏赐的月料，甚至超过了给太子李承乾的赏赐。

有一次，李世民亲临李泰的魏王府，一开心，他不仅赏给了魏王府的官员大批财物，而且赦免了死罪以下的犯人，并免除了魏王府所在的延康坊的民户一年租赋，《旧唐书》对此的记载是："其宠异如此。"

## 3

对于选谁当太子这个问题，李世民本人就是通过"玄武门之变"夺权上位的，所以他对于是否立嫡长并不是特别在意，在他心中，"立贤"才最重要。眼下太子李承乾不成器，因此，放眼 14 个儿子，在立嫡的基础上，对于储君的人选，他心中的天平，开始倾向了"乖巧可爱"，看起来又"选贤任能"的魏王李泰。

但李世民的重臣们不同意啊。

魏徵和褚遂良就看出了李世民的心思，一直坚持反对废掉太子李承乾，在他们看来，太子乃国之重本，李承乾虽然"失德"，但还不至于叛逆，因此也不能轻易言废。而且，李泰经常仗着老爸李世民的宠爱，对朝中的大臣颐指气使、傲娇得很，即使忠直如魏徵等人，对李泰心里也是很不爽、看不惯的。

而作为长孙皇后的亲兄弟和太子李承乾、魏王李泰、晋王李治等三人的亲舅舅，宰相长孙无忌心里的想法更实际：魏王李泰虽然是他的亲外甥，但这个外甥以韦挺、杜楚客、柴令武、房遗爱等人为心腹，假若这个外甥日后做了皇帝，那他的心腹自然就会上台执政，哪还有他这个舅舅什么事？因此，长孙无忌等皇亲兼重臣也不向着李泰。

大臣们都看出来李世民想换太子了，李承乾心里自然更加惶恐。

由于担心被夺储，于是李承乾便指使刺客去刺杀李泰，但由于李泰防范太严，一直找不到机会下手。刺杀不成，李承乾又叫人假冒成魏王府中的典签官，去玄武门上封事告发李泰的种种"罪行"，结果李世民觉得是诬告，还下诏搜捕上书的人，闹得长安满城风雨。

## 4

眼看着自己的弟弟、魏王李泰步步紧逼，父亲李世民对自己也越发冷淡，朝野又到处传言，说太子有可能被废，事情到了这个份儿上，李承乾决定：哥们得先发制人了。

于是，李承乾纠集吏部尚书侯君集、禁军将领李安俨、驸马都尉杜荷，以及李世民的弟弟、汉王李元昌等人计划发动政变，几个人一起割破手臂，以帛蘸血，然后烧成灰倒入酒中，一饮而尽，以表示誓同生死。

然而李承乾还没发动政变，他的弟弟、李世民的第五子齐王李祐就率先在齐州（今山东济南）发动兵变了。李祐做事比较胡闹，杀了人还想当皇帝，叛乱很快就被平定。在审讯李祐谋反案的过程中，无意中竟然牵连到了李承乾的心腹纥干承基，结果纥干承基为了活命，就供出了太子李承乾密谋造反的事。

李世民震惊了。

于是，李世民下令长孙无忌、房玄龄、萧瑀、李勣等重臣，会同大理寺官员一起会审此案。经过反复调查，最终确认李承乾确实预谋政变。

太子密谋政变，但如何处置，却又成了难题。

李世民召集众臣商议如何处理此事，大臣们个个不敢抬头，最后通事舍人来济提出了一个处理原则："陛下不失为慈父，太子得尽天年，则善矣！"

最终，事情的处理结果是：继齐王李祐因谋反被赐死后，李世民的弟弟汉王李元昌也被赐死；李承乾则被废为庶人，后来被流放到黔州（今重庆彭水），最终于谋反事发的第二年、贞观十八年（644年）病死。

## 5

打击接二连三——在当面审讯李承乾的过程中，李世民问李承乾为何要造反，李承乾倒也爽快，他说："父皇啊，本来我当了太子，又'复何所求？'但是弟弟李泰步步紧逼，儿子我只是想跟手下们设法寻找一个'自安之术'，最终才闹出想谋反这么个事来。说起来，李泰要是当了太子，那就刚好中了他的圈套了。"

李承乾被废，太子空缺，国不可一日无储君，于是，李世民便提出要立魏王李泰为太子。然而，长孙无忌等重臣们却极力反对，并提出要立长孙皇后的小儿子，也就是李世民的另外一个嫡子——第九子晋王李治为太子。

在长孙无忌看来，李泰狂妄得很，并且身边已经培养了一堆心腹，他要是日后当了皇帝，他这个舅舅肯定得喝西北风，靠边站。因此，他和其他大臣们都极力推荐晋王李治。

另一边，眼看李承乾被废，但半路却杀出个弟弟晋王李治来，魏王李泰心里也急了，于是便跑去恐吓李治说："弟弟，你当初跟试图谋反的汉王李元昌关系不错啊，

东宫风云之变

汉王出事了，你能没事吗？你要小心哦！"

几句话，就把生性怯懦的李治吓得不轻。

随后，魏王李泰又跑去跟父皇李世民撒娇，还扑倒在他怀里（一个老大胖子扑倒在他老爸怀里），说："父皇啊，虽然我有个儿子，但等我死了，我一定把儿子给杀了，然后把皇位传给晋王。"

李世民也不知道是不是老糊涂了，对此非常感动，还跑去跟臣子们说起这个事，结果褚遂良当即觉得这事太过荒谬，反驳说："陛下此言大误！假设魏王当了皇帝，他怎么可能杀了自己儿子，再把帝位传给晋王？当初陛下你就是一面立承乾为太子，一面又不断扶持魏王，才会造成今天的局面。"

褚遂良进一步说："陛下你如果要立魏王为太子，就请先安置好晋王，以免兄弟相残！"

褚遂良的话，说得李世民流下了眼泪，他说"我不能尔"，意思就是，确实，不能再让儿子们跟他当年发动"玄武门之变"一样，以致手足相残。

这件事后，李世民又看到儿子李治很怪异，整日忧心忡忡，于是便再三询问，李治是个没什么心机的人，便把哥哥李泰如何威胁他的事情说了出来。

《资治通鉴》记载，李世民听说后，似有所悟，"怃然，始悔立泰之言矣"。

对于如何立太子，立谁为太子，他心中，终于有了想法。

## 6

于是，回到本文开头那一幕，李世民要闹"自杀"了。

话说这一天，李世民想出个办法，在长孙无忌、房玄龄、李勣、褚遂良四个重臣面前，假装抽出佩刀要自杀。长孙无忌于是急忙上前夺下佩刀，并把刀交给傻站在一旁的晋王李治，又问李世民为何要如此，是否有什么事情？

于是李世民就说："我三子一弟（长子太子李承乾、四子魏王李泰、五子齐王李祐、弟弟汉王李元昌），竟然都想谋反，我实在不想活了啊！""你们要想我不自杀，就得答应我一件事。"

在李世民看来，他思来想去，如果未来李泰继承皇位，那么李承乾和李治两兄弟，难免会被整死；而只有立性格懦弱的李治，才能保全另外两个儿子的性命。在此情况下，他怕大臣们再起争议，于是便想出"自杀"的办法，要让重臣们统一意见。

长孙无忌等人赶紧说：陛下请说。

李世民说：我要立晋王为太子。

话一出口，长孙无忌马上跪下说："谨奉诏！谁敢有异议，臣就请杀了他！"

随后李世民对傻愣在一边的李治说，你舅舅（长孙无忌）已经帮你许下太子之位了，你还不赶紧拜谢他？

傻傻的李治，完全是在稀里糊涂的情况下，突然当上了太子，于是这个愣头鸡，才赶紧给舅父长孙无忌拜了一拜。

李治被立为太子当天，魏王李泰却还完全不知情，他兴冲冲地带领着一百多个骑兵想要进入皇宫，没想到却被屏退左右，而他自己则一个人被引进去，直接幽禁起来。此后，他被李世民下诏免去一切官职，并被流放到均州郧乡县（今湖北郧县），他的手下则大部分被贬或被流放到岭南。李治登基后，永徽三年（652 年），李泰去世，至此，他的帝王梦终于烟消云散。

但李治还是太弱了，李世民始终担心这个儿子无法治理好大唐帝国。他心中又想到了他另外一个儿子——吴王李恪。李恪是李世民的第三子，母亲是隋炀帝杨广的女儿，门第高贵，并且李恪本人又文武全才，李世民也很喜欢他，但由于他的特殊身世（隋炀帝的外孙），加上长孙无忌始终护着自己的亲外甥李治，最终李世民还是放弃了李恪。

至此，才能平庸的晋王李治，终于在稀里糊涂的情况下，坐稳了大唐帝国的储君大位，并最终登上了大唐帝国的最高宝座。

六年后，公元 649 年，唐太宗李世民去世，李治顺利登基，是为唐高宗。

[ 历史档案 ]

唐高宗李治（628—683 年），字为善，唐朝第三位皇帝（649—683 年在位），在唐太宗李世民 14 个儿子中排位第九，但由于是长孙皇后所生，所以属于嫡三子。他前面还有两位同父同母、同样作为嫡子的哥哥，即废太子李承乾、嫡次子魏王李泰。

古代王朝大多实行嫡传继承制，这就使得才华平庸的李治，得以在两位哥哥问题多多的情况下，最终在无意间脱颖而出成为皇位继承人。

李治在位期间先后攻灭西突厥（657 年）、百济（660 年）、高句丽（668 年）。他所扩张的帝国版图，甚至超越了他的父亲唐太宗李世民。

李治执政中后期由于性格懦弱、加上经常头晕目眩，难以处理政务，皇后武则天逐步干政并攫取权力，崛起为一代女皇。

**延伸阅读**

## 唐朝以后，中国的贵族为何衰落了？

贵族，自古以来便是平民百姓仰望的对象，同时也是不少家族累世奋斗的追求目标。但中国历史到了唐代以后，中国的贵族却突然转弱，最终在历史的长河中逐渐消失。这是为什么呢？

我们先来看一个小故事。

话说李世民自玄武门兵变夺位后励精图治，大唐帝国日趋强盛，"贞观之治"开始出现。有一天，李世民召集属下重臣喝酒，席间李世民突然兴起，指着一杯酒说，"除了我之外，你们谁自认是我们在座中最尊贵的人，我就把这杯酒赏给他喝！"长孙无忌、杜如晦、房玄龄、魏徵等重臣面面相觑，谁都尊贵，但谁都不敢公开说自己是最尊贵的，这酒，实在不好喝。突然，有个人站了起来，二话不说便过去把酒拿了起来，他说，陛下，我先把这酒喝了，然后再说理由。群臣面面相觑，但心里也不得不服他。这个人便是萧瑀。

萧瑀是谁？

按照他自己的话说："我是梁朝皇帝的儿子，隋朝皇帝的国舅，当今天子的亲家翁，以及当朝的宰相，当今天下除了天子，属我最贵。"

所以萧瑀敢喝这杯酒。

萧瑀，他的父亲，便是梁朝的皇帝、梁明帝萧岿，所以自称皇帝的儿子；他的姐姐，是嫁给隋炀帝杨广的萧皇后，当之无愧的国舅；而他本人的儿子，则是李世民的驸马，确实是当朝天子的亲家翁；萧瑀本人，则在李渊起兵后，全力支持辅佐他建立唐朝，并且在玄武门之变中全力支持李世民夺位。他本人曾出任唐朝宰相，死后子孙后代中又有八人相继出任唐朝宰相。

无论是他的祖上，还是他本人，或是他的后代，都显赫无比，所以《新唐书·萧瑀传》中说他的家族在唐代："凡八叶宰相，名德相望，与唐盛衰。世家之盛，古未有也。"

萧瑀，他和他的家族，是中国贵族最后的辉煌写照。

在萧瑀以前，中国的贵族早已有之。从夏、商、周，到春秋战国时期晋国的六卿赵氏、中行氏等诸侯世臣家族，到魏晋南北朝时期的大家世族，例如著名的四大士族崔卢王谢，即清河崔氏、范阳卢氏、琅琊王氏、陈郡谢氏，都是中国历史上赫赫有名的贵族和世族大家。贵族到了唐代，更是发展到了鼎盛时期，唐太宗李世民本人，便是超级贵族出身。

我们来看看李世民的显赫家世。

李世民的曾祖父李虎，西魏八位柱国大将军之一，死后被追封为唐国公，这也是唐朝国号的由来。李世民祖父李昺，隋朝柱国大将军、安州总管。李昺的老婆，也就是李世民的奶奶，是中国历史上最牛的超级岳父独孤信的第四个女儿。独孤信的大女儿嫁给了北周皇帝宇文毓，独孤信的第七个女儿又嫁给了隋朝开国皇帝隋文帝杨坚，李世民的祖父李昺是他们的连襟。李世民的老爸、唐朝开国皇帝唐高祖李渊是隋炀帝杨广的亲表哥。7岁就袭爵封唐国公，曾在隋朝任卫尉少卿，也是隋代军事重镇太原的最高长官、太原留守。而李世民本人，则是隋炀帝杨广的表侄子。

可以说，唐朝，是一个由贵族出身的皇帝和贵族臣子为主体的朝代。

历史学家梁庚尧在《中国社会史》一书中指出，从唐肃宗到唐朝灭亡的179位宰相中，出身名族和公卿子弟的共有143人，占总人数的80%；而出身中等家族的仅有22人，占比12%；而真正寒门出身的宰相只有12人，占比7%，其他1%未能确定。

唐帝国，是一个典型的贵族社会。

但从隋代开始的科举制，也让许多普通家族的寒门子弟得以慢慢进入权力中枢。在唐朝，当高官普遍要有贵族出身，寒门子弟要出头仍然是非常不易的，但时代的趋势在慢慢改变，这也让许多依靠贵族出身做官的人心里总归觉得遗憾。

唐高宗晚年的宰相薛元超就曾经跟自己的亲人说，"吾不才，富贵过分，然平生有三恨，始不以进士擢第，不娶五姓女，不得修国史"。意思就是说，我一生富贵有余，但是有三件事最为遗憾，第一个可惜我不是进士出身，第二个可惜没有娶到五大贵族（李、王、郑、卢、崔）的女儿，第三个就是没能参与编修国史（在唐代，编修国史是士人的至高荣耀，代表超级有文化）。

薛元超的一席话，道出了唐代社会的贵族构成和科举制对整个唐代社会的冲击。

早在魏晋南北朝时期，南方的贵族就已经有开始衰落的迹象。当时很多贵族子弟由于长期不学无术，南方的宋、齐、梁、陈等四个朝代的很多朝政实权开始慢慢落入到了寒门士子手中，很多贵族子弟出门穿着高高的木屐，头戴高高的帽子，脸上还涂着粉（注意，是男人），深居简出，自诩是"神仙"。有的贵族子弟甚至看到马就高声大叫，受了惊吓，连声说："这哪里是马，分明是老虎啊，吓死我了，吓死我了！"

贵族子弟衰弱不堪，没落是迟早的事。如果说科举制是破坏贵族制度的熔化剂，那么唐朝末年的频繁战争，则成了插在中国贵族心脏上的一把尖刀，并极大加速了中国贵族的灭亡。

黄巢，是屠戮唐朝贵族的超级杀手。

公元 880 年，在历史上以疯狂屠杀闻名的黄巢农民军攻破长安城，在长安开始了大规模的烧杀掳掠，大量的贵族和平民遭到疯狂屠杀。史载黄巢"杀唐宗室在长安者无遗"，意思是黄巢将李唐王室贵族在长安的，几乎杀得一个不留。

公元 881 年，由于唐朝军队的反击，黄巢撤出长安城，对唐朝官军的到来，老百姓无不欢呼鼓舞。但黄巢很快又杀回长安城，由于恼怒长安城的老百姓竟然欢迎官军，黄巢指使军队对长安进行屠城："巢怒民迎王师，纵击杀八万人，血流于路可涉也，谓之洗城。"

唐朝晚期的诗人韦应物，写了一首唐诗描绘黄巢的屠戮，以及晚唐社会和整个贵族阶层的毁灭性破坏，这就是著名的《秦妇吟》，"华轩绣毂皆销散，甲第朱门无一半……内库烧为锦绣灰，天街踏尽公卿骨"。意思就是说，大量贵族阶层的豪宅被毁灭，长安城内到处是王公贵族们的累累白骨。

黄巢叛军被平定后，中国历史上最后的贵族们，又迎来了"白马之祸"。

天祐二年（905 年），六月，由于计划篡夺帝位，朱温指挥他的手下将唐王朝最后的王公贵族们在一夜之间几乎斩杀殆尽，并将他们的尸体全部扔进了黄河，史称"白马之祸"。"士族清流为之一空"，中国的贵族们，走到了集体灭亡的边缘。

两年后的公元 907 年，朱温逼迫唐哀帝李柷 [zhù] 禅位，改国号梁，唐朝灭亡，而中国历史上延续了两千多年的贵族阶层，至此也走入了灭亡的境地。

进入五代十国后，武人政治横行，类似开头提到的萧瑀家族，在时代的战乱中不要说出人头地，后代子孙连性命都堪忧。从此以后，中国的这些贵族阶层，开始脱离了中国政治的核心，许多贵族子弟要么在战争之中遇害，要么迁徙到了南方，家世最终逐渐沦落，变得跟一般的家族一样，无复当年的辉煌。

宋代后，科举昌盛。从宋太祖赵匡胤开始，为了矫正唐朝末年和五代十国武人政治的弊端，也非常鼓励读书。据说赵匡胤在祖庙中就立有石碑教育后人，其中有三条训令，第一条是不杀柴氏子孙（赵匡胤是通过陈桥兵变，夺取了他义哥柴家的江山）；第二条是不杀读书人和提意见的人；第三条是子孙有违此誓者，皇天不祐！

由此可见，宋朝的开国皇帝对寒门士子和读书人的超级重视，因为世间已无贵族，皇权必须更多地依靠寒门士子们来辅佐。

而根据统计，以《宋史》中列传的北宋人物共 1533 人进行分析，发现他们其中共有 845 人，也就是占比高达 55.12% 的人物，完全是平民出身，祖上没有任何人做过官。这也透露出，中国古代的贵族，在唐朝的权力中心仍占据绝对多数，但到了宋代，朝堂上已经是平民出身的人占绝对多数了。

中国的贵族，在唐朝以后，不知不觉间逐渐消失了。

一个新的平民时代，开始了。

# 晚年武则天：权力是最好的兴奋剂

大周（大唐）久视元年（700 年），一则关于大周皇帝武则天（624—705 年）要"选美"的消息，很快就让整个洛阳城和大周帝国骚动起来。

这一年，叱咤风云的大周皇帝武则天已经 76 岁了。

于是，一时间，整个洛阳城和大周帝国到处是要给皇帝武则天进献"男色"的奏折，帝国，又掀起了一场桃色风雨。

看到武则天"选美"又搞得到处乌烟瘴气，右补阙朱敬终于忍不住了，于是他给武则天上了一道奏折说：臣听说"志不可满，乐不可极"。皇帝您的男宠，前后已经有了薛怀义、张易之、张昌宗等不少美男，本来应该够了；但最近这场选美风波，搞得朝廷上下内外"无礼无仪，溢于朝听"，也希望皇帝您能听取一些意见。

没想到武则天看了朱敬的奏折，也不生气，反而赏赐给了他百段彩绸，并且嘉奖朱敬说："要不是你直说，我还真不知道（选美）搞成这样了。"

## 1

对朱敬说是这么说，尽管已经 76 岁高龄，可这位前无古人，后无来者的一代女皇，仍然在尽情享受着自己美满的"青春"：从 66 岁那年（690 年）逼迫自己的儿子唐睿宗李旦退位以来，帝王的权力成了她最大的追求，加上她善于打扮，以至于即使是她的子女和左右跟班们，都"不觉其衰"。

当上女皇帝后的第三年，长寿元年（692 年）八月，已经老掉牙、68 岁的武则天，又长出了新牙齿，这让女皇喜出望外；七年后，圣历二年（699 年）正月，75 岁的武则天又生出了八字重眉，让她生出了更多自信。

女皇，这是要返老还童的节奏吗？

　　尽管当上皇帝时已经66岁，但她仍然日理万机、精力充沛，"政由己出，明察善断"，所以对自己的身体和青春，她也有着异乎常人的渴求。

　　当上皇帝后第八年，圣历元年（698年），已经74岁的武则天设了专门招纳男宠的机构控鹤监，控鹤监的负责人，就是武则天的著名男宠张易之。武周通天二年（697年），深深懂得母亲寂寞的太平公主，将美男子张昌宗献给了武则天，进入皇宫后，张昌宗马上又将自己的哥哥张易之也推荐给了女皇。于是女皇马上下令召见张易之，《旧唐书》的记载是，武则天相当满意，"甚悦"。

　　男宠们获得女皇的宠幸，难免骄横起来。此前，武则天那位本来是在洛阳街头卖药为生的壮硕男宠薛怀义，仗着皇帝的宠幸，就在洛阳街头横行霸道，甚至纵容自己的手下为非作歹，右台御史冯思勖 [xù] 出面阻止，竟然差点被薛怀义和恶奴们殴打致死。

　　薛怀义本名冯小宝，是街头无赖出身，由于出身低微，武则天便让他假装是驸马薛彻的族人。为了方便他自由出入皇宫侍寝陪床，武则天干脆将他剃度为僧。仗着武则天的宠幸，薛怀义势倾朝野，朝廷上下竟然无人敢直呼他的名字，而是纷纷谄媚地"尊称"他为"薛师"。

　　当时，洛阳城内有一个老年胡人自称自己500岁了，说他200年前就见到过薛怀义，没想到薛怀义不仅没老，200年来反而越来越年轻了。对于这种鬼话，武则天竟然也深信不疑。

　　就在武则天登基做皇帝前，薛怀义也很识趣，吹捧武则天是"弥勒佛"转世，为武则天大肆造势。尽管宠爱薛怀义，但武则天并未完全冲昏头脑。

　　薛怀义仗着自己受宠，整天带着一帮喽啰进出洛阳皇宫，没想到有一次竟然在皇宫碰到了宰相苏良嗣。牛哄哄的薛怀义呵斥苏良嗣，说老头儿你走开，我要进去。没想到性格刚硬、平时早就对薛怀义心怀不满的苏良嗣，竟然命令手下一把将薛怀义抓住，然后苏良嗣亲自动手，"啪啪"就甩了薛怀义几大耳光，把他一顿暴打。

　　薛怀义哪里受过这种气，于是一把鼻涕一把泪地跑到武则天面前告状，说：皇帝呀，你看苏良嗣这个老头竟然敢打我！皇帝你要替我做主啊！没想到武则天却告诫薛怀义说：

　　"皇宫北门才是你出入的地方，南衙是宰相们处理朝政的地方，你以后不要再走那里了。"

　　对于士大夫，武则天仍然保有敬意，并且善于利用，而这也是她实际掌握李唐王朝皇权40多年间，尽管大兴酷吏、诛杀皇室，却仍然能紧握权柄的重要原因。

后来，薛怀义因为失宠，竟然放火焚烧洛阳城内的天堂等重要建筑泄愤，并失火殃及明堂等武则天耗尽国库建造的帝国建筑。最终，武则天痛下杀手，下令将薛怀义杀死，并送到洛阳白马寺火化埋葬。

薛怀义之后，武则天又先后宠幸过御医沈南璆等人，而女儿太平公主进献的"小鲜肉"、时年只有20来岁的张昌宗及张易之兄弟，武则天对他们的贪污、索贿、买卖官职等行为更是放纵不管，甚至对张易之兄弟诬告朝廷重臣御史大夫魏元忠等案件，也统统赦免不予追责。

当时，武则天的亲孙子邵王李重润、亲孙女永泰郡主，私底下对张氏兄弟不满，抱怨了几句，没想到被张易之兄弟派人窃听后，向武则天打了小报告，武则天便下令杀死了自己的亲孙子和亲孙女。

事情到了这个地步，朝廷上下自然没人敢得罪张易之兄弟了，于是，张易之、张昌宗兄弟开始干涉朝政，逐渐势倾朝野。武则天的昏聩，也使得朝臣们越发担忧，张易之兄弟可能会趁着女皇年老多病，乘机发起篡夺帝国最高权力的不轨阴谋。

在对待男宠这个问题上，女皇，显然在爱怜中，开始昏聩了。

## 2

女皇老了，她时而清醒，时而昏聩，但对自己篡夺李唐江山前后的一些理政行为，她也有所反思。

在683年她的丈夫唐高宗李治去世后，武则天开始推行酷吏政治，并唆使一帮恶徒和酷吏到处告密和诬陷，将李唐皇室以及支持李唐的王公大臣们几乎诛杀殆尽。为了恐吓政敌和巩固统治，她在大唐帝国到处推行告密政治等恐怖统治，致使帝国内外人心惶惶。

当时，武则天手下的酷吏们，创办了"喘不得""突地吼""失魂胆""死猪愁""求即死"等一大批残酷刑具。他们将人随便抓来，往"犯人"们的鼻子里拼命灌醋，放在大瓮里面炙烤；还创造了《告密罗织经》，专门教授手下怎么陷害无辜和罗织反状。以至于当时的王公大臣们上朝，都要与家人提前告别，因为不知道还能不能活着回来。

但690年夺得帝位，"革命"李唐，建立"大周"，巩固统治后，眼看着昔日的一帮恶徒已失去利用价值，为了安抚人心，武则天又开始诛杀自己当初的得力干将。酷吏丘神勣、周兴、索元礼、王弘义等一帮恶徒，又纷纷被自己的主子、女皇武则天一个个下令逮捕，或流放致死，或直接杀掉。

因为酷吏政治这玩意儿，只能施一时，而不能行一世。所以精通谋略的武则天，在巩固统治以后，必然要收敛早先肆无忌惮、血腥四溢的杀伐行为了。

但酷吏们也是包藏野心的。著名的酷吏来俊臣，觉得杀李唐皇室不过瘾，于是便想出法子，诬告武则天的各个侄子、武氏诸王，还有武则天的女儿太平公主，以及皇嗣李旦、庐陵王李显与南北衙禁卫军想一同谋反。本来，来俊臣是想着通过罗织惊天谋反案，然后将李唐皇室的最后残余，以及将武则天的亲信势力一网打尽，乘机攫取国家权力。没想到事情泄露，来俊臣被人告发，被执法部门判处死刑。武则天却一直拖着不愿意处死这位得力干将，最终在朝中大臣的联合逼迫下，武则天才依依不舍地宣布将自己的这位"能臣干将"处死。

万岁通天二年（697年）六月三日，武则天最终将来俊臣于洛阳闹市斩首：行刑之日，洛阳城中万人空巷，人人争相看这位酷吏魔头的最终下场。来俊臣的人头被斩下后，愤怒的洛阳百姓欢呼雷动，甚至蜂拥向前啃咬来俊臣的尸体，可见满城百姓对他的仇恨之深。

来俊臣被斩首后洛阳百姓的举动，也让73岁的武则天深深震撼，因为她才是来俊臣等酷吏背后最大的靠山和指使者、纵容者，但武则天仍然要装装糊涂：来俊臣被杀后三个月，武则天假装问后来成为开元时期名宰相的姚崇说：

"当年朕也曾怀疑过，来俊臣、周兴这帮人，报上来这么多谋反案，难道就全是真的吗？可我派去很多亲信大臣们去勘验，他们也都说没有冤情，这又是为什么呢？"

对此姚崇说：他们也是被来俊臣等人吓怕了，哪里敢说真话？

武则天对这个回答非常满意。她总结说，是的，都是这帮王公大臣们曲意奉承来俊臣他们，"陷朕为淫刑之主"！

她说得非常委屈，好像忘记了纵容来俊臣等酷吏到处诬陷、害人的元凶，其实就是她本人。

3

在某种程度上，女皇清醒得很：对男色的纵情享受，对酷吏在榨干利用价值后该杀就杀，都表明，武则天无论在生理上还是心理上，都非常强悍和睿智。

但她毕竟老了，帝国的接班人究竟选谁，一直在困扰着她。

起初，她想立自己的侄子武承嗣为皇嗣，但武承嗣残暴、好色，后来又郁郁不得志，提前死掉了。于是，武则天又想立她的另外一个侄子武三思为皇嗣。

有一次，武则天直接就这个事咨询宰相们的意见，没人敢说话，只有狄仁杰挺身而出说"臣观天人未厌唐德"，还是要立李唐之后；况且梁王武三思只是你的侄子，而庐陵王李显（被废的唐中宗）、皇嗣李旦（被废的唐睿宗）却是您的亲生儿子，姑侄与母子相比哪个关系更亲呢？

对于武则天来说，她亲自"革"了李唐王朝的"命"，所以对她来说，是选一个姓"武"还是姓"李"的血亲来做帝国的接班人，一直是让她非常困惑的问题，但在这个关系帝国传承的根本问题上，狄仁杰等大臣却始终坚持请立李唐后裔为皇嗣。看到人心所向后，武则天最终不得不下定决心。

自从 683 年唐高宗李治去世后，武则天几乎将唐高祖李渊、唐太宗李世民、唐高宗李治的儿子们斩尽杀绝。当初，她的丈夫唐高宗李治共有 8 个儿子：其中 4 个为李治与其他妃嫔所生，4 个为武则天所生——对于非亲生的唐高宗的皇子，除了许王李孝早亡外，太子李忠、泽王李上金、雍王李素节均被武则天迫害致死。

不仅如此，为了夺取帝位，她又下令毒死了觉得碍事的亲生儿子、太子李弘，并逼令自己的二儿子、后来的太子李贤自杀。

李治去世后，她剩下的两个亲生儿子，三儿子李显先是当了一个多月皇帝（唐中宗），便被她贬斥到房州（今湖北房县）；她的小儿子李旦在当了六年傀儡皇帝（唐睿宗）后，最终也被她亲手拉下马来，名义上虽为皇嗣，但却始终被她母亲软禁监视。

圣历元年（698 年），武则天最终派人将当初被她亲手废黜的儿子、后来从皇帝被降格成庐陵王的李显接回洛阳城中。然后，武则天将李显藏在帘幕后面，召唤狄仁杰等人前来。

武则天对狄仁杰说，你此前说的立谁为皇嗣的事情，你现在再说一遍，如果符合我的心意，我就成全你们；如果不符合我的心意，立马就叫你们死在这里！

没想到狄仁杰并未被吓倒，仍然坚持立武则天的三儿子庐陵王、此前被废黜的唐中宗李显为皇嗣，说到激动处，狄仁杰泪流满面，"言发涕流"。这使得在这件事上一直犹豫不决的武则天也受到感染，流下了眼泪。随后，她命令手下拉开帘幕，叫出庐

从尼姑到一代女皇

陵王李显，对着狄仁杰说：

"还卿储君！"

然后武则天抚摸着狄仁杰的背，泪流满面地说：

"你不是朕的臣子，你是大唐的社稷之臣。"

从此事看来，她想要进行女性的皇权革命，但最终却发现，自己还是输给了那个男权社会的汪洋大海，因此而泪流满面。

## 4

李显被接回洛阳后，被重新确立为皇嗣；而李旦则让出皇嗣之位，做起了自己的相王。

但武则天仍然不愿意让出权力，神龙元年（705 年）正月，81 岁的武则天身染重病，居住在洛阳宫长生殿。当时，太子李显、宰相张柬之都很难见到武则天本人，而武则天的男宠张易之、张昌宗兄弟却日夜陪在皇帝身边，这也使得洛阳城中人心惶惶、谣言四起，都说"张易之兄弟要反了"。

眼看皇帝病重，而太子、宰相却难以近身，在此情况下，宰相张柬之毅然联合桓彦范、敬晖、李湛等人，推举太子李显发动政变，并挥兵进宫杀死张易之、张昌宗兄弟，然后包围了武则天居住的长生殿。

听到消息，武则天猛然惊起，说："是谁作乱？"当听说张易之、张昌宗兄弟被杀后，武则天盯着仍然懦弱怯怕的太子李显说：

"这两小子已经被杀了，你可以回东宫去了。"

长期处于母亲高压下的李显被吓得不轻，这时还是桓彦范说了一句："太子怎么能回去？太子久居东宫，群臣都没有忘记太宗（指李世民）、天皇（指唐高宗李治）的恩德，还请陛下传位太子，以顺天人之望！"

听到这一席话后，武则天躺下来"翻身而卧"，不再说话。

政变后第三天，神龙元年（705 年）正月二十四日，武则天最终下诏传位于太子；次日，李显重新即位，这也就是第二次当上皇帝的唐中宗。

此后，唐中宗李显每隔十天，就去看望一次武则天；失去了皇位的武则天，精神状态迅速恶化，以往那个虽然年老，但却容颜焕发、天威逼人，连子女和左右大臣都"不觉其衰"的一代女皇，迅速变得"形容赢 [léi] 悴"，这使得唐中宗李显刚开始被吓了一大跳。

因为在唐中宗李显的印象中，母亲武则天一向威严无比，而眼下这个被迫卸去帝国皇位的女人，迅速衰败的样子，连他这个儿子看着都感到惊心动魄：没有了皇权的刺激，他发现，原来母亲武则天也只是一个平凡的女人而已。

神龙政变后十个月，困居洛阳的武则天，最终在郁郁寡欢中走完了她不平凡的一生。临死前，武则天让儿子削去她的帝号，从"天册金轮圣神皇帝"，改称为"则天大圣皇后"；还吩咐将当初被她迫害致死的王皇后、萧淑妃，以及大臣褚遂良、韩瑗的家人从奴隶恢复为自由身。

最终，她选择了告别皇帝的称号，改而以唐太宗的儿媳妇、唐高宗的皇后名义，请求与唐高宗李治合葬于乾陵。

她死后，乾陵前竖立起了一座高大耸立的无字碑。无言以对，一代女皇，一生功过，最终任人评说。

## [ 历史档案 ]

武则天（624—705 年），自名武曌 [zhào]，并州文水（今山西文水）人。中国历史上唯一的正统女皇帝（690—705 年在位）。

武则天 14 岁时，被唐太宗李世民选入后宫。李世民死后，武则天又被唐高宗李治选入宫中，并先后为李治生下四子两女。公元 683 年，李治去世后，武则天先是遥控自己的儿子唐中宗、唐睿宗轮流登基上位，7 年后（690 年），武则天干脆自立称帝，改国号为周。

在位期间，武则天大肆残杀李唐宗室，玩弄"酷吏政治"，但在治国用人方面颇有谋略，并为后来"开元盛世"的出现打下了雄厚基础。神龙元年（705 年），宰相张柬之等人趁武则天病重，发动"神龙革命"，拥立唐中宗复辟，迫使一代女皇黯然退位。

## 延伸阅读

### 王气何处去：帝都长安为何失落千年？

读历史，有一个可供探讨的问题是，曾经辉煌无比的长安，从唐代以后 1100 多年，为何没有一个王朝在此建国立都呢？

纵观中国自古至今，历代王朝、割据政权以及各个少数民族，曾经建立过 217 处都城，但这些都城，绝大部分都如昙花一现；只有长安，曾经在长达 1077 年的时间里先后做过 11 个王朝的首都，可谓千古一城。

但是这种王气，在公元 907 年唐朝灭亡以后，似乎就衰竭了；中间除了那个迅如流星般的李自成的大顺政权外，长安（西安）从此再也无法跟王气沾边。

难道，长安的王气已尽？

### 1

唐僖宗中和三年（883 年），经过多次反攻，终于攻破黄巢军队占据的长安城后，来自唐帝国各路勤王的藩镇军队，如猛虎饿兽般，冲入了这座千年古都。

《旧唐书》记载，黄巢军队在从 881—883 年占据长安城的三年时间里，虽然在城内到处屠戮杀人，但长安城的主要建筑，仍然"九衢三内，宫室宛然"；但是 883 年，来自各路藩镇的唐军在攻破长安城后，却像流氓土匪一样，开始到处抢劫，"纵火焚剽"长安城，以致整座帝都"宫室、居市、闾里，十焚六七"。而辉煌壮丽的大明宫，更是烧得只剩下了含元殿。

经历了这场动乱的晚唐诗人韦庄，在他的诗歌《秦妇吟》中，描写了长安城劫后的苍凉：

含元殿上狐兔行，花萼楼前荆棘满。

昔时繁盛皆埋没，举目苍凉无故物。

内库烧为锦绣灰，天街踏尽公卿骨。

此前，尽管经历了安史之乱、吐蕃短暂攻占，以及朱泚兵乱，但是长安城并没有大的损伤，在经历简单的修复后，到黄巢起义前，这座大唐帝国的首都，仍然"神丽如开元（盛世）时"。

而黄巢之乱，是长安王气毁灭的开始；此后，长安城内外接连兴起的政治动乱，彻底毁灭了这个千年古城立都的根基。

## 2

唐代以后的王朝，为何不在长安立都的原因在于，从唐朝末年开始，频繁的政治动荡与破坏。

从公元883年到904年，短短21年间，包括黄巢之乱在内，长安城先后经历了四次超级打击：

在黄巢兵变后两年，公元885年，掌握禁军的宦官田令孜与藩镇王重荣、李克用争战失败，在挟持唐僖宗退出长安时，田令孜下令，在长安城全城放火，以致整个帝国首都"宫阙萧条，鞠为茂草"，"唯昭阳、蓬莱三宫仅存"。

尽管此后有小幅修复，但唐昭宗乾宁三年（896年），军阀李茂贞又从岐州（陕西凤翔）攻入长安，并在城内到处杀人放火。至此，整个长安城"宫室廛闾，鞠为灰烬，自中和以来葺 [qì] 构之功，扫地尽矣"。

而长安城的第四次，也是最后一次毁灭性打击，则是来自朱温。

唐昭宗天祐元年（904年）正月，军阀朱温强迫唐昭宗迁都洛阳。据《旧唐书·昭宗纪》记载，朱温命令长安全城军民"毁长安宫室百司及民间庐舍，取其（木）材，浮渭（水）沿（黄）河而下，长安自此遂丘墟矣"。

这座千古名城，最终被军阀朱温下令彻底拆毁，以营建洛阳和开封的宫室。

古都开封的崛起背后，是长安的毁灭。

3

政治动荡，长安自古有之，但为何这次彻底伤了元气？

纵观长安城历史，不算西周，从秦朝开始到西汉、西魏、北周，以及隋唐两代，长安城屡屡遭毁，却能屡屡重建复兴；但从唐末开始的这波政治动荡，却开启了长安的长期危机。

唐朝灭亡后，进入五代十国，长安周边仍然战乱不断。后汉乾祐元年（948 年），赵思绾夺取长安后，与后汉军队进行对峙。当时，整个长安城已经从盛唐时期的百万人口减少到了只有十万人；而经历后汉这场战争后，长安城的人口最终锐减到了一万多人，相比巅峰时期，长安城人口锐减达 99%。

北宋初期，有鉴于开封无险可守的致命隐患，赵匡胤曾经想过先迁都洛阳，最后再迁都长安。对自己的迁都计划，赵匡胤解释说："吾将西迁者无它，据山河之胜，而去冗兵，徇周（朝）汉（朝）之故事，以安天下。"显然，赵匡胤也认识到了长安坐拥关中平原、"被山带河"的地理优势所在。但在经历唐末、五代的动荡之后，当时长安城已经残破不堪，所以赵匡胤的计划是，先迁洛阳，再往长安，但在弟弟晋王赵光义等臣子的反对下，赵匡胤最终放弃了自己的计划。赵匡胤感慨地说，不迁都洛阳、长安，"患不在今日，自此去不出百年，天下民力殚矣"！

赵匡胤的预测是正确的。100 多年后，北宋靖康二年（1127 年），南下的金兵最终攻破几乎无险可守的开封，北宋亡国。

但五代十国后的长安，也确实难以立都。北宋时，宋人由于用兵西北，以致长安一带长期动荡；南宋时，长安一带又成了宋人与金人、蒙古人争战的前线。可以说，从 883 年的黄巢之乱开始，一直到 1279 年南宋灭亡的近 400 年间，整个长安及关中地区，一直处于不间断的政治和军事动荡中。

长安的这个动荡周期，甚至超过了魏晋南北朝时期，从此，长安王气丧尽。

4

但政治的动荡，只是长安王气消失的表象，潜藏在这股长约 400 年的动荡背后的，是长安一些赖以立都的基础条件的破坏和毁灭。

这其中最主要的因素是：关中平原原始森林的毁灭、水资源的锐减、自然气候的剧变，以及漕运的断裂——只有这些，才是导致长安自唐末1100年来一蹶不振、不能立都的根本原因。

俗话说，物极必反。实际上，在做了1000多年首都后，从唐朝开始，长安在巅峰时期就已经风雨飘摇，一系列自然生态危机，已经在撼动这个古都的根基。

经济地理学中，有一个名词，叫作消聚性衰退，说的是一个地区发展到一定程度，由于环境和资源的破坏，就会开始衰落，而长安，正是这种消聚性衰退的典型案例。

以森林资源为例，作为中国古籍最早记载的"天府之国"，长安所在的关中平原地区，原本是沃野千里、森林密布的生态环境优美之地；但是从秦汉开始，长安所在的关中地区，从城市营建到居民日常生活，以及大规模的农业开垦，已经使得关中平原周边的原始森林遭到了毁灭性的破坏。

当时整个关中地区："高山绝壑，耒耜亦满……田尽而地"，到了唐朝最鼎盛的唐玄宗时期，整个长安城周围已经没有巨木可以供应采伐，以致伐木工人要从陕西长途跋涉到岚州（今山西省岚县北）、胜州（今内蒙古自治区准格尔旗东北）等地，才能取得营建宫室所用的巨木。

对此，唐朝诗人杜牧，曾经在讽刺秦朝的《阿房宫赋》中，指古话今地揭露出："蜀山兀，阿房出。"

## 5

在森林资源消失的同时，是长安周边水资源的日益枯竭，以及"八水绕长安"的衰退。

先秦时期，关中地区由于河流、湖泊众多，因此水源丰富；而长安周边，更是有渭、泾、沣、涝、潏 [yù]、滈 [hào]、浐、灞八水环绕。在水资源的滋润下，关中地区农田灌溉便利，"膏壤沃野千里，自虞夏之贡以为上田"。

但是从战国末期、秦汉开始的大规模森林砍伐，首先使得失去了森林涵养的关中地区，水资源开始急剧减少。到唐代末年，泾水、渭水、灞水等河流水流量越来越小，龙首渠、清明渠等人工渠道也相继干涸；北宋时，"八水"中的潏水，水流量更是小到了可以蹚水过河的地步。

据统计，从唐宋开始，关中地区有关"水清、涸竭、断流"的记载共22次。其中，清代康熙二十二年（1683 年）至雍正五年（1727 年）的 45 年间，作为滋润长安最重要的河流——渭河及其支流，有记载的断流，更是达 6 次之多。

## 6

随着森林的砍伐，关中地区水土流失，也越发严重，这就使得关中地区的自然灾害频率增大：有雨则洪水泛滥，无雨则干旱成灾。

据统计，自唐朝武德七年（624 年）至开元二十九年（741 年）的 100 多年里，长安周边的京畿地区，共发生了 20 起大型自然灾害：其中有 10 次旱灾，7 次水灾，以及 3 次蝗灾。

陕西省气象局和气象台，根据史料记载进行统计发现，从公元前 2 世纪的秦朝开始，关中地区的水灾和旱灾，随着时间的推移越来越多，其中唐朝中期的公元 8 世纪，竟然发生了 37 次旱灾，平均每 2.7 年就发生一次。而关中地区这种频发的自然灾害，也使得长安城逐步进入一个生态崩溃的大环境。

据统计，在整个唐帝国 289 年历史中，共有 240 个年头发生水、旱、蝗等各种灾害，在帝国政治清平、军事强盛时，长安城和唐帝国尚可应付，然而当"安史之乱"后，唐帝国实力江河日下时，这种频发的灾害，就逐渐成为摧毁帝国的致命因素。

唐朝中期以后，长安城周边关于"关中饥馑"，"关中旱涝相继"，"蝗灾，飞天蔽日"，"饥荒严重，路有饿殍，人相食"的记载越来越多。在此情况下，早在先秦时期，就因为沃野千里，拥有"天府之国"美誉的关中平原，随着生态环境的日益恶化，到唐朝中后期时，已经变成了"地迫而贫，土瘠民贫"的穷困之地。

在此情况下，长安的危机，越来越迫切。

## 7

随着森林、水资源的日益枯竭，长安周边的气候开始逐渐发生变化。

这种表现，首先是关中地区大量水、旱、蝗灾的发生，然后，在自然的干扰下，关中平原的农业生产也难以为继。

粮食供应，出问题了。

西汉时，长安城的人口在 25 万左右；但到了盛唐时，长安城最高峰时期，人口达百万之巨。与人口的急剧膨胀相比，唐朝时，长安所处的关中平原，耕地却越来越少。当时，由于森林砍伐、水土流失严重，关中地区的水资源日益枯竭，水利灌溉也越发衰退。据杜佑《通典》记载，西汉时，关中地区有可灌溉农田4.45万顷，但到了唐朝大历年间（766—779年），这个数字锐减到了0.62万顷。也就是说，相比西汉，人口膨胀高达400%的唐代长安城，周边的土地灌溉面积却同比减少了3.83万顷，衰减率高达86.1%。

民以食为天，没有地，没有粮，长安怎么生存？

所以缺粮，从唐帝国诞生开始，就是一个困扰长安城的魔咒。

由于环境破坏、自然灾害频发，关中地区耕地越来越少。长安城内需要外地接济的粮食缺口，从唐朝初年的每年20万石（每石42公斤，约合840万公斤），膨胀到了最高峰时期的400万石（约合1.68亿公斤）。后来虽然有所回落，但长安城每年的粮食缺口，仍然高达100万石（约合4200万公斤）。

在此情况下，即使是在"年谷丰登"的丰收年份，唐代长安城也仍然粮食紧缺，"人食尚寡"。唐朝初期、中期，唐高宗、唐玄宗就曾因长安城缺粮，而不得不迁到洛阳"就食"。唐中宗景龙三年（709年），"是岁，关中饥，米斗百钱"，于是群臣就请唐中宗学习他的父亲唐高宗，到洛阳"就食"。没想到不恤民情的唐中宗却发了火，说："岂有逐粮天子邪？！"

唐朝贞元二年（786年），由于向长安运输粮食的漕运道路被藩镇阻隔，整个长安城陷入了缺粮境地，以致禁军发生了骚动。这时，刚好有3万斛米运到了长安周边，唐德宗听说后，几乎流下眼泪跟太子说："米已至陕，吾父子得生矣。"

## 8

而大唐长安城的最终毁灭，以及失去立都的基础，漕运的断裂，是最致命的打击。

唐朝时，随着长安及关中地区人口的不断膨胀，以及可耕作土地的急剧减少，本身经济实力已经大幅削弱、长期缺粮的长安城及关中地区，只能依靠江淮一带的粮食和财赋，来维持日益庞大的帝国首都的运转。当时，甚至有一个说法是，供应长安的粮食运输，是"斗米斗金"。

但从"安史之乱"以后，这种仰江淮为生的日子，也越来越艰难。

实际上，在"安史之乱"以前，面对经济中心日益东移、南迁的趋势，唐王朝要吸取江淮地区的粮食和财赋，就已经很不容易了。当时，江淮地区的粮食、财赋，要经由黄河进入渭水供应到长安，但黄河三门峡段非常凶险，"多风波覆溺之患，其失尝（常）十（之）七八"。

在自然天险的阻碍之外，由于关中地区森林滥砍滥伐，水土流失严重，因此黄河和渭水，泥沙淤积也很严重，行船非常艰难，因此到唐朝中叶以后，从渭水到长安的一些漕运水渠，甚至经常因为泥沙堵塞航运，不得不边挖沙，边行船。

随着水资源的日益衰竭和部分河流、水渠的干涸，到了唐朝末年，运输船经由渭水和漕渠行驶进入长安的记载，最终越来越少，几乎完全消失。

自身无力生产，又没有漕运补充，长安作为首都的血脉，也就断了。

而在自然环境的恶化之外，从安史之乱以后，日益骄横的藩镇也经常阻断江淮地区供应长安的粮食和财赋。在当时的情况是，如果漕运断了，那么长安城中的大唐王朝，就成了瓮中之鳖——王朝的喉咙，随时会被军阀们掐断。

在此情况下，脱胎于黄巢部队的军阀朱温，最终于公元904年强迫唐昭宗迁都到更靠近江淮地区和黄河水运的洛阳，并彻底拆毁长安城，以建设洛阳。

三年后，907年，朱温又强迫唐哀帝"禅位"，随后朱温即皇帝位，灭大唐，改国号为大梁。

在此情况下，唐代长安城，最终完全覆灭。

## 9

除了长期的政治动荡、环境破坏、资源枯竭，以及自然气候的变化，长安衰落和无法立都，还潜藏着另外一个中国军事政治的密码。

那就是，随着中国经济中心的不断东移南迁，与长安所处的关中地区的衰落相比，黄河中下游的开封、江淮一带却越来越繁华富庶；与此同时，中国的军事和民族斗争中心，也从西北逐渐转移到了东北。

在宋代以前，自古"戎马盛于西北"，从秦代的犬戎、汉代的匈奴，到隋唐时期的吐蕃与突厥等，都曾是中原王朝的心腹大患——因此在宋代以前，中国的军事和民族斗争热点，主要集中在中原王朝与西北少数民族之间的矛盾上。

所以在宋代以前，立都长安，控制关中平原，进可以出击西北草原和华北平原的游牧民族，守可以倚仗蜀道、退驻成都平原，无论是北进还是南下，长安都是宋代以前中原王朝制内御外的超级宝地。所以从这个层面来说，正是扎根于实际的军事和政治意义，长安城在宋代以前才能立都千年。

但从唐朝中期以后，随着东北方向的契丹、渤海、女真等少数民族的相继崛起，中国的军事政治地理格局，也发生了剧烈的变化。

在此情况下，北京的军事、政治地理价值日益突显；而随着中华帝国边疆形势的变化，长安也从帝国的中心逐渐沦落成了一个相对次要的边缘地位，最终变成了中国西北的一个军事经济要地，如此而已。

## 10

至此，长安城彻底衰落。

此后后梁、后唐、后晋、后汉、后周，分别以黄河流域的洛阳和开封为首都；北宋则以开封，南宋以临安（杭州）为都；而元、明、清三代，更是最终奠定了北京作为此后 800 年间中国首都和军事政治要地的基础。

在此情况下，中国的首都和历史重心，最终逐渐实现了从西到东（长安—洛阳—开封）、从南向北（杭州—南京—北京）的东渐北移"十字架"运动。

## 11

而在长安城和唐帝国即将覆灭前的几十年，唐会昌五年（845 年），晚唐著名诗人李商隐在一个帝国日益衰残、心情不佳的傍晚，登上了长安城内地势最高的乐游原。他站在制高点上，俯瞰着这座千年古都，写下了千古传诵的《乐游原》：

向晚意不适，驱车登古原。
夕阳无限好，只是近黄昏。

大唐帝国和这座作为首都的城市，已经接近黄昏末日。

此后，随着五代十国及两宋的长期动荡，长安周边"畜产荡尽，十室九空"。关中地区在宋代时最终沦落成为"壤地瘠薄""土旷人稀"的"恶地"。

后来，南宋时人李献甫（1195—1234 年）在《长安行》中这样描写那个业已衰落不堪的长安和关中平原：

长安大道无行人，黄尘不起生荆棘。

高山有峰不复险，大河有浪亦已平。

那座古都，最终覆灭在了破碎的时空里。从此，再未崛起成为龙兴之地。

## 千古奇案之狸猫换太子：宋仁宗为何亲自开棺验尸？

北宋明道二年（1033 年），24 岁的青年皇帝宋仁宗赵祯突然被一则消息所震撼，连续几日，他痛哭流涕，情绪近乎崩溃。

这一年三月，宋仁宗的"母亲"、宋真宗的皇后、皇太后刘娥（968—1033 年）去世。原本沉浸于悲痛之中的宋仁宗，却从自己的八皇叔、宋真宗的弟弟、八王赵元俨 [yǎn] 口中得知一个惊天秘密。

八王赵元俨说，宋仁宗（1010—1063 年）本是皇太后刘娥的婢女李氏所生，宋仁宗出生后，刘娥将孩子据为己有，并对外宣称孩子是她所生。后来，刘娥还下令杀死了宋仁宗的生母李氏，试图彻底掩盖这个谎言。

那个他叫了 24 年"母妃""母后"的女人，不仅不是他的母亲，相反，还是他的杀母仇人！

对于宋仁宗而言，这个消息，无异于晴天霹雳。

说起来，宋仁宗不是太后的亲生儿子，这则让宋仁宗感觉五雷轰顶的消息，其实在当时的北宋朝野内外，早已人尽皆知，成了北宋朝廷的一个公开秘密。只是一直以来身居皇宫大内的宋仁宗，才傻傻地一直被蒙在鼓里。

在皇宫内崩溃痛哭的宋仁宗，很快还得知，那个一直以来被他称为"舅舅"的所谓刘太后的哥哥刘美，其实本名龚美，是刘太后嫁给宋真宗之前的前夫。多年来，龚美在刘太后的指使下，一直以哥哥、"国舅"的身份潜伏在皇宫，居心叵测。

一个是卑鄙无耻的"杀母仇人"，一个是潜伏皇宫的龌龊"奸夫"。

宋仁宗彻底怒了，他随后派人重重包围了假"国舅"龚美的府邸，并亲自带队，前去为母亲李氏开棺验尸。

皇帝，想杀人了。

# 1

在中国历史上，有一则很出名的故事：狸猫换太子，讲的就是北宋第四任皇帝、宋仁宗的真实身世之谜。

宋仁宗的父亲宋真宗，有刘妃和李妃两个妻子。当年，刘妃和李妃同时怀孕，由于谁先生儿子，那个孩子就很可能被立为太子。于是，在得知李妃先生下男孩后，刘妃命令手下的太监和接生婆一起，将一只剥掉皮的血淋淋的狸猫，调包诬陷说是李妃生下来的怪胎。然后又命令宫女将李妃所生孩子（后来的宋仁宗赵祯）杀死。没想到经手的宫女和太监都于心不忍，于是将李妃所生孩子送给了宋真宗的八弟、八贤王抚养。不久，刘妃也生下一个儿子，后被立为太子，没想到六年后太子夭折。宋真宗在没有子嗣的情况下，最终立八贤王的"儿子"赵祯为太子。

由于生下"怪胎"，李妃被打入冷宫。刘妃又派人谋杀李妃，但在好心人帮助下，李妃逃到民间，以乞讨为生。后来幸亏遇到包青天包拯，最终在事隔24年后，李妃才得以与亲生儿子宋仁宗相认。

由于东窗事发，已经做了皇太后的刘妃，最终在阴谋败露之后自尽身亡。

这就是"狸猫换太子"的故事梗概。

# 2

"狸猫换太子"这个故事，真假混杂，但是在真实的史书记载中，如本文第一段所描述的，宋仁宗赵祯确实并非刘太后所生，而是刘太后的婢女李氏和宋真宗的儿子。

刘太后刘娥，是个自私且诡异的女人。

刘娥，原本是一个低级军官的女儿。由于父母早逝、孤苦无依，很小的时候，刘娥就嫁给了一个叫龚美的银匠。15岁的时候，宋太宗赵光义的三皇子、韩王赵恒无意中见到了刘娥，惊为天人，银匠龚美于是顺水推舟，谎称刘娥是自己的"妹妹"，而刘娥也乐得做个"王妃"，从此嫁入了韩王府。

后来，至道三年（997年），韩王赵恒登基为帝，这也就是北宋的第三任皇帝宋真宗（968—1022年），刘娥随后跃升为皇妃；而银匠龚美，则被自己的前妻刘娥以"兄长"的身份召入宫中，成了权势显赫的"国舅爷"。

当时，宋真宗尽管坐拥后宫佳丽无数，但他的五个皇子先后夭折，而贵为皇妃的刘娥，则一直不育。在此情况下，刘娥在一次宋真宗来访时，将自己的婢女李氏，推到了宋真宗的龙床之上，李氏由此怀孕。北宋大中祥符三年（1010年），24岁的李氏，生下了儿子赵祯，这也就是后来的宋仁宗。

但李氏一生下孩子，马上就被册封为德妃的刘娥踢到了一边——刘娥将孩子据为己有，对外则公开宣称，赵祯是她所生。

由于宋真宗前面五个皇子先后夭折，因此尽管只是第六子，但赵祯（初名赵受益）从一生下来，就成了大宋王朝的皇位第一继承人。

北宋天禧二年（1018年），9岁的赵祯被立为皇太子；四年后，1022年，宋真宗驾崩，13岁的赵祯继位登基。而太后刘娥，则以儿子还小，需要皇太后辅佐的名义，实行了垂帘听政。

这，就是历史上大名鼎鼎的刘太后。

### 3

刘太后刘娥权术之高深，不亚于吕后和武则天。

宋真宗晚年，日益昏聩，大搞所谓"天书政治"，搞得朝政混乱。在这个当口上，刘娥则以皇后的身份在朝中大肆树立党羽，并发动政变，将在澶渊之役中立下汗马功劳的名宰相寇准从帝都开封，贬黜到广东雷州，致使寇准老死岭南。另外，刘娥还大肆贬黜其他忠直朝臣，宋真宗死后，刘娥遂以皇太后名义垂帘听政，并攫取了大宋帝国的最高权力。

登上权力巅峰后，刘娥又将协助自己政变夺权的权臣丁谓进行贬黜，大将曹利用则被迫自杀。

至此，刘娥成了凌驾于皇帝赵祯之上的太上女皇，她还经常穿着只有皇帝才能穿的龙袍衮衣，在开封皇宫中大肆张扬，并习以为常地接受文武百官的跪拜。

在皇太后的权势笼罩下，谁也不敢跟皇帝赵祯提起他的真实身世。

### 4

但皇帝赵祯的真实身世，满朝内外早已人尽皆知。

为了掩耳盗铃，刘太后将赵祯的生母李氏外放到位处今天河南巩义的永定陵，为宋真宗守陵。

从某种意义上来说，刘太后有吕后的野心和才干，但有一点值得称道的是，她毕竟没有吕后那般歹毒无情。

为了安抚出身贫微的李氏，刘太后命令自己的前夫、对外宣称是她"哥哥"的"国舅爷"刘美（银匠龚美），秘密访查到了李氏的弟弟李用和，并封给了李用和一个小官职，以此安抚李氏姐弟。

1032 年，46 岁的李氏，最终在终生不能与儿子相认的遗恨中去世。

关于李氏的死因，《宋史》的记载是，李氏在死前当天，突然被刘太后宣布册封为"宸妃"。然后当天，一生贫微，只享受了一天妃子称号的"李宸妃"突然死亡："是日妃薨"。

"是日妃薨"，《宋史》的记载，春秋笔法，很值得玩味——临死前，赐给你一个光辉头衔，然后该死的人，就死了。

## 5

有人说，刘太后假如要杀李氏，早就可以动手了，何必等到李氏生下赵祯 23 年后？

首先，正如前面所说，刘太后虽然玩弄权术、心计深沉，但毕竟没有吕后对待戚夫人那般歹毒，她仍然保有着人性的一丝善良。但是当时已经 65 岁的刘太后，或许是感觉到了自己已时日无多，或许是担心在她死后李氏与赵祯相认，自己隐瞒多年的秘密将被拆穿。所以，她需要有些人，先死在她前面。

李氏已死，刘太后下令，以普通宫女的待遇下葬她。这时候，听到风声的宰相吕夷简，来"多事了"。

当着刘太后和宋仁宗赵祯的面，吕夷简直接毫不留情地说："太后，李氏的葬礼，应当从厚！"刘太后勃然大怒，马上起身，话也不说，直接拉着皇帝赵祯就走。在将皇帝赵祯打发走后，刘太后独自召见吕夷简，问他说："只不过是一个普通的宫人死了，宰相您何必这么多事？"吕夷简回答说，"臣待罪宰相"，朝廷内外大小事务，我当然要过问。刘太后又是暴怒，当场发脾气说："老相公，你是想离间我跟皇帝母子俩啊？"

没想到吕夷简却从容地回答说："太后您如果不顾念刘家的未来，那我不敢说这件事；但如果太后您还顾念刘家的未来，那么对李氏的丧礼，就应该从厚！"

吕夷简的意思是，刘太后已近生命晚年，如果她去世后，皇帝赵祯得知真相，那必定会对刘太后隐藏在皇宫中的前夫龚美等人发难，所以为了后事着想，对李氏的后事，一定要办得漂漂亮亮。

刘太后听懂了吕夷简的言外之意，最终下令以"一品礼"殓葬那位只有一天荣誉称号的"李宸妃"。对此，吕夷简不放心，还特地跟办理李氏后事的太监罗崇勋说："李宸妃应该以皇后的规格入殓，并用水银灌溉保护尸身，否则以后出了事，别说我吕夷简没有提醒你！"

太监们，最终照着吕夷简的吩咐办了。

在历史上，吕夷简的名声并不好，他是北宋名臣范仲淹的头号政敌，但在处理李氏后事这件事上，吕夷简办得极为漂亮。

## 6

李氏死后第二年，北宋明道二年（1033年），66岁的刘太后也去世了。

于是，回到本文开头，宋真宗的八弟、宋仁宗的八叔、八王赵元俨（后世传说中的八贤王原型）向宋仁宗说明了他的身世，并指出，李宸妃死得很蹊跷，很有可能是被刘太后指使杀害的。

于是，在多方访查、确认自己的真实身世后，24岁的宋仁宗最终情绪崩溃，号啕大哭，几天不能上朝。他为自己20多年来，不能与亲生母亲相认而痛哭流泪，也为刘太后的绝情愤恨不已。

几天后，宋仁宗向北宋全国下发了一道罪己诏，指出自己对亲生母亲不孝，没当好皇帝，也没做好儿子。

罪己诏一发，事情由此闹得举国皆知。

愤怒之下，宋仁宗又派兵重重包围了刘太后的"奸夫"龚美的府邸，并亲自前往自己的亲生母亲李宸妃停灵的洪福院。

宋仁宗要开棺验尸。

没想到打开棺材后，一年前由宰相吕夷简争取来的葬礼，终于显示了效果和威力：当宋仁宗看到被灌注水银、以太后之礼殡葬的母亲李氏"玉色如生"时，宋仁宗感慨道，看来母亲李氏还是受到了善待的，"别人说的，也不一定可信啊！"

于是，宋仁宗下令，撤去准备缉拿刘太后的"奸夫"龚美的军队，还是以原来的礼节对待刘太后的所谓"兄长"龚美一家老小。

后来，宋仁宗将生母李氏追谥为"章懿皇后"，并与刘太后一起供奉在太庙祭祀；此后，为了弥补自己的缺憾，他又优待自己真正的亲舅舅李用和，封他做了彰信军节度使、检校侍中，对他的宠待和赏赐都非常丰厚，并将自己的女儿福康公主，嫁给了李用和的儿子。

## 7

事情到此，似乎也该圆满结束了，但是这件事，还是对宋仁宗造成了深深的伤害：

23 年后，至和三年（1056 年）正月，47 岁的宋仁宗有一天在临朝接受百官参拜时，突然流着口水，手舞足蹈，语无伦次。后来，他的病情越来越重，天天大声呼叫说："皇后等人要害我！皇后等人要害我！"

对此，宰相文彦博、富弼急忙组织太医进行会诊，并召集北宋全城官员到一些大寺院和道观进行祈祷。宋仁宗这种疯癫状况在持续一个多月后，最终逐渐康复。

7 年后，嘉祐八年（1063 年）三月，赵祯最终去世，享年 54 岁，庙号"仁宗"。

赵祯死后，关于他身世的传说也越来越多，到了元朝时，宋仁宗的身世首先被改编成了杂剧《抱妆盒》。到明朝时，"狸猫换太子"的故事逐渐成形，并于清朝乾隆时，被小说家石玉昆写进了《三侠五义》，由此更加传遍大江南北。

这，就是"狸猫换太子"的原型往事。

## [历史档案]

宋仁宗赵祯（1010—1063年），初名赵受益。宋真宗赵恒第六子，宋朝第四位皇帝（1022—1063年在位）。

宋仁宗是宋朝在位时间最长的皇帝。期间北宋与西夏爆发第一次"宋夏战争"，辽国乘机犯边，迫使北宋增加岁币。面对外来威胁与冗官、冗兵、冗费的内外危机，宋仁宗一度起用范仲淹等人开展"庆历新政"，但新政很快就罢废停止。

宋仁宗有贤名和雅量，因此北宋在此时期仍然稳定发展，范仲淹、包拯、狄青等名臣良将都是在仁宗朝先后涌现。有一次，宋仁宗听了枕边风，想给宠妃张氏的伯父张尧佐升官，没想到包拯激烈反对，把唾沫星子都溅到了宋仁宗脸上，宋仁宗为此非常恼火，但又觉得有道理，只得无奈取消计划。但他不敢对包拯发火，回到后宫对张妃发泄说："你只知道要官要官，你难道不知道包拯是御史吗？"

虽然没有进取改革，但宋仁宗仍被称为"守成贤主"。

# 明朝盛产奇葩皇帝，他却是一股清流

## 1

明朝有 16 个皇帝，但正正经经打好皇帝这份工的，一只手就能数过来。绝大部分，尤其是明朝中后期的那些当家人，基本都是不务正业的奇葩。

比如，明英宗朱祁镇，像是一个失败的驴友，亲自带着人马去河北土木堡游玩，结果被蒙古人掳了去，硬是住了一年多蒙古包才回来。

明武宗朱厚照，十足一个青春期叛逆的玩家，自封大将军，玩得不亦乐乎。皇位，差点就让给太监刘瑾了。

还有，"天下第一匠人"——明熹宗朱由校木工做得贼棒，发明了折叠床，自己设计了运动馆，直接让皇宫内多少能工巧匠下岗。然而，皇帝就是当不好。

获得后世点赞的明朝皇帝，除了明太祖朱元璋、明成祖朱棣这两位"祖"字辈之外，也就三个：明仁宗朱高炽 [chì]、明宣宗朱瞻基、明孝宗朱祐樘 [chēng]。

这三人之中，朱祐樘最不容易。

怎么个不容易法？好比炒股，朱高炽、朱瞻基接盘的时候，大盘看涨，不用费力就祖国山河一片红；到了朱祐樘，大盘已从 6000 多点腰斩，相当于接了个烂摊子。形势比人强，他想稳住大盘，减缓下跌速度，需要付出十倍于上上上一任的努力。

朱祐樘死死护住大盘，取得了"弘治中兴"的政绩。他个人修养不错，恭俭有制，勤政爱民，没有常年躲起来修仙练道，也没有长期沉迷于研究龙椅的榫卯结构，而是带头践行了一夫一妻制，废除了三宫六院，因此赢得后人的极大好感。

用现在的话来说，他就是明朝中后期皇帝中的一股清流。

万历年间首辅大臣朱国桢说："三代以下，称贤主者，汉文帝、宋仁宗与我明之孝宗皇帝。"评价那是相当高。

## 2

朱祐樘知道，自己能来到这个世界已属不易，更别说坐上皇位。所以，在他短短36年的生命旅程中，倍加珍惜"为人民服务"的机会，并时时保持感恩和宽容之心。

他爹是明宪宗朱见深。朱见深最著名的事迹是专宠他的奶妈万贵妃，说晚上听不到万的打鼾声就睡不安稳，有严重的恋母癖。

父子两人的第一次见面，发生在朱祐樘6岁的时候。

那一年，朱见深年过三十。一天，太监张敏为他梳头，他敏感地看到了自己的白头发，哀叹一把年纪了还没儿子，以后这大好江山怎么传下去呢？

张敏伏地叩头，说："皇上有子。"

然后，一个6岁的毛孩（胎发披地）神奇地出现在朱见深面前。几个月后，这个被赐名朱祐樘的孩子成了皇太子。

几年前，被俘入宫的一个瑶族土官女儿纪氏偶遇朱见深，遂被临幸，怀上了。万贵妃知道后，千方百计加害纪氏。所幸纪氏人缘好，得到层层保护，历经九九八十一难，生下了朱祐樘。

因为有毒妇人万贵妃在，朱祐樘虽生在帝王家，却吃着百家饭长大。

成为太子后，噩运也没远离朱祐樘。不久，他的母亲纪氏，以及保护过他的张敏都离奇地自杀了。

当时，宫中传言四起，罪魁祸首都指向万贵妃，除了她自己不承认，连国际友人——来自朝鲜的使节都知道这些事，回国后一五一十说给了他们的国王听。

朱祐樘小小年纪，已饱尝宫斗戏的险恶，知道要韬光养晦、低调做人才能健康成长，才不会突然早夭。

在他18岁那年，万贵妃死了，几个月后，他爹跟着升天了。属于朱祐樘的时代到来了。

有怨报怨，有仇报仇。于是，大臣们纷纷上书，要求将万家满门抄斩。万贵妃的弟弟万喜也早早写好了遗书，等着上路。

然而，他们都错判了形势。

朱祐樘有一千个杀万家人复仇的理由，但只有一个不杀的理由：杀了，不就变成了自己曾经最憎恶的那种人，变成了另一个万贵妃？

他选择了宽容。

## 3

越是大权在握，越要谨慎使用权力；越是有能力任性，越不能由着性子来。克制内敛，这一儒家教育所推崇的品性此前已内化为朱祐樘人格的一部分。

朱祐樘的人格修养，得益于他较早、合法地取得了皇太子地位。到了9岁的时候，他就开始上学接受正规教育（出阁讲学），一直到18岁即位，整整接受了非常正规的九年义务教育。

就皇位继承人而言，越晚接受教育，可塑性越差。朱祐樘的几个后辈，像明穆宗朱载垕 [hòu]、明光宗朱常洛、明熹宗朱由校都是年过二八才上学，又都不肯坚持学习，自身文化素质跟不上，统治才能都没眼看。

东宫授课老师（讲读官）都是学养深粹之人。比如，朱祐樘的老师之一程敏政，十岁就被称为神童，荐入翰林院读书。当时有"学问渊博程敏政，文章最好李东阳"之说。

朱祐樘学习的课程从孔孟诸儒的论述，到历代帝王治国的善政良策以及明朝各帝的戒饬垂训等，凡是有利于太子人格养成和以后执政的内容无所不包。

他学习刻苦，是个懂规矩、有纪律的好学生。据说每次写完毛笔字，都要把笔墨纸砚收拾得整整齐齐。他也不搞特殊，甚至发布红色警报也不停课，不像历史上有些太子，心情好就上两天课，心情不好就罢两个月课。

他的宽容、不记仇只报恩等品格，应该在老师讲读孔子的恕道时就埋下了种子。而他即位后的很多做法，比如从善如流、任用贤人等，肯定也从历史课上得到了启示。

在日复一日的学习中，随着年龄的增长，他的心中也肯定有了对标的明君形象，那个人或许是汉文帝，或许是宋仁宗。

## 4

朱祐樘的明君形象在他即位那一年就获得了国际社会的认可。

那一年（1488年），出使明朝的朝鲜使臣回国对他们的国王说个不停，一会儿说朱祐樘不像他爹任人唯私，而是秉持公道；一会儿说朱祐樘很勤勉，刮风下雪都照常上朝；一会儿又说朱祐樘节俭得很，举行国宴都不奏乐。《朝鲜实录》记载，朱祐樘把"先皇帝弊政一切更张矣"。

吊诡的是，老朱家的孩子艺术细胞发达，发明天赋都很高。朱祐樘喜欢写诗，爱好绘画和弹琴。据说世界上第一把牙刷也是他于 1498 年发明的，方法是把短硬的猪鬃插进一支骨制手把上。

比起他的后辈在宫中公然做木匠或者扮演商人做买卖，朱祐樘确实没那么坦然。他内心深处也不认同这些有悖帝业之事，所以时常觉得做这些事有些抬不起头，要偷偷摸摸地做。

有一次，他赐给画师吴伟几匹彩缎，但害怕大臣们知道后议论，就对吴伟说，赶紧拿去，别让那些酸腐的书生们知道。

他有时候表面上接受言官关于不要耽于声色的劝谏，私下里却对旁边的太监说，弹琴与政务有什么冲突呢，要他们多嘴。

朱祐樘终其一生都在与其内心蠢蠢欲动的、不务正业的念头做斗争。估计他每天要自我强化五百遍"我不是爱迪生""我不是黄公望"才能平复心情，安安静静地做一个好皇帝。

## 5

朱祐樘他爹留给他的大明帝国，在时人看来，是一个著名的烂摊子。

比如，为朱祐樘起草登极诏书的内阁首辅万安，在朱见深时代就口碑极差，却步步上位。原因有二：一是与万贵妃攀上了宗亲；二是结交江湖术士，研究房中术，为朱见深配制春药。

朱祐樘上位后，万安故技重施，上了一箩筐奏疏，内容都是讲不可描述之事。

朱祐樘看到后，觉得机会来了，非常生气地说：这难道是一个大臣应该干的事吗？随即让万安卷铺盖走人。

他爹在位时，在宫中养了大批僧道，堪称"真人遍地走，国师多如狗"。朱祐樘即位后，光罢遣禅师、国师、真人就有一千余人。

这一系列动作，犹如一股冲刷污垢的疾风暴雨，将"先朝妖佞之臣，放斥殆尽"。

好景不长。在做了七八年明君之后，朱祐樘慢慢变成了他爹的样子：宠信宦官、偏好佛道……大太监李广捕捉到了朱祐樘内心的细微变化，把那些善于炼丹、斋醮的僧道重新引入宫中。

皇宫，又一次变成了寺庙与道观。

正直的大臣们略失望，纷纷上疏弹劾李广。朱祐樘嘴上说好，内心却有一万个不愿意，仍对李广宠信不疑。

弘治十一年（1498 年），李广劝朱祐樘在万岁山建一个毓秀亭，说此亭一建成，所有灾异跑光光。

此亭一建成，却成功引来了灾异。先是太康公主突然早夭，接着太皇太后周氏居住的清宁宫遭遇火灾。周氏大怒说，天天李广前李广后的，果真把灾祸招惹来了。

此刻，李广的内心是崩溃的，知道自己闯祸了，喝下毒酒就去找阎王报到。

朱祐樘伤心他在灵魂修炼上的引路人竟然先升天了，于是，派人到李广家中搜查，希望找到"教主真人修炼速成指南"之类的秘籍。

然而，没有秘籍，只发现了李广的收账本，上面记录了文武官员馈送的黄米、白米各千百石的数字。天真的朱祐樘说，我去过李广家，他的仓库不大，装不了这么多粮食呀！

左右告诉朱祐樘，这黄米、白米不是粮食，是金银的隐语。

朱祐樘暴怒，感觉受了羞辱，自己的信仰竟为李广受贿和百官行贿买了单。

似乎一夜觉醒，朱祐樘做了个噩梦，然后在摇摆的明君与昏君之间，再次选择了前者。

对于享年 36 岁的朱祐樘来说，留给他的时间不多了。

## 6

蛇不知道自己有毒，人不知道自己有错。很多帝王至死不知道自己有错，朱祐樘是个例外，这是他了不起的地方。

弘治十五年（1502 年）之后，也就是他生命的最后三年，朱祐樘重新倚重大臣，尤其是将刘大夏和戴珊两位名臣看作自己的左膀右臂，欲实现圣贤帝王的夙愿。

没有这段知错就改的经历，朱祐樘顶多就是一个明君沦为昏君的可惜了的反面人物。但有了这段经历铺底，朱祐樘就是历史上的"中兴令主"。

除了政绩，朱祐樘最为人津津乐道的是他的私生活。朱祐樘一生只娶了一个张皇后，不纳宫女，也不封贵妃美人，每天只与皇后同起同居。据晚明学者黄景昉说："时张后爱最笃，同上起居，如民间伉俪然。"

皇帝有一夫一妻制的觉悟，并不简单，还能身体力行，就更稀缺了。很多人因此怀疑，朱祐樘是受过现代文明熏陶的穿越者。

不管从哪个角度去剖析朱祐樘，都会发现，他是一个极其爱惜羽毛的人。

明朝有言官制度，而且言官往往不惜死谏，用生命来说服皇帝走大道，别抄小路。虽然遇到由着性子来的皇帝，言官就算死一百次也不足以改变皇帝的既定路线，但是，万一遇到了爱惜羽毛的皇帝，结局就会不一样。

比如遇到了朱祐樘。

朱祐樘爱惜羽毛，知道怎样才能在当时以及历史上留个好名声，所以他特别克制自己的行为，即使一时行差踏错，也会掉头转向，与昨日之非我决裂，做一个言官和后世史家喜欢的皇帝。

朱祐樘曾说：吾不自治，谁能治吾？

搞同级监督，确实没人监督得了皇帝，只能依靠自己监督自己。但是，只要这个皇帝还有追求"三不朽"（立德、立言、立功）的念头，言官和史笔就能对他产生震慑和引导作用。

李宗仁评价胡适，说他"爱惜羽毛"。言下之意，爱惜羽毛，太顾虑名声就必然畏首畏尾，成不了大政治家。

但对皇帝而言，爱惜羽毛则不是一个负面评价。皇帝拥有无上权力，不爱惜羽毛就毫无畏惧，做事就任性没有下限。古往今来，多少身败名裂的君主已经证明了这一点。

一个皇帝只要不胡来，懂得克制，稍微规矩一点，尊重读书人和臣下，对子民枪口抬高一厘米，总之，只要他达到一个正常人的道德水准，那么，他即使没有大作为，功绩不及秦皇汉武的零头，在历史上也必定能够赢得明君的称号。而且，绝对比建立了大功绩的秦皇汉武们少争议。

克制，任何一个城市中产者都不难做到。因为权财有限，能够调动的资源有限，即便想乱来，客观条件也倒逼着你必须克制。但有权或有钱者不一样，他们面对诱惑，并且清楚只要自己愿意就能让欲望轻易兑现。这时候，他们的克制就全然来自内心的道德力量。

对一国之君而言，更是如此。朱祐樘可以选择逃课，可以选择诛杀万家，可以选择奢靡生活，可以选择不听劝谏，可以选择公然地玩物丧志，可以选择数月数年不理政事，可以选择后宫佳丽三千……

但他通通选择了另一面。这意味着他确实爱惜羽毛，克制而不任性。就凭这点正能量的追求，朱祐樘也理应获得高度评价。

克制而不折腾，让子民安居乐业，就是最大的德政。古今皆然。

## [ 历史档案 ]

朱祐樘（1470—1505 年），即明孝宗（1487—1505 年在位），年号弘治，明朝第九位皇帝。

朱祐樘为人宽厚仁慈，躬行节俭，不近声色，勤于政事，大开言路，努力扭转朝政腐败状况，任用王恕、刘大夏等为人正直的大臣，史称"弘治中兴"。虽末年宠信佞臣李广，但是立刻改过自新。历代史学家对他评价极高。

## 16 岁少年崇祯，如何用三个月就弄死了魏忠贤？

大明天启七年，公元 1627 年。

话说天性好玩，做木匠手工活天下一绝，却唯独当不好皇帝的明熹宗朱由校，在这一年由于自己划船嬉戏落水，落下病根，久治不愈。

眼看着 22 岁的熹宗皇帝快不行了，而他身下又没有子嗣，明熹宗的张皇后急了。农历八月十一日这一天，趁势倾朝野的魏忠贤不在，张皇后急忙问熹宗皇帝："陛下万一不讳，大事如何？"

平日里嬉戏玩耍的朱由校，这会儿却清醒起来，说，那肯定是我的弟弟、信王朱由检了。

于是，熹宗皇帝随即召见信王朱由检，将帝位嘱托给他，并说：

"吾弟，当为尧舜！"

这话听着，好耳熟。

话说熹宗皇帝那位只当了一个月皇帝就去世的短命老爹明光宗朱常洛，在七年前（1620 年）将帝位嘱咐给长子朱由校时，也是这么说的，可惜朱由校做了七年皇帝，却将明帝国继续搞得乌烟瘴气。

临死前，明熹宗还不忘殷殷嘱咐他的弟弟、信王朱由检说：你即位以后，要帮忙保全我的张皇后。还有魏忠贤是个大大的好人，恪尽职守、谨慎忠心，"可任大事"！

### 1

魏忠贤，这个名字太熟了。

是的，他就是那个在明熹宗天启年间，在北京城里呼风唤雨、招摇过市如同皇帝出巡的司礼秉笔太监，人称"九千岁"，有的甚至称为"九千九百岁"的魏厂公、魏公公的魏忠贤。

魏忠贤成为皇帝身边的大红人，还得从他的挥刀自宫说起。

魏忠贤是今天的河北肃宁人，年轻的时候，这哥们就是一个无赖混混，经常与一帮地痞流氓赌博。有一次赌博输了后，魏忠贤被逼急了，一怒之下，竟然挥刀自宫，进宫当太监去了。

魏忠贤进宫，是万历年间的事。进宫后，他结交了个好太监哥们叫作魏朝，但魏忠贤可不老实，转眼就把魏朝的老相好，也就是朱由校（熹宗皇帝）的奶妈客氏给勾搭上了（对此也有人怀疑魏忠贤留了一手，哥们没有完全净身）。因为这个老相好的缘故，魏忠贤在熹宗皇帝朱由校登基后，开始飞黄腾达了。

经过七年的发展，到熹宗皇帝病危时，魏忠贤已然是大明帝国上下左右、人人敬畏的"九千岁"了。他手下的势力遍布紫禁城内外，从内廷的太监到东厂、西厂和锦衣卫，再到朝廷的大臣和边关将领，无不唯他马首是瞻。按照当时左副都御史杨涟的话来说就是，整个大明国内外，俨然已是"只知有忠贤，而不知有皇上了"！

而魏忠贤身边的爪牙，内廷宦官有王体乾等人左右拥护，外廷文臣则有兵部尚书崔呈秀等人阿谀奉承，手下有号称"五虎""五彪""十狗""十孩儿""四十孙"等一干人马遍布朝廷内外，大明朝上下，俨然是这位"九千岁"在说了算。

## 2

正是在这种杀机重重的氛围下，崇祯皇帝朱由检，在诚惶诚恐中上位了。

此前有人讲述，信王朱由检是通过向"厂公"魏忠贤表忠心，谋得了魏忠贤的认可，最终顺利继位登基。

历史不无这种可能。因为假若没有魏忠贤的支持，或者至少是默认，朱由检的继位不是一件容易的事。

《明史》记载，天启七年（1627年）八月十一日，熹宗皇帝遗诏皇位由信王朱由检继承。11天后的农历八月二十二日，熹宗皇帝驾崩，朱由检随后即位。

但朱由检登基后，魏忠贤很快发现，事情好像不太对路了。

刚开始，已经59岁的魏忠贤以为，这个16岁的小皇帝朱由检不过还是个娃娃，把他拿捏游玩于掌上显然容易得很。

但16岁的新皇帝朱由检，可不像他的哥哥明熹宗一样愚钝，这个少年，太隐忍了。

朱由检登基后，已然感觉到了大明王朝内外的重重杀机。他不敢吃宫中的食物，因为朝廷内外包括他身边的太监和宫女，绝大部分都是魏忠贤的手下，因此只能偷偷吃自己藏在袖中的饼子。晚上，少年皇帝甚至命令将大殿和寝宫的蜡烛全部点亮，因为他担心，黑暗处不知道是否藏匿着企图刺杀他的奸贼。

在昭告天下的《即位诏》中，朱由检说："朕以冲人（幼龄）统承鸿业。祖功宗德，惟只服于典章；吏治民艰，将求宜于变通。"

吏治，是他开刀相向的第一个对象，而被开刀的人，无疑就是魏忠贤。

## 3

虽然如此，但崇祯皇帝朱由检一开始表现得非常隐忍。他表面上对魏忠贤毕恭毕敬，暗地里却开始一步步地清除身边的阉党势力。

他先是遣散了身边一些来路不明的人员，然后新选了一些宦官入内侍奉自己。

接着，他又命令魏忠贤的阁臣黄立极辞归乡里；然后又让李朝钦等一帮魏忠贤的心腹以"乞休"的方式去职；魏忠贤感觉不妙，便试探着跟小皇帝朱由检说，陛下，我要辞去东厂提督一职，但崇祯却故意没有答应，因为他觉得时机未到，还需要再等等，因此仍然极力"挽留"了"厂公"。

从内到外，崇祯皇帝开始层层抽丝剥茧，一点点地清除魏忠贤的势力。

崇祯皇帝有条不紊，步步推进，也使得朝中一些投靠魏忠贤的墙头草们发生了分化。

眼看新皇帝可能要整顿朝政，新任的南京通政使杨所修，以及吏科都给事中陈尔翼揣度着小皇帝的意思，于是上疏弹劾魏忠贤的老部下、兵部尚书崔呈秀，说他以往干了许多例如迫害东林党人的坏事，但崇祯暂时将奏折压了下来。

不久，原来跟随魏忠贤却没有受到重用的云南道御史杨维垣也连连上书，斥责崔呈秀"内谄厂臣，外擅朝政，贪淫横虐"，由此掀开了一场朝臣攻击魏忠贤势力的舆论风暴。

崇祯的策略是，他自己看似不动，暗地里却鼓励那些反对魏忠贤的朝臣们，以及利用魏忠贤原来的心腹们，来发起一场讨伐魏忠贤罪孽的群众运动。

而那些多年来被魏忠贤一伙压制迫害的东林党人和民众们，也纷纷爆发了。大量的奏疏如雪片般纷纷进呈，其中贡生钱嘉徵更是上疏历数魏忠贤有"并帝""蔑后""弄兵""朘 [juān] 民脂膏"等十大罪。

崇祯读了心里为之震动，随即召来魏忠贤，让侍者一条条读给魏忠贤听，并且每读一句，就大声责问魏忠贤说："这是在说什么？"弄得魏忠贤只能跪在地上不停磕头，不知如何辩解。

## 4

魏忠贤心里大惧。

原本，他就是个不识字、没文化的街头混混，中年被逼无奈自宫当太监，没想着因为勾搭上了熹宗皇帝的奶妈，才开始飞黄腾达，权力来得太快，他心里并没有多大的准备。对皇权，他始终还是有着畏惧心理的。这一番崇祯皇帝的步步夺权、紧逼，使得魏忠贤不由得手足无措，不知如何是好。

于是，魏忠贤紧急找到崇祯皇帝身边的老太监徐应元，请求他代为向崇祯求情，并假装要告罪辞职。没想到的是，崇祯却顺水推舟，批准了魏忠贤辞职，并迅速任命自己的手下控制了东厂、锦衣卫以及京城中的巡防等要职，并将兵部尚书崔呈秀等魏忠贤的党羽逮捕下狱，罢免属于阉党势力的工部尚书吴淳夫等人的官职，由此迅速掌握了朝中大权。

天启七年（1627 年，朱由检到 1628 年才改年号为崇祯），农历十一月初一，仅仅登基才两个来月的崇祯皇帝下发诏书称：

"朕览诸臣屡列逆恶魏忠贤罪状，俱已洞悉……忠贤不报国酬遇，专逞私植党，盗弄国柄，擅作威福，难以枚举……本当寸磔（凌迟处死），念梓宫（熹宗皇帝灵柩）在殡，姑置凤阳……家产，籍没入宫。其冒滥宗戚（党羽），俱烟瘴永戍（贬戍）。"

至此，魏忠贤也被吓破了胆。眼看这位 16 岁的小皇帝雷厉风行，三个月间便将实权步步掌握，而自己的党羽则被贬的贬、被抓的抓，魏忠贤心生畏惧，于是乖乖地带着几百个随从，赶紧照着小皇帝的指示，朝着安徽凤阳的明帝国祖陵开拔前进了。

但崇祯并未饶过他。随后朱由检又下令，让锦衣卫前往追击魏忠贤，并准备将他逮捕回京继续问罪，得知消息的魏忠贤知道难逃一死，于是在走到河北阜城时，和同伙一起在旅店中喝酒痛饮到半夜四更，然后上吊自杀了。

至此，呼风唤雨达七年之久的"九千岁"魏忠贤，在短短三个月间，便宣告身败覆灭。

## 5

但崇祯不依不饶，下令将魏忠贤的尸体肢解，并将他的人头悬挂在河间府示众；随后又命令将魏忠贤的姘头客氏处死，而在抄客氏的家时，崇祯还无意获知，原来魏忠贤还偷偷在宫中养了八名已经怀孕的宫女（不知道怎么怀孕的），意图效仿原来吕不韦的故事，将他们包装成熹宗皇帝的所谓私生子，以图谋逆。

诛杀魏忠贤后，崇祯又以迅雷不及掩耳之势，继续清剿阉党势力，并起用被贬黜的正直的东林党人。

而短短的 3 个月时间，这位年仅 16 岁的皇帝，便以雷厉风行的手段，重新控制了大明王朝的最高权力。

帝国一度曙光重现。

然而崇祯，终究还是没能挽救已经烂到根底的大明帝国，17 年后的 1644 年，这位终年仅有 33 岁的大明末代皇帝，在北京煤山上吊自杀，临死前，他在自己的衣襟上留下了这样的遗言：

"朕死，无面目见祖宗于地下，自去冠冕，以发覆面。任贼分裂朕尸，勿伤百姓一人。"

而那位 16 岁就登基，雷厉风行铲除阉党的少年皇帝，也最终留在了大明帝国的余晖里。

## [ 历史档案 ]

崇祯皇帝朱由检（1611—1644 年），明朝的亡国之君，1627—1644 年在位。

崇祯在登基之初，以少年之身，仅用三个月就雷厉风行铲除了危害朝政的魏忠贤一党。他勤政节俭，却生性多疑。当时，民间起义四起，后金（清）也不断进犯，面对内忧外患，能力不足的崇祯昏招连连，无法应对。

1644 年，李自成率军攻破北京，崇祯在煤山上吊自杀。临死前，崇祯留下遗言，希望李自成能保全明朝臣子们和百姓的性命："朕死，无面目见祖宗于地下，自去冠冕，以发覆面。任贼分裂朕尸，勿伤百姓一人。"

**延伸阅读**

## 崇祯为何非要袁崇焕死？

袁崇焕曾经的地位很高，被当作抗击后金（清）军的英雄、大明王朝最后的救命稻草。他一死，管你崇祯活多少年，明朝铁定没戏了。

不过明朝人不这么看。至少他被凌迟处死的时候，北京城里的官民都是高声叫好，甚至争啖其肉，以解心头之恨。

历史上有岳飞、于谦冤死，但从来没有一个英雄像袁崇焕那样死得如此憋屈。哪怕遭遇构陷不得不死，清醒的老百姓也能证明他的清白。

然而，袁崇焕没有受到这样的待遇。当他死时，全世界都认为他罪有应得。

这是很诡异的一件事情。袁崇焕究竟死得冤不冤？

### 1

袁崇焕的对手认为他死得冤。

清朝灭了明朝之后，最早为袁崇焕拨乱反正。一些清朝内部档案显示，袁崇焕被凌迟处死，是中了皇太极的反间计。成书于乾隆朝的《明史》出版后，这一说法公开化。大意是说，后金决策层故意让两名被俘的明朝太监偷听到袁崇焕与后金有不可告人的交易，然后将这两人放了。按照后金人的设想，这俩太监回去后，自然会跟他们的主子密报这起惊天大阴谋。

这出反间计从策划到实施，都很粗糙，带有强烈的舞台效果。考虑到后金的伟大领袖从努尔哈赤开始就把《三国演义》当作兵书使用，也就不难理解他们的灵感出自哪里了。

总之，反间计是使了，但效果却不好。证据是，崇祯杀袁崇焕，几大罪名里根本没有一款关乎"通敌"。乾隆不会管那么多，只当祖宗使出去的妙计成功了。

问题是，乾隆为什么要为袁崇焕拨乱反正？

乾隆自己说："袁崇焕督师蓟 [jì] 辽，虽与我朝为难，但尚能忠于所事，彼时主暗政昏，不能罄其忱悃 [chén kǔn]，以致身罹重辟，深可悯恻。"

这里隐藏了两层意思：一是清朝政权的来源问题。袁崇焕被冤杀，说明明朝"主暗政昏"，所以以清代明是合法、顺乎天命的。二是任何时代的统治者都需要忠臣。乾隆倡导忠君思想，所以要为袁崇焕等忠臣烈士平反，号召臣下学习袁督师好榜样。

## 2

袁崇焕不是死于反间计，而是死于"己巳之变"。

1629 年，后金天聪汗皇太极率领军队越过明军层层设防的关宁防线，从蓟镇突入明朝内地，是为"己巳之变"。

皇太极这次奇袭，不亚于在北京城里投下一颗原子弹。

从 1619 年萨尔浒之战大败，至此 11 个年头，明金的战事都在边疆打，打得再狠，叫得再急，京城官民基本都无感。等到皇太极打到城下，半个多世纪没有经受过战乱流离的北京市民和朝廷官员们，在入侵者的烧杀劫掠面前，才把边患与个人的日常生活联系起来。

"己巳之变"中京城官民的心态亦与此相同。他们的第一反应不是感慨后金的强大，而是陷入了对守边大吏袁崇焕的怀疑与愤恨之中。

恰在此时，后金散播袁崇焕的谣言起到了发酵作用。袁崇焕的人设彻底坍塌了。整个社会对袁崇焕怨谤纷起，清代史学家赵翼说，当时举朝之臣及京城内外，都骂袁崇焕是卖国贼。

尽管袁崇焕在城外与后金拼死拼活，被弓箭射得跟刺猬似的（还好铠甲够厚），朝廷就是不让他和他的军队进城休整。然后崇祯召见袁崇焕，由守城士兵放个筐下来，把他提到城墙上。

"叛贼"袁崇焕被捕了。

## 3

少年崇祯是个明白人。他把袁崇焕关了好几个月，罪名也定了好几个，但都没有谣言及官愤民怨中提到的"通敌"。

然而，崇祯为什么不替袁崇焕澄清谣言，反而必须要他死呢？

许多文章都认为，舆论和党争影响了崇祯的决定。我倒认为，这种影响毕竟有限，最根本的原因是崇祯自己就认为袁崇焕该死。

你想啊，皇太极都杀到北京城下了，这么大的变故总得有人担责吧，这么大的屈辱总得有人背锅吧？这个人不可能是皇帝本人，那就只能是皇帝任用的某个官员。

这个人不是袁督师，还能是谁？

有个小插曲可以反证，袁崇焕之死的直接原因是为"己巳之变"担责，负责处理袁案的兵部尚书梁廷栋本来要将袁崇焕满门抄斩，结果余大成告诉他说："袁罪何来？岂非敌袭围京？吾视尚书反复六任也，坐兵部者全身而退者未有一人。今袁无能，令处夷刑，后敌又围京，先顾公之三族。"梁廷栋设身处地一想，肯定脊背发凉，所以强烈建议给袁减刑，不至于祸及三族。

从这个细节可以看出，明朝官员对袁崇焕获罪的原因是心知肚明的。"己巳之变"在当时被视为自明与后金交战以来军事上最大的失败。根据以往辽东军事失败必罪督抚的惯例，"己巳之变"本身就足以导致袁崇焕获罪，而且轻则戍刑，重则论死。

## 4

对袁崇焕这次严重的失常发挥，崇祯从重而非从轻进行惩处，深层原因则在于，他感觉自己幼小的心灵被这个中年大叔伤害了。

崇祯定了袁崇焕的罪，打头第一条就是"付托不效，专恃欺隐"。这相当于宣布了君臣两人之间有过约定，结果崇祯发现自己被袁督师欺骗了感情。

这个约定很多史籍都有记载，版本大同小异。简单来说，崇祯元年（1628 年），赋闲了 9 个月的原辽东巡抚袁崇焕，被重新起用为辽东督师。在获崇祯召见的对话中，袁崇焕当着年轻皇帝的面夸下海口，说给他五年时间，后金可平，全辽可复。

当时就有人私下对袁崇焕"五年复辽"的计划表示严重怀疑，说得好听你是痴人说梦，说不好听你这叫专业忽悠。以明朝和后金的力量对比来看，明朝能遏制后金的攻势已属不易，遑论收复失地。

袁崇焕也知道这次忽悠大了，赶紧向崇祯提条件。大明集团 CEO 对这个斗志满满的大叔，以及这个十分响亮的口号都很满意，钱粮保证不缺，武器绝对给好的，妒忌谗言我通通不听，只信任你一人。完了，还赐给他尚方宝剑。

可以说，袁崇焕以一个大饼换来了最高权力的眷顾，个人地位达到顶点。他是一个做大事不拘小节的人，不管"五年复辽"能不能实现，此时赢得皇帝信任，有机会大展拳脚才是最重要的。

一个完美计划，让自己坐上了职场晋升的直升机，值！

仅仅过了一年多，后金这家初创公司抢市场就抢到大明集团的核心地盘来了。这难道就是袁崇焕的"五年复辽"？尽管五年之约期限未到，崇祯已无再多的感情投入，有的只是受了欺骗和愚弄后的一把怒火。

袁崇焕除了认栽，还能怎样？当年在皇帝面前吹过的泡沫，被京城门口的敌军挤破了，现在只好用一条老命兜底。

## 5

清初文史大咖张岱指出，袁崇焕的悲剧是他的性格缺陷造成的。他说，袁崇焕这个广东人个子矮小，性格暴躁，像只猴子，"大言不惭而终日梦梦"。

复盘袁崇焕在崇祯朝的表现，其实已足够他被杀好几次。

在帝国做官，无论你多么善战能干，多么不可替代，有一条红线始终要坚守住：什么都可以去挑战，但千万不要挑战大老板的面子和权威。很不幸，桀骜不驯的袁崇焕，都挑战了。

杀总兵毛文龙，第一次挑战了大老板的权威。

毛文龙该不该杀，这是另说。袁崇焕先斩后奏，则犯了大忌。这事报到朝廷，崇祯先是大大吃了一惊，可能第一念头就要拿袁崇焕是问。不过，他毕竟少年老成，想着辽东正倚重袁抵御，于是仍在圣旨中对袁杀毛文龙表示了支持。然而，袁日后招祸的种子已经埋下。

跟后金谋议和之事，挑战了大老板的面子。

袁崇焕在给皇帝的上疏中明确了他"五年复辽"的计划，其中即提到"和为旁着"，意思是把议和作为一个套路，目的是实施缓兵之计，争取时间巩固边防。崇祯对这个计划整体做了同意的批复。但最后加诸其身的罪名，有一条恰恰与议和有关，叫"以谋款则斩帅，纵敌长驱，顿兵不战"。

"谋款"即议和之事，"斩帅"指杀毛文龙一事。可以看出，它们的逻辑关系是这样的：袁崇焕为了推进议和，不惜帮助敌人斩杀了毛文龙，从而解除了后金的后顾之忧。然后，为了议和，不惜放纵清军长驱直入，打到京城门口。

崇祯这么强调议和的罪名，实际上是这事儿泄露出去，很伤面子，所以这个锅必须得让袁崇焕来背。议和，从来就是做得说不得。天朝上国跟蛮夷匪徒讲和，让天下人怎么看？即便到了晚清，慈禧想和洋人议和，但锅得由李鸿章背着。

袁崇焕死后12年，历史重演。当时的兵部尚书陈新甲秉承上意与后金议和，不料消息走漏，崇祯恼羞成怒，给陈新甲安了个"私款辱国"（私自议和，有辱国体）的罪名，枭首示众了事。

个人在军队中威望太高，再次挑战了大老板的权威。

袁崇焕手下精兵多从两广招募而来。这些子弟兵听得懂他那句"掉哪妈，顶硬上"的口头禅，眼里只有袁督师，没有崇祯帝。袁崇焕下狱后，部将祖大寿拥兵哗变，朝廷怎么喊话都没有用，最后全赖袁的一纸手令搞定。

这样的封疆大吏，如果没有足够的智慧应对皇帝的猜忌，那么等待他的迟早是死路一条。很明显，袁崇焕没有这样的智慧。

可与之对比的是晚清的曾国藩。镇压太平天国之后，曾国藩的处境与袁崇焕何其相似。人家怎么处理的？既然他没有自己做皇帝的野心，就干脆把子弟兵遣散了，让慈禧太后睡个安稳觉，自己也不用夜夜失眠。

## 6

普通人读历史，总是扼腕叹息，如果袁崇焕不死，清能不能取代明要打个问号。牛人读历史也是这样，所以才说"袁督师一日不去，则满洲万不能得志于中国"（梁启超语）。

其实，这都是没有的事。从来就没有什么救世主，也没有什么活神仙。朝代更替是综合实力变迁的结果，不排除一定的偶然性，但绝非一人一事所能改变。以明朝整体局势的衰颓，给你十个袁崇焕，也多顶不了几年。

更何况，袁崇焕绝非完人，虽有过辉煌战功，但也犯了不少低级的战术错误。要命的是，他的综合素质不够硬，虚长了崇祯20多岁，却表现得不及崇祯老练。做事任性独断，性情乖僻自负。凡事不会从老板的角度考虑得失，不替老板解忧还时常让老板不安心。

这种老天真，任何时候都是致命的。

历史就是这么残酷，即便没有"己巳之变"的追责，没有"五年复辽"的忽悠，没有崇祯的严酷，袁崇焕始终难逃一死，大明始终难逃覆亡。

## [ 历史档案 ]

　　袁崇焕（1584—1630 年），字元素，广东东莞人。万历四十七年（1619年）中进士，后进入兵部，得到孙承宗的器重镇守宁远，先后取得宁远大捷、宁锦大捷，并构建了关宁锦防线。

　　崇祯时，袁崇焕为兵部尚书兼右副都御史，督师蓟辽。崇祯二年（1629年），后金军绕道自古北口入长城，进围北京，袁崇焕被认为应对此负责，终被崇祯帝下狱，遭凌迟处死。袁崇焕一直是争议较大的历史人物，有《袁督师遗集》存世。

# 慈禧凭什么统治中国将近 50 年？

自古贵师出有名。无论做什么事，最好能有个由头。由头越大，助力越多，阻力越少。

陈胜、吴广起义，一句"王侯将相，宁有种乎"，一呼百应；刘备多年颠沛流离，终成帝业，靠的是"兴复汉室"大旗不倒；就连朱棣起兵夺侄子皇位也得打着"清君侧"的旗号。而那些公开声称为钱为权抢地盘而挑起战火的，从开始就很低端了，结局自然与流寇无异。

同理，如果想反对什么事，最好也能搞个大帽子，弄个大盾牌，一扣一挡，效果杠杠的。

晚清帝国中枢，"祖宗之法"就是这样一个存在。

1898 年，维新派推行新政，遇到所谓顽固派的种种阻挠，"祖宗之法不可变"成了康、梁难以翻越的大山。此时的太后、老佛爷慈禧正在颐和园静静地看着这帮后生"瞎折腾"。

要不是 30 多年前摆平"祖宗之法"，哪有慈禧今日？

## 1

古代中国是一个"男人当家"的社会，走出家门在政坛折腾的女性少之又少，登上权力巅峰的，更是凤毛麟角。

慈禧就是这"凤毛麟角"之一。

1852 年，年方十八的慈禧入宫，4 年后（1856 年）生下了咸丰帝的长子，也是唯一的儿子爱新觉罗·载淳（即后来的同治帝）。慈禧本就很受咸丰帝宠爱，咸丰帝甚至允许她代笔批阅奏折、评议朝政。现在又有了皇子，母以子贵，慈禧在后宫的地位可以与皇后慈安比肩了。

1860 年九月，第二次鸦片战争的战火烧到北京，咸丰帝仓皇出逃"秋狩"，带着懿贵妃慈禧母子二人、皇后慈安，还有一干亲王大臣跑到承德。一年后的八月，暑气刚退，咸丰帝就在避暑山庄撒手人寰了，留下一个被内乱和外敌折磨得千疮百孔的帝国以及年仅 6 岁的继承人。

怎样才能让年幼的皇子顺利继位，并在皇位安全的前提下保证帝国的运转呢？咸丰帝煞费苦心。临终前，他做了几件事，大概把后事交代好了。

第一件事，托孤。

"着派肃顺、端华、景寿、载垣、穆荫、匡源、杜翰、焦佑瀛，尽心辅弼，赞襄一切政务。"

这个安排在咸丰看来是吸取了祖宗教训的。想当年，顺治帝 6 岁继位时，由济尔哈朗和多尔衮两个人辅政，结果两人争权；康熙帝 9 岁登基时，辅政大臣变成了四个，结果还是斗，直到康熙把鳌拜给斗倒了才算完。这次，咸丰一口气整了八个，史称"顾命八大臣"。

然而，如果大臣们势力太强，架空了皇帝怎么办？

所以第二件事，授印。

咸丰规定，皇帝的谕旨由顾命八大臣拟定，但要生效，须盖"御赏""同道堂"两枚印章。皇后慈安保有"御赏"印，皇子载淳则保有"同道堂"印。这样，帝后和顾命八大臣之间就可以相互制衡了，既保证了决策的科学性，也不会有大臣争权，专擅朝政了。

可惜咸丰帝人美心美，想得更美。

历史上，权力平衡又平稳的时期有多少？谁又不想大权独揽呢？

## 2

同治帝一登基，就尊生母慈禧为"圣母皇太后"，尊慈安为"母后皇太后"。现在所说的"慈禧""慈安"就是这两位皇太后的尊号。

按照咸丰帝的遗命，帝国最高的权力被分成了三份：顾命八大臣、小皇帝、皇太后慈安各享其一。不过，因为小皇帝年龄小，所以小皇帝的那枚"同道堂"印，实际是由其母慈禧保管的。这是慈禧参与同治政局的资本。然而，只有印章这个资本远远不够。一座大山，横在了她的面前。

咸丰帝虽然给身后的政局分了权，但这些权力该怎么协调、相互之间该怎么制衡，咸丰没说清楚。为此，在咸丰死后第二天，两宫太后就跟八大臣争执起来。

八大臣认为，"谕旨由大臣拟定，太后不得更易，章奏亦不呈内览"。意思就是，今上的谕旨由八大臣拟定，而谕旨的内容两宫太后不得更改，甚至大臣们的奏折，也不拿给两宫太后看。

大家都知道，在一家公司里，出方案的是员工，但方案过不过，拍板的是领导；领导说不错，这方案过了，才签字盖章。

若把这种情况放在同治初的政局里，身为员工的顾命八大臣，负责替小皇帝拟谕旨，通过皇帝的谕旨管理帝国；而两宫太后却不是领导，倒像是专职"签字"的：把八大臣的意见上升为国家意志就行了，至于为什么这样做、这样做了会有什么影响、有没有更好的办法等这些"国是相关"，就不劳两宫太后操心了。

或者说，在八大臣的眼里，两宫太后本就无权操心。

要给一份自己一无所知的文件签字？多尴尬啊。再者，一切都你们说了算，那先帝干吗不把印章也给你们？这还制衡个什么？

对此，慈禧、慈安两位新晋太后大为不满。史载慈安"优于德"，与慈禧相比低调不少，存在感也不高，但若论才智，恐怕慈安不在慈禧之下。

在出奔承德时，慈安就与慈禧母子一起受了八大臣之首肃顺的气。而今咸丰一死，最大的靠山倒了，只剩她们孤儿寡母三人。面对八大臣咄咄逼人的气势，慈安也感到不安。两宫太后都很清楚此时自己想要什么，敌人是谁，应该团结谁。所以，在这件事上，两宫太后抱团取暖。

这次争执的结果，八大臣退了一步，但两宫太后也仅获得"阅览奏章"的权力。数日后，御史董元醇上了个折子，把事情推向高潮。

董御史在折子里说，现在是多事之秋，皇上年龄尚幼，多亏太后"宵旰思虑，斟酌尽善，此诚国家之福也"。虽然本朝此前没有"太后垂帘之仪"，但审时度势，不得不做出这样"通权达变之举"。

这折子就一个意思：什么人都别管了，恭请两宫太后垂帘听政！

一听这话，顾命八大臣就炸了。肃顺等人"勃然抗论，以为不可"。八大臣以皇帝的名义拟谕旨批驳，说"我朝圣圣相承，向无皇太后垂帘听政之礼……何敢更易祖宗旧制？”又说先帝（咸丰）驾崩前曾特别嘱咐他们八个“尽心辅弼……何敢显违遗训？”

如我前面所说，所有的谕旨由大臣拟定，但若要下发得两宫太后盖章才行。两宫太后看到这样的谕旨，心里非常不爽，扣下不发。于是，剧烈的争吵爆发了。史载：

> 声震殿陛，天子惊怖，至于啼泣，遗溺后衣。

争吵声音太大，一边的小皇帝都被吓哭了，甚至还尿了裤子……

次日，八大臣“罢工”，以示抗议。慈禧也不示弱，坚持要临朝。最后还是慈安“转弯”，劝慈禧先忍忍，姑且将就。随着两宫太后的妥协，谕旨下发，董御史谪发披甲奴。

就这样，关于“垂帘听政”的第一次交锋，两宫太后败下阵来。与其说她们败给了肃顺，不如说是败给了“后宫不得干政”的“祖宗之法”。正因为有这样的“祖宗之法”，肃顺一伙才敢理直气壮，在两宫太后和小皇帝面前横行霸道，“全无人臣之礼”。

该怎样击破“祖宗之法”呢？

## 3

慈禧冷静下来。毕竟帝位刚刚更替，两宫太后此前都久居宫中，纵使慈禧曾帮咸丰批过折子，但与朝廷百官实无来往。此时别说党羽了，就是大臣们穿着朝服站一排，两位女士能从中分辨叫出名字的都没几个。

所以这时候顾命八大臣的“罢工”还是很受用的，毕竟这个帝国得运转呀。在承德，他们不干活，谁来干呢？

问题的关键就是承德。

年幼的皇帝、两宫太后，以及先帝咸丰的梓宫（遗枢）到那时都还在承德。而当初跟着咸丰帝跑到承德的亲王大臣，大多是以肃顺为首的顾命八大臣的圈子。

肃顺等人不喜欢的人，跟他们政见不和的人都被留在了北京。咸丰帝的临终嘱托，事实上是将留在北京的一干大臣排除在外的。

对此，“北京帮”自然心有不甘。这些被留在北京，以嘴皮子面对英法联军枪炮的人，个个都很生猛。恭亲王奕訢，近代史上举足轻重的人物，横亘晚清政局的“洋务运动"便出自他手。想当年，作为道光帝第六子的奕䜣，足智多谋，号称"鬼子六"，各方面都比他的四哥奕詝强太多。然而争储的时候，奕詝却在其师杜受田的指点下，巧施"藏拙示仁""藏拙示孝"之计，成功获得道光帝的认可，继承帝业，是为咸丰帝。而奕䜣只得以恭亲王的身份参与朝政。后来咸丰帝重用肃顺，也有打压奕䜣的考量。

第二次鸦片战争中，奕䜣主和，肃顺主战。后来打不过了，肃顺说，奕䜣既然你当初主和，那你现在就去跟洋人谈吧。当咸丰帝"木兰秋狩"的时候，奕䜣被留在北京跟洋人交涉。除了奕䜣，还有一个狠角色也被留下了——军机大臣文祥。这人有多狠？刑、户、礼、兵、吏、工，六部的工作，他全做过，妥妥的全能选手。

当英法联军兵锋逼近北京时，咸丰帝有意出奔承德，大多数亲王大臣都附和赞成，然而位列五个军机大臣之一的文祥却反对，说担心咸丰帝一走，人心涣散。

好的，既然你文祥说不要走，那你留下吧。所以文祥也被留下了，另外四个军机大臣穆荫、匡源、杜翰（杜受田之子）、焦佑瀛跟着咸丰去了承德，成了顾命八大臣中的四个。

被坑的奕䜣和文祥惺惺相惜，在与英法联军交涉时，共同的工作让他们结下了深厚的情谊。在后面的事件中，王室背景的奕䜣和身为军机大臣的文祥，通力合作。

当然，只是这样还不够。巧的是，在京畿一带驻守的将领恰好是僧格林沁和胜保。

僧格林沁的部队，在第二次鸦片战争中被打残了，但这个人在军界影响力很大。

胜保呢？虽然能力不咋样，但此时京畿一带数他兵强马壮，而且，慈禧少女时曾跟胜保的姐姐学诗画，慈禧的弟弟跟胜保关系也相当好。

更巧的是，这两个人都非常讨厌肃顺……

所以，肃顺到底是个怎样的存在？

爱新觉罗·肃顺，大清宗室，镶蓝旗人，济尔哈朗的七世孙。以"敢任事"闻名，主张"乱世务必用严刑峻法"。初次受到咸丰帝召见时，肃顺力请"严禁令，重法纪，锄奸宄"，深受咸丰帝赏识，累次破格任用。顾命八大臣中，数肃顺脑子最好使。

而论政绩，肃顺还是有两把刷子的。咸丰一朝的大部分政策都有肃顺的参与。即使后来肃顺在政变中被杀，仍是"人亡策存"，就像先秦的商鞅那样。

只不过，他的人缘，比商鞅还差。

且不说他主导的政策动了太多人的蛋糕，触了太多人的神经，仅与人相处这一点上，肃顺就让许多同僚心里直呼受不了。史载：

（肃顺）心胸狭窄，作风霸道，刻人宽己，行事暴戾，廷臣衔之刺骨。

咸丰帝死后，奕訢去承德哭祭，又应召去见两宫太后。奕訢邀八大臣之一的端华一同前往，肃顺则说：

老六，汝与两宫叔嫂耳，何必我辈陪哉！

跋扈程度，可见一斑。

历史告诉我们很多次了，太狂妄的人，往往没有好下场。

## 4

咸丰帝死后，奕訢无视顾命八大臣的阻拦，奔赴承德"哭祭"咸丰帝。史载：

伏地大恸，声彻殿陛，旁人无不下泪……（自咸丰帝死后）未闻有如此伤心者。

哭完了，奕訢便受两宫太后召见。八大臣虽有阻拦，但"究迫于公论，而西太后（慈禧）召见恭亲王之意亦甚决"。八大臣最终妥协下来，放奕訢单独与两宫太后见面。

叔嫂相见，一片欢喜。

两宫太后尽诉在承德受到肃顺等人种种欺负：什么来的路上不给好东西吃啊，什么先帝驾崩后胆敢跟我们娘仨大吵大闹拍桌子，还把小皇帝吓哭吓尿了啊。

奕訢也说，北京、承德两地，因肃顺等人阻挠，时常消息断绝。

这下叔嫂一合计，肃顺这帮人，必须除掉。

可是，承德是肃顺的地盘。奕訢说，要动手"非还京不可"。

对回北京这事儿，不仅肃顺不愿意，两宫太后也有顾虑，毕竟洋人还在那里。奕訢回答：

外国无异议，如有难，唯奴才是问。

这下两宫太后放心了。待奕訢一离开承德，便与八大臣商定回京日期。

八大臣当然不愿回去啊，所以就今天一个理由、明天一个理由敷衍两宫太后。后来，胜保带兵来到热河"护驾"，京师廷臣、直隶总督等也纷纷请求皇帝早日回京。两宫太后又以按照祖制，要回北京举行新帝登基典礼并安葬先帝等为由，一面催促八大臣尽早定下回京日期，一面大赏八大臣，令其"大喜过望"。返京之事这才再无异议。

## 5

1861 年九月二十三日，同治帝、两宫太后、顾命八大臣，还有咸丰帝的梓宫，起驾回銮。

慈禧的机会终于来了。

两宫太后和小皇帝在送先帝梓宫上舆之后，便与八大臣中的载垣、端华从小道星夜兼程，赶往北京。而肃顺等人则陪着咸丰帝的梓宫，从大路缓缓向北京行进，其间还遇到大雨，道路泥泞，诸人狼狈不堪。论行程，肃顺比两宫太后她们慢了足足4 天。

九月二十九日，刚到北京，慈禧就在前来迎驾的朝臣面前涕泗横流地哭，把娘仨在承德受的委屈全吐了个遍。朝臣大多苦肃顺久矣，经太后这么一说，朝臣们心里不禁共鸣起来：肃顺面前，太后尚且如此啊。

九月三十日清晨，回京还不到一天的慈禧，联合早已准备妥当的奕訢，以小皇帝颁布的诏谕为据发动政变，直指顾命八大臣"矫诏擅权"，当场将载垣、端华二人逮捕下狱，随后又命人前去捉拿尚在路上的肃顺等人，解送回京。抓肃顺的时候，肃顺睡得正香呢。

十月一日，两宫太后大赏政变功臣，任命恭亲王奕訢为议政王、军机大臣。而后军机大臣文祥上奏，请两宫太后垂帘听政。

十月五日，改年号"祺祥"为"同治"。

十月六日，命载垣、端华自尽，斩肃顺于市，其他顾命大臣皆革职，永不叙用。

斩肃顺时，京城欢天喜地：

　　都人士闻将杀肃顺，交口称快。儿童欢呼曰："肃顺亦有今日乎！"或拾瓦砾泥土掷之。顷之，面目遂模糊不可辨。

　　昔日飞扬跋扈的肃顺此时却仍骂不绝口，慨然赴死。

　　半个多月前，肃顺还依仗"祖制""遗命"与两宫太后争于殿堂，何其狂也。但他始终没弄明白，只要方法得当，总有东西可以凌驾于"祖制"之上。至于"遗命"，死人安足恃？

　　就这样，辛酉政变以迅雷不及掩耳之势发动，达到目的后又迅速收场。干净利落，稳、准、狠。

　　自此，26 岁的慈禧开始登上权力的巅峰。

　　1881 年，慈安太后暴死于宫中，两宫太后只剩慈禧一极。

　　1884 年，甲申易枢，议政王奕訢被削夺权力。

　　此后，在大清的权力中枢，再也无人能阻拦慈禧独掌权柄。

　　以洋务派、保守派相互制衡，以帝党、后党相互制衡，以汉人用事，以满人制衡汉人，又什么"祖宗之法"，什么"本朝先例"……在慈禧的手中，权力如玩具，没有人玩得比她高明。

　　回到开头的场景，戊戌变法中的康有为、梁启超之辈，如何是她的对手？

　　到了 1908 年，历三朝，左右朝政 48 年的慈禧，死了。也许，这样一个狠角儿，只有老天能收了。

　　再三年后，大清亡了。

## [ 历史档案 ]

慈禧（1835—1908 年），即孝钦显皇后，叶赫那拉氏。她是咸丰皇帝的妃子，同治皇帝的生母，同时也是晚清时期的实际统治者。

1861 年咸丰皇帝驾崩后，遗命立 6 岁的皇长子爱新觉罗·载淳即位，是为同治皇帝（1856—1875 年）。当年，慈禧与慈安太后两人联合恭亲王奕訢发动政变，诛杀顾命八大臣，夺取政权，形成"二宫垂帘，亲王议政"的格局，史称辛酉政变。

辛酉政变奠定了慈禧掌权的基础，此后，慈禧开始了自己的垂帘听政生涯，掌控晚清政坛达 48 年之久。

## 延伸阅读

## 令慈禧震怒的晚清第一奇案：没有真相，只有政治

人世间，有真相这么回事吗？

实际上，很多事，很难有真相。

作为晚清四大奇案之首的"刺马案"（两江总督马新贻被刺案），100多年过去了，现在仍然疑窦重重。

### 1

同治九年（1870年）七月二十六日，一个爆炸性的消息，很快就在江宁（以下称为南京）迅速传播开来：

两江总督马新贻，被人用匕首捅死了。

当时，两江总督，是江苏、安徽、江西三省的最高军政长官和晚清权力最大的封疆大吏。

话说当天，两江总督马新贻在校场阅兵后，正在一大帮护卫的前拥后簇下，返回总督衙门途中，突然，在两边围得密密麻麻看热闹的人群中，冲出来一个人跪在了路中，他双手高举一封书信，用马新贻老家的山东菏泽口音大喊了一声："大帅！"正当大家的注意力被他吸引的时候，人群中突然又冲出来一个人，他大声喊道："大帅申冤！"然后也冲到马新贻面前跪了下来。马新贻还没回过神来，这人却突然蹿起，猛地抽出一把匕首，直接就捅进了马新贻的右胸。马新贻惨叫一声，扑倒在地。护卫们猝不及防，登时乱成一团，但凶手却不逃跑，甚至高声嚷道："刺客就是我张文祥。一人做事一人当，我没有同伙，不要胡乱抓人。我大功告成，现在可以跟你们走。"说罢，刺客束手就擒，仰天狂笑起来。

　　总督被刺，顿时震惊了整个南京城。

　　当时，布政使梅启照闻讯后马上赶到现场，他被吓得手足无措，只是一直反复喊着："捉拿凶手，捉拿凶手！"江宁将军魁玉听说后，连便服都来不及换，一路小跑赶到现场，并指挥将凶手张文祥马上押到官府审问。在府堂上，魁玉直接呵斥张文祥说："你是不是疯子？有何仇恨？受何人指使？"张文祥却骄横地说："养兵千日，用兵一时！我为天下人除一恶贼！"

## 2

　　说起来，马新贻（1821—1870 年）的官场口碑，其实很不错。

　　作为与李鸿章同年（1847 年）登榜的进士，马新贻个人能力过硬，从合肥知县、庐州知府，一路做到了安徽按察使、布政使、浙江巡抚，最终升任两江总督兼通商大臣。他协助清廷平定太平军与捻军之乱，在处理漕运、盐政、河工等各项工作上都颇有政绩，解决了许多民生问题，颇受百姓爱戴。

　　马新贻为何惨遭毒手，而且凶手还宣称，要"为天下人除恶贼"？尽管百姓、家人和各级官员百思不得其解，但对于自己的死，马新贻好像早就有了预感。

　　同治七年（1868 年），在前任两江总督曾国藩被调往北方，改任直隶总督后，担任浙江巡抚的马新贻被升官，担任两江总督一职。两江总督，是晚清政坛中，最受朝廷倚重和信赖的封疆大吏，同时也是油水最肥、权力倾国的要职，但马新贻，却高兴不起来。

　　据马新贻的儿子马毓桢回忆说，在接任两江总督前，马新贻曾经到北京朝见慈禧，当面请求"训示"。觐见慈禧出来后，马新贻惊恐失态，大汗淋漓，甚至连朝服都被汗水湿透了。

　　按照当时的惯例，马新贻久未进京，按理说应该到处会见京城的大小官员，但面见慈禧后，马新贻很快就离开了北京，并且专程请假回家"祭祖"，在山东菏泽老家与兄弟们告别之际，马新贻将自己的两位哥哥叫到身边，对他们说："我此去吉凶难料，万一有不测，千万不要到京告状，要忍气吞声，方能自保。"

## 3

　　马新贻的惶恐和死亡预感，来自慈禧对他的"训示"。

马新贻的儿子马毓桢私下回忆说，慈禧当时嘱咐马新贻，要他密查1864年湘军攻克天京（南京）后太平天国的国库——圣库的金银财宝下落，因为清廷一直怀疑，湘军抢掠了太平军的巨额财富，却刻意隐瞒不报。另外，慈禧还要求马新贻贬抑湘军势力，削除湘军在两江地区日益膨胀的影响力。

但久浸江湖的马新贻知道这个"训示"意味着什么，对他来说，两江地区，显然是一块凶多吉少的"恶地"。

1864年，担任两江总督、钦差大臣兼协办大学士的曾国藩，其属下的湘军最终攻克太平天国的首都天京（南京）。当时，拥兵30多万的曾国藩，也达到了自己的军事政治生涯的巅峰。在当时，关于曾国藩是否会拥兵叛乱、自立为帝的疑虑，一直在清廷高层和慈禧等人心中徘徊不去。

因为当时，曾国藩控制着整个大清帝国最为关键的财赋来源江苏、浙江、安徽、江西四个省份的军事、行政大权，并且四省的巡抚李续宜、沈葆桢、左宗棠、李鸿章也都源自湘军系统；而曾国藩的大量部下，更是在两江地区分别担任大小官职，关系错综复杂。

此外，在当时全国八名总督中，有三名是湘系（分别是两江总督曾国藩、直隶总督刘长佑、闽浙总督左宗棠），另外四川总督骆秉章、两广总督毛鸿宾也和湘军关系密切；此外，全国其他地区，也有七名巡抚出自湘军，或与湘军有密切关系，至于担任各地官员的湘军将领，就更加难以计数。

眼看曾国藩和湘军大权在握、势力鼎盛，清廷如临大敌，处处提防，并不断对曾国藩进行敲打。

1864年湘军攻破天京后，围攻天京的湘军主将、曾国藩的弟弟曾国荃急忙连夜上奏捷报。曾国荃原本以为会得到清廷重赏，没想到清廷下发的圣旨，不仅没有兑现咸丰皇帝在1861年临死前许下的"克复金陵者为王"的承诺，而是严厉批评曾国荃指挥失当，没有将太平天国一网打尽，以致让太平天国幼主洪天贵福等1000多人逃走。

另外，清廷还限令曾国荃查清太平天国的国库——圣库的库存金银，并限期将财宝如数上缴朝廷。与此同时，清廷还严厉警告曾国藩，要其严格约束部下，不得骄纵淫逸，申斥中，暗藏着无限杀机。

对此，湘军的将士们当然不服；在他们看来，他们为大清辛辛苦苦保住江山，如今攻下天京（南京），不仅没有赏赐，反而被严厉申斥；为此，湘军的将领如曾国荃、彭玉麟、鲍超、李元度等人，多次暗示曾国藩，与其如此，还不如拥立曾国藩称帝、大干一场。但还好，信奉忠君报国的曾国藩，并没有叛乱称帝的野心，从平定太平天国的1864年开始，曾国藩就开始急流勇退、自裁湘军，以博取清廷的信任。

4

但清廷，显然无法放心。

为了瓦解分化湘军，清廷先是支持曾作为曾国藩幕僚的李鸿章编练淮军，让淮军从6000人急速扩张至70000人，以与湘军形成分庭抗礼、相互制约之势。清廷还让江苏、直隶、安徽、河南、山东、江西等9省41位官员，先后举办团练，通过扩大各个地方武装，来制衡湘军。

为了进一步防范湘军，清廷还让钦差大臣官文率兵20万扼守长江中游的重镇武昌；长江下游，则让富明阿等人把守镇江、扬州；长江以北，则让悍将僧格林沁重兵驻防在安徽等地；在京城所在的直隶等地，清廷还保留了近百万绿营兵和地方团练武装等后备军队。

在做好军事上的一系列安排和分化、防范后，1868年八月，清廷下令将曾国藩从他的江南大本营、两江总督任上调离，改任曾国藩为直隶总督——清廷的目的很明显，就是将曾国藩调到京城周边进行看守、防范，让他远离湘军势力。

接任曾国藩担任两江总督一职的，正是慈禧所信任和安排的马新贻。慈禧显然希望，马新贻能带着清廷的期望，继续在东南地区扫荡湘军势力，以确保大清帝国的江山稳固。

这显然不是一个好差事。所以面见慈禧出来后，马新贻预感到，自己的死期，或许就要到了。但马新贻是个办事认真的人。

当时，湘军尽管部分被裁撤，但部分则被打散到各支军队系统中，势力仍然非常强大。在此前攻打太平天国和捻军的过程中，湘军就以勇悍著称，并且到处攻城略地、杀掳成性，曾国藩更是被称为"曾屠户""曾剃头"，意为放纵部下、杀人残酷。

1864年，曾国藩先自裁了25000多湘军。这些失业的湘军士兵，很多人并未返回家乡，而是到处游荡掳掠，有些人甚至参加"哥老会"，成为黑帮成员，并勾结仍在军中的湘兵到处为害。

在此情况下，孑然一身来到两江地区的马新贻，开始训练新兵，贬抑湘军，并起用袁保庆担任营务处总管，负责长江的江防水陆军队，对湘军等散兵游勇和黑社会进行整治。当时，袁保庆以彪悍著称，抓到为害百姓的湘军散兵游勇，往往就地正法。对此，湘军和各地的黑社会势力，也对马新贻恨之入骨。

曾经担任江苏巡抚、湖广总督的郭柏荫，后来对他的孙子郭公铎说："张文祥行刺有幕后怂恿者，最初有意制造流言的，也是他们。"

与此同时，不断抑制、铲除湘军势力的马新贻，离死亡也越来越近。

## 5

凶手究竟为何刺杀马新贻？背后的真正指使者，又是谁？

马新贻被刺后，很快就因伤势过重死亡。江宁将军魁玉，开始提审凶手张文祥，没想到张文祥嘴硬得很，只说自己的姓名，却不说杀人的缘由。

为此，整个南京城各级大小官员轮番上阵，从布政使到按察使、道员、知府、知县等 50 多名官员，分班轮流会审张文祥。魁玉则六百里加急，将两江总督被刺杀的消息，马上上报清廷。慈禧等人大为震惊，急命漕运总督张之万赶赴南京，会审此案。

最终，在被长期"熬审"后，张文祥终于开口了。对于为何刺杀马新贻，张文祥是这么说的：

他是河南汝阳县人。道光年间，他在浙江宁波开了一家典当行，后来太平军攻入宁波城，因为太平军有熟人，他就参加了太平军。1864 年太平军失败前，他偷偷返回宁波，才发现自己的妻子已经被一个叫作吴炳燮 [xiè] 的人霸占了，家里的所有财物也被其全部骗走。后来，张文祥告到官府，虽然领回了妻子，但财物却无法要回。就在这时，穷困潦倒的张文祥，碰到了一个当海盗的人龙启云。龙启云给了张文祥一些本钱，让他重开了一家典当行，龙启云则经常借典当行进行销赃。1866 年，时任浙江巡抚的马新贻到宁波巡视，张文祥拦轿喊冤，想要追回被吴炳燮霸占的财物，但马新贻觉得事情小，就不予办理，相反，马新贻还下令取缔了张文祥违规经营的典当行。

张文祥再次走投无路，龙启云便劝张文祥说，马新贻是个昏官，他的海盗弟兄们有很多也被马新贻捕杀了。龙启云便怂恿张文祥刺杀马新贻，为他自己和大家"报仇"。

此后，张文祥开始到处寻找机会刺杀马新贻，历经近两年时间，最终得手。张文祥辩称，"刺马"那天，先他喊冤的那个人，只是恰巧碰到而已，此案跟他没有关系。

## 6

听起来，这真是一个奇案。

魁玉等人的汇报，慈禧当然不相信，她下令继续追查。但这事，明眼人都知道，水太深了。

当听说自己被慈禧指令协查此案后，漕运总督张之万吓得不轻，他故意迟迟不动身。从同治九年（1870 年）八月二十三日接到朝廷谕旨，张之万一直拖到九月份才出发前往南京。

张之万被吓坏了，他觉得自己也很不安全，在前往南京途中，即使上个厕所，也要数百名士兵层层保卫，然后才敢放心拉屎撒尿。这事在后来也成了晚清官场的笑谈。

抵达南京后，张之万马上住进了魁玉的江宁将军府，几天都不敢露面，也不接见下属，只是每天和魁玉两个人一起研究张文祥的供词。

一直到九月下旬，张之万才开始会见审理此案的下级官员；九月二十五日，张之万、魁玉正式开始联合审讯张文祥。

奇怪的是，在上报给慈禧的审讯奏报中，张之万和魁玉的说辞非常混乱，前后矛盾。他们俩先是跟慈禧汇报说，张文祥是因为受到了海盗龙启云等人的指使，所以才行刺马新贻；但后来他们又给慈禧奏报说，张文祥应该没有人指使——这种前后矛盾的说法，也让慈禧大感蹊跷。

## 7

在此情况下，深感案情复杂的慈禧，无奈之下，只得提出让湘军老帅曾国藩重新调任两江总督，以稳定形势。随后，慈禧又派出素有"铁面无私"之称的刑部尚书郑敦谨，让他作为钦差大臣，紧跟着曾国藩去监督、复审此案。

在慈禧看来，虽然太平天国主力已经被歼灭，但是太平军的余部李文彩等人仍在负隅顽抗；南京虽然已经克复，但乱党仍未完全剪除。她派遣马新贻去南京，本来是要去扫清湘军势力的，但现在马新贻突然被杀，如果牵涉的人物太复杂，导致江浙地区再次陷入动荡，那将是千疮百孔的清廷难以承受的结果。

所以，虽然清廷一直处处提防湘军势力，但眼下，她只能让曾国藩重新回去主持江浙地区的大局了。当曾国藩临行前向慈禧请示应该如何办理此案时，慈禧却故意回避，只是说："你到任后，要好好练兵！"

此前曾被怀疑"功高震主"的曾国藩，对慈禧的态度有点捉摸不透。为此，曾国藩召集他的幕僚赵烈文、薛福成、吴汝纶等人，进行了反复商讨。

尽管没有证据显示"刺马"案跟湘军和曾国藩有关，但慈禧显然是怀疑他们的，但恢复两江地区的稳定，没有曾国藩，又万万不能。

曾国藩好像也有自己的想法。

他故意缓缓南下。1870年十二月到达南京就任两江总督后，曾国藩还是故意拖延，不审理案件。一直等到两个月后的1871年二月，当钦差大臣郑敦谨抵达南京后，曾国藩才陪着他一起提审了张文祥。

## 8

后面的审讯，还真审出了一些新情况。

此时，张文祥又来了个新说法，说他刺杀马新贻，是想为国除害，因为他听说，马新贻勾结西北的回王，想对大清国不利。

作为一个小小的平民，张文祥竟然知道这么隐秘的事？大家当然不信。但张文祥也在无意中，说出了一个细节。

张文祥说，他一直在寻找机会刺杀马新贻。有一次，马新贻去一家法国天主教堂，张文祥就想冲上去杀他，结果突然被人拉了一把。只见一个30来岁的书生从背后一把拉住他，悄悄对他说，距离太远，护卫又多，还不是时候。

后来，这个书生又多次出现，不断与张文祥进行接触，并且出手阔绰，说只要能杀掉马新贻，花多少钱都没关系。而张文祥知道马新贻要去校场，也是来自这个神秘书生的提点。

张文祥说，本来平时老百姓是难以进入校场的，但刺杀马新贻那天，校场外面突然来了超多看热闹的人群，一下子冲掉了栅栏，涌进了校场，说要看士兵们操练。张文祥便跟着这股人群，混进了校场。士兵演练结束后，马新贻步行离开，"看热闹的群众"又汹涌向前，说要看看总督大人的风采。马新贻不以为然，也没有让士兵拦阻，没想到的是，张文祥就在这个时候，揣着匕首闯到了他面前，最终一举刺杀成功。

9

张文祥口中的海盗龙启云，以及这个神秘的书生，到底是谁？无人知晓。官员们似乎有所感悟，也不敢、不想知晓了。

但审了近八个月，案件究竟应该怎么定性呢？到了1871年三月，一直陪着钦差大臣郑敦谨审案，却绝少说话、提问的曾国藩，终于对郑敦谨说了一句："这案子，还是照着初审的意见办吧！"曾国藩的意思是，追查太细，对谁都没有好处。郑敦谨也心知肚明，无奈之下，他只得同意曾国藩高深莫测的"建议"，上奏慈禧说，张文祥刺杀马新贻，确实是受海盗指使，"挟私怨行刺"，并没有其他主使及同谋。

为了慈禧嘱咐的"大局"，郑敦谨选择了沉默。但他给张文祥的"凌迟处死"罪名，又加了一条，即要"摘心致祭"——就是说，凌迟处死张文祥后，还必须把他心脏挖出来，在马新贻坟前献祭。或许在郑敦谨看来，他能为马新贻做的，也就只有这些了。

但曾经受过马新贻知遇之恩、联合审理此案的官员孙衣言、袁保庆，却提出异议，指出应该用重刑审讯张文祥，否则如此结案，众人不服。对此郑敦谨说，张文祥是朝廷钦点彻查的要犯，如果因为用刑过重死了，那谁也担当不起这个责任。

最终，这一刺杀总督的大案，就这么上报了。接到结案报告后，慈禧没说什么，也没再追究，估计也不好彻查追究。或许在慈禧看来，为了清廷的维稳大局，很多事情，也只能到此为止了。

10

1871年十月，就在刺杀马新贻一年多后，张文祥最终被凌迟处死，并被挖出心脏，在马新贻坟前进行献祭。莫名其妙被杀的马新贻，则被清廷下令追加为太子太保，并入祀贤良祠；在马新贻的老家山东和他做官的江浙等地，朝廷还给他建了忠烈祠，可谓备极哀荣。与清廷的态度相对，部分湘军将领，则给被凌迟挖心的张文祥立了碑，许多湘军将士公开宣称，"张文祥真是个英雄"。

与此同时，一些经人授意的剧本，也开始在市面上流传开来。内容是说，马新贻在剿灭太平军和捻军的时候，与张文祥，还有太平军曹二虎等人是结拜兄弟。后来马新贻升为安徽布政使，竟然欺骗奸污了曹二虎的妻子，并诬陷曹二虎"串通捻军"，将其捕杀，而张文祥是为了替兄弟报仇，这才刺杀了马新贻。这个编造出来的剧情，后来还被编成了戏剧进行演唱。再后来，甚至拍成电影，这就是《投名状》的由来。

于是在民间，关于张文祥是个义勇好人，马新贻是个无耻淫贼的说法，开始广泛流传开来。对此，马新贻的六世孙马福建指出："马新贻作为一个封建时代的总督大吏，却没有三妻四妾，绝对称得上是个用情专一的好男人。当年，马新贻的妻子，甚至在马新贻遇刺身亡后，坠（吞）金自尽。"如果马新贻是个好色之徒，他的妻子愿意为他殉死吗？

由此可见，要彻底抹黑一个人，掌握舆论是多么重要。

## 11

在审结此案后，刑部尚书兼钦差大臣郑敦谨自此便闭门不出，对于曾国藩的所有邀请和送来的银子，郑敦谨都一概拒绝；后来，曾国藩去给他送行，郑敦谨也板着脸，头也不回就走了。

或许是感觉到有负此案，有负马新贻，作为钦差大臣的郑敦谨，甚至连北京都没有回。按照清朝律令，钦差大臣不回京复旨，是要问罪的，但郑敦谨却直接向慈禧打报告说，他生病了，不回去交旨了，并申请开缺，终生不再为官。

参与此案的刑部官员、郑敦谨的助手颜士璋，则在自己的《南行日记》中，记述了郑敦谨在南京办理"刺马案"的全部过程。颜士璋的曾孙颜牧皋说，《南行日记》中有记载说："刺马案与湘军有关。""刺马案背后有大人物主使。"

受过马新贻知遇之恩，后来曾担任安徽按察使的孙衣言，则在给马新贻的坟墓神道碑铭中写道：

贼悍且狡，非酷刑不能得实，而叛逆遗孽，刺杀我大臣……宜……用重典，使天下有所畏惧。而狱已具且结，衣言遂不书诺（孙衣言不相信结案陈词，不肯画押）。呜呼！衣言之所以奋其愚戆，为公力争，亦岂独为公一人也哉！

张文祥被处死后5个月，1872年三月，曾国藩最终在两江总督任上，突然病发去世。至此，这一被后世称为"刺马"的晚清重案，彻底落下帷幕。

那个慈禧派出的，想要清剿湘军势力的枪手和替死鬼——马新贻，究竟是怎么死的，已经没人关心了。

真相，难道很重要吗？

或许政治，本来，就没有真相。

## [ 历史档案 ]

马新贻（1821—1870 年），山东菏泽人，道光二十七年（1847 年）进士。

马新贻以进士出身，从安徽建平知县、合肥知县、安徽按察使、安徽布政使，一步步做到浙江巡抚、两江总督兼通商大臣等职。为人勤政能干，声誉颇佳，却因不幸卷入清朝皇族与汉人督抚之间的权力争斗，而于同治九年（1870 年）被刺客张文祥当场刺杀，史称"刺马案"，号称晚清四大奇案之首。

太平天国（1851—1864 年）之乱后，以曾国藩、李鸿章、左宗棠等人为首的汉人督抚和地方势力逐步崛起，极大威胁到了清朝的皇权和中央集权，为了削弱汉人督抚和地方势力，慈禧密令马新贻前往裁撤整治曾国藩遗留的湘军势力，最终在波诡云谲中不幸殒命。

下篇

帝国牛人录：
笔杆子、枪杆子、钱袋子

笔杆子：
中国文人的活法

# 王维：史上最著名"佛系诗人"，他的人生可以复制

天宝三载（744 年），正月，唐玄宗亲自倡导了一次盛大的饯别活动，规格之高，仪式之隆，人数之多，均属空前。

饯别的主角是写出"二月春风似剪刀"的贺知章。当时他已经是 85 岁高龄，因病恍惚，上疏请求告老还乡。玄宗同意了。

身在帝都的高官基本都参加了饯别活动，可谓大咖云集。

唐朝的规矩，你懂的。但凡送别，一定要作诗，或者折柳枝。于是，有 37 人当场写了送别诗，流传下来。连唐玄宗都写了。这跟我们现在搞欢送宴会，都要合影发朋友圈一个样，区别可能是格调有高低吧。

参加的人里面，有一个人很特别。他是一年多前，唐玄宗特意下诏征召进京的，当时是皇帝身边的红人。他与贺知章喝过酒，都是"酒中八仙"天团成员。

他叫李白。

而我今天要写的主角是王维。按照通行的说法，他与李白同岁，都出生于 701 年。

时年 43 岁的王维，并没有参加这场著名的饯别活动。

## 1

王维为什么缺席这次活动？

这是一个开放式的话题，没有标准答案，因为王维从未说过他为什么缺席。我们只能去找一种相对合理的解释。

很多人认为，王维缺席，是因为他躲起来了。一个山水田园诗人，跟这种热闹的氛围不搭。

这个解释看似最符合我们对王维的认识，其实是错的。

王维没有躲起来，他时任侍御史的从六品官职。官阶太低，没资格参加。

而李白获邀参加的两个要素，王维一个都不具备——他既不是唐玄宗的红人，跟贺知章也不曾来往。

有些人，有些事，错过就错过了。

贺知章返乡后，没多久就过世了，王维再无缘与这名旷达、好酒的老诗人相识。

更大的遗憾是，盛唐诗坛的两个大咖，李白与王维，彼此错过，终其一生，未曾晤面，互不相识。

他们都曾在相同的时间待在相同的城市，都有一些共同的朋友，他们肯定都知道对方的名字，但是，他们的生命与诗均没有交集。

## 2

有些学者说，李、王二人不相识，是李白看不起王维，不屑认识这个人。

这个理由，确实道出了两人的性格差异，一个狂放不羁，藐视一切，一个谨小慎微，服从流俗。个性张扬的人，往往会把内敛平和的人看得一无是处。

但从现存的诗作来看，两人应该在暗暗较劲。

比如，都写思念，一个写"床前明月光，疑是地上霜。举头望明月，低头思故乡"，一个写"红豆生南国，春来发几枝。愿君多采撷，此物最相思"。

都写送别，一个写"故人西辞黄鹤楼，烟花三月下扬州。孤帆远影碧空尽，唯见长江天际流"，一个写"渭城朝雨浥轻尘，客舍青青柳色新。劝君更尽一杯酒，西出阳关无故人"。

都是唐诗细分类别的扛把子之作，几乎难分伯仲。

现在，李白的诗名比王维盛，但他们的同时代人殷璠则认为，王维与王昌龄、储光羲才是开元、天宝诗坛的代表人物。

即便到了后世，说唐诗，李、杜以下，一定要说到王维，而且很多人私底下更喜欢文人味十足的王维。不仅因为他的诗，最关键是他的为人更符合大众审美——他的个性与经历不难模仿，但李、杜的就很难。

比起李、杜单纯以诗人身份扬名，王维的才艺也更为全面，在古代文人所能精通的领域，他都玩得很溜，耍出了新高度。他的书画、音乐与禅理，几乎跟他的诗一样出名。这样的全能型选手，恐怕只有后来的苏轼能跟他拼一下了。

## 3

不过，在后世读者的眼里，贴在王维身上最主要的标签还是山水田园诗人。

孟浩然是王维的朋友。开元十七年（729 年），孟浩然到长安考进士，没考上，做了一年北漂，看不到出路，遂在冬天来临的时候南下，返回襄阳。走前，给王维写了一首诗：

> 寂寂竟何待，朝朝空自归。
>
> 欲寻芳草去，惜与故人违。
>
> 当路谁相假，知音世所稀。
>
> 只应守寂寞，还掩故园扉。

诗中充满了怨愤和牢骚，一会儿说当权者没一个肯提携他，一会儿说世上知音太难觅。这么痛的倾诉，显然没有把王维当外人。

王维回赠了他一首诗：

> 杜门不复出，久与世情疏。
>
> 以此为良策，劝君归旧庐。
>
> 醉歌田舍酒，笑读古人书。
>
> 好是一生事，无劳献子虚。

全诗都在鼓励和安慰孟浩然，劝他回乡隐居，没必要辛辛苦苦跑到帝都献赋求官，就差说出"不要像我一样苦"。

其中，有多少王维自己的心声代言，有多少他自己渴望而不能及的隐居梦想，赠诗的人和受赠的人何尝不清楚？

王、孟这两个当朝最著名的山水田园诗人，恰是最矛盾、最纠结的两个人。也许，只有他们理解彼此的痛苦。

简单说来，王维一生都在做官，却拼命想归隐田园；而孟浩然一生归隐田园，却拼命想做官。

　　王维大半辈子的仕途很不顺遂，孟浩然却比王维还坎坷。可以说，王维是被生活逼着做官，孟浩然则被倒霉气儿逼着归隐，连做官的机会都没有。

　　这次分别后 12 年，王维经过襄阳的时候，老友已经过世。他的伤心，化成了《哭孟浩然》：

　　　故人不可见，汉水日东流。

　　　借问襄阳老，江山空蔡州。

## 4

　　王维是个才气逼人的人，17 岁就写出了《九月九日忆山东兄弟》这样的教科书级别的名诗。

　　但他的性格远远配不上他的才气。

　　一般来说，才气爆棚的人都有睥睨一切的自信和自负，比如李白。王维不一样，用现在的话说，他是一个很丧的才子。一生软弱无力，谨小慎微，与世无争，却又不甘放弃，不敢对抗。

　　他被称为"诗佛"，倒很贴切。这就是个佛系诗人嘛，都行，可以，没关系。

　　这种性格的养成，与他的家庭环境不无关系。他是家中长子，童年的时候，父亲就过世了，遗下几个弟妹，很早就需要他担起家族重担。

　　15 岁，他带着小一岁的弟弟王缙到帝都闯荡，凭借一身才华，很快成为京城王公贵族的宠儿。岐王李范，李隆基的弟弟，一个热心的文艺赞助人，很欣赏王维。

　　唐代科举制，试卷上不糊名，主考官不仅评阅试卷，主要还参考考生平日的诗文和声誉来决定弃取。所以，准备应试的士人提前结交、干谒名人显贵，向他们投献作品，争取他们的推荐和奖誉，是当时一种相当普遍的社会风气。

　　王维不能免俗。据说正是岐王的推荐，王维 21 岁就中了进士。

　　这时的王维意气风发，颇有功名事业心，不过很快就被现实痛击成了佛系青年。

## 5

　　王维刚做官没几个月，人生遭遇了一次暴击，在太乐丞任上被贬出京城。

　　事情源于一次有僭越嫌疑的舞黄狮子活动。

史载，王维在别人的唆使下，让属下的伶人舞黄狮子。黄狮子当时是一种"御舞"，非天子不舞。

结果，王维和他的上级、太乐令刘贶 [kuàng] 都遭到严重处理。刘贶的父亲刘知几替儿子求情，也遭到了贬谪。

王维被贬为济州司仓参军。更为致命的是，这次事件使得王维被唐玄宗列入了黑名单。整个玄宗朝，王维的官运都很黑，这几乎摧毁了他在官场上的所有信心。

唐玄宗为何下手这么重？

根据陈铁民等学者的分析，这跟唐玄宗与诸王的权力斗争有关，王维可能在自己不知情的情况下做了政治牺牲品。

唐玄宗为了巩固皇权与皇位，担心他的兄弟们形成有威胁的势力，颁令"禁约诸王"，不使与群臣交结。王维出仕之前就是岐王、薛王等诸王的座上宾，又犯了黄狮子案，刚好戳到唐玄宗的隐痛，于是此后都得不到这个皇帝的好感。

承受着与理想渐行渐远的苦楚，王维离开了长安。

他不知道的是，这只是他波折人生的序幕。

## 6

在此后的 20 多年间，王维基本是帝国政坛的一个零余人。他长期在诗中自称"微官"，真不是自谦，是事实。

尽管在张九龄当宰相期间，他膜拜张的人品，跟张写诗"跑官"，得了个右拾遗的官职，很是振奋了一段时间。但随着李林甫的上台，张九龄的被贬，把他的这点光芒也扑灭了。

他是一个心中有是非，但不敢公开对抗的人。开元二十五年（737 年），张九龄被挤出朝廷，王维还给张写诗，倾诉知遇之恩。

与此同时，李林甫把持朝政的十几年间，王维仍做着他那可有可无的"微官"。他并非没有擢升的机会，李林甫的亲信苑咸曾言及王维久未升迁，言外之意，王维如果有意向，他可以帮忙操作。

不过，王维以一种相当委婉的方式拒绝了。他在回赠苑咸的诗里说："仙郎有意怜同舍，丞相无私断扫门。"表面是称颂李林甫大公无私，禁绝走后门，实质是表明他与李不是一路人，不屑去蹚浑水。

这件事，可以看出王维的底线。

然而，他既然不屑李林甫的所作所为，为什么不干脆辞官呢？

## 7

是啊，王维不是一直向往田园生活吗，为什么不学陶渊明辞官归隐呢？

开元十五年（727 年），王维在结束了济州的五年贬谪生活之后，到了淇上当小官。此时，才 26 岁的他已萌生了归隐心志。

经过一番衡量，他认定陶渊明的活法并不可行。

说到底，父亲早逝，长子代父，他不忍推诿全家生计的重负。他在诗中说，"小妹日长成，兄弟未有娶。家贫禄既薄，储蓄非有素"，所以"几回欲奋飞，踟蹰复相顾"，不敢抛开这个包袱，自己一个人逍遥去隐居。

他还批评陶渊明，认为陶不为五斗米折腰，是成全了自己的勇气与尊严，却把眷属带入了生活极度清苦的境地，实际上是一种纯粹为己、不负责任的自私行为。

因此，即便深深感受到吃朝廷这碗饭吃得很辛苦、很痛苦，王维也不敢效仿陶渊明的活法，拂袖而去。

他很现实地明白，隐居是要花钱的，为了隐居得起，他不得不为官。

中年之后，他已无意仕途，纯粹为了俸禄和家族责任而在官场待着。身在朝廷，心在田园，过起了时人称为"吏隐"，即半官半隐、亦官亦隐的生活。

对他来说，这是一种退而求其次的选择。

生活不仅有田园与诗，还有眼前的苟且。

## 8

紧接着，命运跟王维开了个大大的玩笑。在他人生最苟且的时候，突然迎来了最戏剧性的转折。

安史之乱期间，王维未能逃离长安城，被乱军俘虏到了洛阳。一番威逼之下，他出任了安禄山授予的伪职。

唐军收复两京后，新帝唐肃宗对投降安禄山并接受其伪职的官员，进行逐一处理。王维作为典型的"陷贼官"，本应处死，却出乎意料地被唐肃宗免了罪罚，而且还升了官。

《旧唐书》对此的解释是，王维在出任伪职期间写了一首诗，表明他对李唐的忠心，唐肃宗读到后对其产生原谅心理；此外，他的弟弟王缙请求削去自己刑部侍郎的职务，为哥哥赎罪，所以王维最终得到了宽宥处理。

这时，一直很敬重王维的杜甫，也站出来写诗为王维辩护，赞扬他忠于唐室，能守节操。

关键时刻，是诗和弟弟救了他。

然后，他在仕途上竟然转运了，做到了尚书右丞，正四品下阶。这是他一生所任的最高官职了。

越是官运亨通，他越是不能心安。他无数次进行自我反省，开展自我批评，批评自己一生的软弱，痛恨自己出任伪职的经历，说"没于逆贼，不能杀身，负国偷生，以至今日"。许多话都说得极其沉痛。

这个时候，官位依然不是他热衷的东西，归隐之心更重了，佛教成了他最大的精神寄托。《旧唐书》说他"晚年长斋，不衣文采……退朝之后，焚香独坐，以禅诵为事"。

61岁那年，王维逝世。临终之际，弟弟王缙不在身边，他要了一支笔给弟弟写了告别信，又与平生亲故作告别书数幅，敦厉朋友们奉佛修心。写完了，舍笔而绝。

到唐代宗时，王缙应代宗的要求，进呈了哥哥的诗文集。代宗做了批示，肯定王维是"天下文宗"，诗名冠代，名高希代。

王维的诗名，在他死后达到了巅峰。

唐代宗还说，他想起很小的时候，在诸王的府上听过王维的乐章。

## 9

讲完王维的一生，我想起两个人。

一个是我原来的邻居陈叔，他是我老家区政府的公务员，到退休也就是政府办的副主任。他没有什么爱好，一下班就躲在自家书房练他的草书。

另一个是我的大学同学李谅，他是一个二线城市工商局的公务员，上班写材料，下班写现代诗。在他生活的城市里，他的诗友们无从想象他的职业，他在读诗会上的慷慨激昂，让很多人无法适应他手中的保温杯。

王维若生活在当代，他可能就过着陈叔或李谅的日常生活。他身上的烟火气太重了，尽管他有一颗不死的归隐的心，但他表现出来的，永远是那么接地气，小心翼翼扮演好他的社会角色。

他会用他做官的正当收入，购买和经营辋川山庄，给自己一处逃避现实的临时处所。在公余闲暇或休假期间，他回到辋川，沉溺于田园山水之中，写"月出惊山鸟，时鸣春涧中"，写"山路元无雨，空翠湿人衣"。这才感觉舒服得不得了。

尘世被过滤掉之后，他把灵魂释放出来。

除了无可匹敌的才华，王维这样的人在历史上并不讨好。他没有李白的敢爱敢恨，也没有杜甫的忧国忧民，他有自己的小世界，却不敢全身心投入。

他受到的羁绊，他做出的选择，提供了一种温润平和的过日子模式。大部分人无法决绝地脱离社会，隐遁起来，也无法在社会中不计底线，混成人精，因此王维的存在，丰富了中国人人生道路选择的可能性。

找到属于自己的一片心灵园地，只问耕耘，不问收获，人生会感觉不一样的。

## [历史档案]

王维（701—761年），字摩诘，河东蒲州（今山西运城）人。唐朝著名诗人、画家。因笃信佛教，被称为"诗佛"。

王维于开元十九年（731年）状元及第。历官右拾遗、监察御史、河西节度使判官、吏部郎中、给事中。安禄山攻陷长安时，王维被迫受伪职。长安收复后，得到宽宥。唐肃宗乾元年间任尚书右丞，故世称"王右丞"。

王维才华早显，既是诗匠，又精禅理，诗、书、画、音乐等俱佳。诗尤长五言，多咏山水田园，与孟浩然合称"王孟"。存诗400余首，著作有《王右丞集》等。

# 白居易：被一桩谋杀案改变的人生

## 1

唐代自安史之乱后，地方割据势力越来越根深蒂固，形成了一股强大的力量，与中央相对抗。不仅政令时常不出中央，连皇帝有时也不得不到外地避难。

唐宪宗李纯有心加强中央集权，削弱藩镇势力。主张用武力平定地方割据势力的宰相武元衡，力推朝廷拿盘踞在淮蔡的节度使吴元济开刀。

此时，势力范围毗连吴元济的淄青平卢节度使李师道，感觉到有些不妙。尽管朝廷一直对他的拥兵自重采取绥靖政策，但此刻朝廷用兵讨伐吴元济，难免让他有唇亡齿寒之忧。

李师道的地盘，是当时占地最广、势力最大的一个藩镇。别的节度使需要邀宠固位，通过讨好中央来巩固个人势力，但李师道不用这一套。

他的地盘包括了 12 个州，并占有今天山东沿海一带，得尽渔盐之利，有人口300 多万。这个独立王国自李师道的祖父、父亲、兄长，传到李师道已经历三代四世，堪称根基牢固。他们擅地自专，文武官员向来都是自己任命，也从不向朝廷上交贡赋。

说白了，不知中央为何物。

越是习惯土皇帝的日子，就越害怕改变现状。李师道敏锐地感觉到朝廷中有一丝不同往日的氛围。

宰相武元衡是积极主战派，主张用兵讨平叛乱，不能姑息养奸。御史中丞裴度受命到前方视察，向皇帝汇报情况时，也主张对藩镇用兵。这两人深得唐宪宗的信任。

李师道感觉，应该做点什么来阻止中央强硬派的抬头。

元和十年（815 年），六月三日凌晨，有刺客潜入京城，杀死了武元衡，击伤了裴度。刺客还在现场留下纸条，上面写着："毋急捕我，我先杀汝！"

谁敢抓我，我就灭谁。气焰十分嚣张。

这起罕见的恶性政治事件引起京城大骇，朝野震动。

而其幕后指使者正是李师道，是地方割据势力企图以卑劣的暗杀手段阻挠中央武力削藩的决心。

事情发生后，朝臣们大为惊恐，纷纷给自己找保镖。保命要紧。

对这起"国辱臣死"的重大谋刺事件，反倒不见有人站出来追查和讨伐。

## 2

白居易，一名闲官，此时不合时宜地站了出来。结果，原先缄默的朝臣们也都站了出来，不是跟着他呼吁早日缉捕凶犯，而是呼喊着要拿白居易问罪。

这是怎么一回事？

我先给大家简单介绍一下白居易。这一年，白居易 43 岁，人到盛年。他母亲四年前去世，所以他刚丁母忧服满后补官不久。

由于朝中没有人援引，他只是得了个闲官——太子左赞善大夫，即所谓"宫官"，太子宫内的官，不管实际政治上的事。

在母丧之前，他曾任翰林学士、左拾遗，是皇帝的近臣。向皇帝提建议，是他的工作，也是他的习惯。

他的祖父和父亲都做过官，所以他也算出身官宦之家。但在唐代，除贵族和高品官外，官员并不能给后代很多庇荫，其家庭的经济状况和社会地位也会有很大的升降变化。

在父亲去世后一段时间，白家的经济状况就一度陷入窘境，当时家在符离（今属安徽），因遭遇江淮水灾，白居易不得不往长兄白幼文任职的浮梁索米求救。

家贫多故，衣食维艰，前程如梦。可以说，白居易的青少年时期过得还是相当愁苦的。

他后来追认北齐五兵尚书白建为自己的近祖，实际上是瞎编的。目的是在注重门阀的时代，以此自高其种姓与门第。但他如此在意自己的出身，不惜附会世系，杜撰郡望，可能也与青少年时期作为寒族子弟的不愉快经历有关。

只有在科举路上顺风顺水的时候，白居易才会不无自得地强调，他完全没有背景，没有人脉，全靠实力取得成功。

多年后，他在给好基友元稹的书信中，回忆当年为考进士到底有多拼，白天和黑夜都在读书，废寝忘食，以至于内分泌失调，口舌生疮，皮肤无光泽，年纪轻轻就齿发衰白。

命运总会眷顾拼命的人。

唐代考进士很难，有句俗话叫"三十老明经，五十少进士"。29 岁，白居易就考中了进士。这是相当了得的成就，以至于他一度自夸"十七人中最少年"，在同时考中进士的 17 人里面，他最年轻。

此后，他的考霸地位不可撼动。用他自己的话说，叫"三登科第"，顺利得到官职——秘书省校书郎。经历多年的困顿漂泊后，终于在京都定居下来。

## 3

宰相武元衡被刺后，白居易不顾自己东宫官的身份，第一个站出来上书言事，亟请捕贼雪耻。

后来，他解释自己为什么要站出来，说：国辱臣死，这样前所未有的事，就算职位再卑微，也不当默默，而应倍感痛愤。

其实，早在六年前，白居易就对包藏祸心的李师道有过看不过眼的事。当时，李师道奏请用私人钱财收赎太宗朝名臣魏徵的旧宅，以此为自己树立形象，捞取政治资本。唐宪宗未能识破李师道的用心，宣称"甚合朕心"，并让时为翰林学士的白居易撰写《与师道诏》。

白居易则借写诏书的机会，表达了他的意见。他说，魏徵是先朝忠臣，其宅第是唐太宗特赐，李师道是什么人，竟有资格收赎魏徵旧宅？他建议，收赎魏徵旧宅这件事，不能让李师道参与，而要中央以官钱收赎，归还魏徵后人，以表彰忠臣。

史书记载，白居易的意见最终被采纳。这才避免了世代叛逆的李师道，出钱为忠臣魏徵的后裔济穷这么讽刺的事情发生。

然而，这次面对李师道指使的刺杀宰相案，朝臣们的所作所为却远远出乎白居易的意料：他们对刺杀案"默默"，对白居易的仗义多事却相当"痛愤"。

他们安在白居易身上的第一个罪名是，宫官不当先谏官言事。就是说，谏官没讲话，他却先讲，不应该。

这基本是一条莫须有的罪名。白居易后来申辩说："朝廷有非常之事，即日独进封章，谓之忠，谓之愤，亦无愧矣！谓之妄，谓之狂，又敢逃乎？"

意思是，我自认所作所为出于忠愤，你们说我狂妄，那也无所谓，但要以此给我加罪名，确实就过火了。

然后，平素憎恶白居易的人，拿他四年前刚去世的母亲做文章，给了他另一条罪名：伤名教。

这些权贵诬陷"其母因看花堕井而死，而居易作《赏花》及《新井》诗，甚伤名教"。

名教，即是以忠孝为核心的封建礼教。这种恶毒的毁谤，正在于构陷白居易犯了有悖人伦的"不孝"的大罪。

白居易的母亲可能患有精神分裂症，确实是堕井而死。不过，白居易对母亲十分孝顺。他当年高中进士后，未参加完长安城的一系列庆祝仪式，就赶着回家，为了将好消息第一时间告诉母亲。

权贵的中伤，使得白居易有口难辩，悲愤莫名。

最终，白居易遭到贬官。先是叫他去做长江以南边远地区的刺史，接着，一个叫王涯的中书舍人落井下石，说白居易的罪太大，不宜作一州之长，于是追回前诏，改作了江州司马。

## 4

这次遭贬谪的经历，几乎完全改变了白居易的人生走向。

在谪迁中，他常常以"忠而被谤"的屈原、"明时见弃"的贾谊自况，可见其承受的冤抑与忧愤是何等深重。

那么，朝中权贵为什么要集体为难白居易呢？

这得从他从政后犀利的政治态度说起。

经由科举进入仕途的白居易，起初是幸运的。他以卓越的文学才能蜚声朝野，很快就被擢居皇帝近职，能够以左拾遗和翰林学士的双重身份参与朝政。

唐宪宗一开始对他很是赏识和信任。他提出的一些刷新政治的举措，也得到了采纳。

他干预时政的手段，除了谏章、廷议之外，还有大量的政治讽喻诗。

或许，正是这些讽喻诗，使得白居易四面树敌。他后来在给元稹的信里说："闻《秦中吟》者，则权豪贵近者相目而变色矣。闻《登乐游园》寄足下诗，则执政柄者扼腕矣。闻《宿紫阁村》诗，则握军要者切齿矣……其不我非者，举世不过三两人。"

这些讽喻诗太犀利了，几乎把权贵朝臣都得罪光了。

人家写诗，多的是风花雪月，而白居易却写成了匕首投枪。终于，他也为自己的不为身谋、不识忌讳、勇于言事，赌上了政治前途。

那些曾被他指名道姓公开抨击，或曾以某种类型的恶德出现在他诗中的政敌们，逮住机会，联合起来，让白居易有多远滚多远。

官场险恶，人过40的白居易才算第一次深深地领教到。

更让他绝望的是，明知官场险恶无理，没有背景的人却永远无能为力。

他的思想，在经历此次贬谪后，急遽从"兼济天下"转向"独善其身"。他在诗中，写尽了这种无奈而现实的转变："宦途自此心长别，世事从今口不言"，"面上灭除忧喜色，胸中消尽是非心"……带有浓厚的明哲保身的色彩，跟他先前犀利的讽喻诗相比，感觉像是两个人写的。

于是，积极干预现实的讽喻诗逐渐写得少了，释愤抒怀、怡情适性的感伤诗，特别是闲适诗日渐成为白居易诗歌创作的主流。

是的，人家赏识你，是希望你的歌唱得跟夜莺一样动听，不是希望你来充当饶舌的啄木鸟。

当白居易意识到这一点的时候，他完全变成了另一个人。

此后，尽管他重新得到起用，三任刺史，两度回朝担任要职。但是，他平淡处之，绝不恋栈，甚至辞去刑部侍郎这个炙手可热的位置，主动提出分司东都，即到洛阳做一个没有实权的养老官。

学术界通常把元和十年的江州之贬，作为白居易从前期的积极用世"兼济天下"转向后期的知足自保"独善其身"的分界线。这是极有道理的。

## 5

我每次读白居易的传记，时常替他感到惋惜：一个奋进有为的中青年干部，怎么就慢慢变成了一个闲适无为的老干部？

在唐代诗人排行榜前三甲中，白居易是最有从政条件和能力的一个。

正如许多学者所论，李白有巨大的政治抱负和文学才华，但不谙封建体制之规则，且志傲性绝，无法适应统治集团的运行规则；杜甫同样具有"致君尧舜上，再使风俗淳"的理想，且有奉儒守官的家世背景，但性情敦厚，"好论天下大事，高而不切"。白居易的政治理想和识器，跟李杜很接近，而政治能力高出李杜一大截。

按照正常的路径设计，白居易应当属于政治，属于朝廷，完全有条件以匡时济世为终生职志。

但是，江州之贬后，他逐步修正自己的人生轨道，在政治上几乎自暴自弃，不像早年那么勇于任事，敢于直言，自觉地与朝政保持心理距离和空间距离，实施一种自保全身的策略。

后人评价，说他"晚年优游分司，有林泉声伎之奉，尝自叙其乐，谓本之于省分知足，济之以家给身闲，文之以觞咏弦歌，饰之以山水风月"。基本上，就是一个有钱有闲、整日作乐的老干部形象了。

唐文宗太和三年（829 年），57 岁的白居易写了一首名叫《中隐》的诗，里面有句子：

> 大隐住朝市，小隐入丘樊。
>
> 丘樊太冷落，朝市太嚣喧。
>
> 不如作中隐，隐在留司官。
>
> 似出复似处，非忙亦非闲。
>
> 不劳心与力，又免饥与寒。
>
> 终岁无公事，随月有俸钱。
>
> ……
>
> 人生处一世，其道难两全。
>
> 贱即苦冻馁，贵则多忧患。
>
> 唯此中隐士，致身吉且安。

诗中所申述的，是坦诚得近乎露骨的贵族阶层的生存哲学。这种生存哲学，为官而不太作为，圆融而近于圆滑。

初读这首诗，我对晚年白居易还是挺不屑的。

你有本事直接学陶渊明辞官归隐，不然就学屈原抗争到底，搞这种中庸的路线，深得传统文化的毒害，跟当年那个犀利的中青年干部已经形同陌生人了。如果晚年白居易遇上青年白居易，他会不会一点儿也认不出来了？

但是，随着对白居易身处时代的政治环境的进一步了解，我最终对白居易的人生选择有了不一样的看法。

他曾经努力过，试图改变命运，改变社会，改变政治，但他失败了。

他曾经踌躇满志，发起新乐府运动，希望改变一切不合理的现状，但他失败了。

他在失败中认识到，那个年代，固化板结的政治局面，包括党争倾轧、宦官专权、藩镇割据，这些都不是他一个白居易能够改变的。

白居易的失败与退化，实际上不应当认为是他的错误，而是时代的错误。

一个人当然要奋进拼搏，但能否有大作为，还要考虑历史的进程。当时的历史进程，显然不适合白居易这样的人有大作为。

他晚年炫耀家妓，沉溺声色，被认为"忆妓多于忆民"，也不应被简单鞭挞为"好色无良文人"。毕竟，那个年代，文人狎妓，是风流而不是下流，不能用今天的眼光去评判古人的世界。更何况，他的纵情声色，也是出于逃避政治的需要。

一个人在从政的道路上，可以有所选择。可以选择做好官，可以选择做坏官。可以选择不畏权势、洁身自好，可以选择卑身屈节、同流合污。白居易始终没有选择后者，无疑是一个正直的文人士大夫。在当时的官场上，像他这样超脱不站队的选择，同样需要莫大的勇气。

白居易死于会昌六年（846年），享年75岁。死前一年，他对自己晚年风情不减、尽日游嬉有过反思，说"事事皆过分，时时自问身"。

那个时候，老诗人应该会想起，他刚步入仕途，在京城租下宰相关播住过的宅子。宅子的东南角有一丛竹子，是当年关播手植，经过白居易重新修剪打理，形成了一片清幽的环境。随后，他写了一段文情并茂的文字《养竹记》：

竹似贤，何哉？竹本固，固以树德，君子见其本，则思善建不拔者。竹性直，直以立身，君子见其性，则思中立不倚者。竹心空，空以体道，君子见其心，则思应虚受者。竹节贞，贞以立志，君子见其节，则思砥砺名行，夷险一致者。夫如是，故君子人多树为庭实焉。

竹子，也是初入仕途的白居易的一种自况。

终其一生，尽管他有过后悔，有过失败，有过转折，有过颓废，但他可以说，无论身处顺境还是逆境，都做到了中立不倚，节概凛然，就像竹子的品质一样。

这，或许才是白居易最可贵的地方。

## [历史档案]

白居易（772—846 年），字乐天，号香山居士，祖籍山西太原，到其曾祖父时迁居下邽，生于河南新郑。

白居易是唐代三大诗人之一。与元稹共同倡导新乐府运动，世称"元白"。其诗歌题材广泛，形式多样，语言平易通俗，有"诗魔"和"诗王"之称。官至翰林学士、左赞善大夫。有《白氏长庆集》传世，代表诗作有《长恨歌》《卖炭翁》《琵琶行》等。

## 陆游：他的诗你肯定背过，他的苦你未必理解

### 1

一个伟大的人物，身体和灵魂总有一个在受难，或者两个都在受难。

苏轼给我们的印象很乐天，很豁达，那是他用有趣的灵魂去对冲身体的苦难，硬把悲情的人生活成了段子。

有比较，才知道陆游比苏轼惨得多。他的身体和灵魂都很苦。苏轼——一个坐过牢的人，都没他苦。

苦到什么程度？

就说科举吧。陆游考了很多次，很多次都不行。总体上看，不是能力不行，是运气不行。

不是朝廷突然改变考试范围，从诗赋转向经术，就是他父亲在"不恰当"的时候去世，使得他准备了四五年无法应试。

最接近成功的一次，他考了个头名。倒霉的是，秦桧的孙子也参加了那场考试，还发誓要拿头名。然后，复试的时候就没陆游什么事了。

踏上仕途后，他大半生也是被闲置的。

官做不大倒罢了，还动不动因言获罪，时不时被弹劾，经常性卷铺盖回乡下。

朝廷不给他机会上前线抗金，那他就谏言让有能力的人领兵出征。结果，他的官职直接被撸掉，罪名是妄议朝政，有不臣之心。

人一倒霉，多喝两口都会丢官。52岁那年，他刚被重新起用没多久，就因其他官员举报他工作期间爱喝酒、态度不积极（燕饮颓放），只好回家喝个够了。

人生稍微得意的时光，陆游也不是没有，只是短暂到可以忽略。一般人的人生经

历是起起落落，呈波浪曲线，而陆游的人生是，起落落落落落……

他最美好的职业经历，是应四川宣抚使王炎之邀到南郑去做幕僚，经历了一生中唯一一次军旅生涯。

但仅仅几个月，王炎被弄走后，陆游无奈回撤。铁马金戈化成了一首诗：

衣上征尘杂酒痕，远游无处不消魂。
此身合是诗人未？细雨骑驴过剑门。

他的理想是做将军，做战士，生活非把他逼成了一个诗人。

从此，那些"铁马秋风大散关"的生活只有在梦中做做，在酒里找找了。

幸运的人千篇一律，不幸的人万里挑一。陆游，这是在说你啊。

## 2

人生是一张茶几，上面摆满了杯具。这句话也是为陆游量身定制的。

但是，他为什么就这么苦呢？

这里面有个性的因素。性格决定命运，比如苏轼，他的人生弹性很大，生活的拳头打在他身上，就跟打在美味的东坡肉上面一样，软糯可口。而陆游不一样，他总体上是一个严肃认真、苦大仇深的人，难得写一下爱情诗，也是苦得很。生活给他一拳，就像打在铁上，彼此都很疼。

但也有时代的因素。

每个人都是时代的镜子，你身处时代中不觉得它对你的影响有多大，但跳出来就照得一清二楚。

陆游所处的时代，国家存亡的紧张感，是苏轼那个年代的人无法体会的。中原正统与偏安一隅的强烈落差，无疑会反映到每个人的心性中，只要他是一个家国观念强烈的人，肯定会感到苦痛。而且终其一生，随着国家的沉沦，这种苦痛不仅无法解脱，还会持续加剧。

我们读晚清史，心里都会憋屈难受。陆游就是在类似晚清的年代里，一个活生生的人，一个有大局观的人，他倒是想豁达，问题是豁达得起来吗？

不心塞至死，就算豁达了。

真的，陆游活到了 84 岁，超过世界最长寿国家日本目前的人均寿命。这简直是奇迹。

他一生熬死了多少仇人，就是等不来国家的崛起。人家都说他，长命而短运。倒霉透顶。

你看他死前给儿子的诗：

死去元知万事空，但悲不见九州同。
王师北定中原日，家祭无忘告乃翁。

都会背吧？这就是上教科书的作用啊，哪天万一真从教科书里删了，我们的孩子就无法感受 800 年前这位老人家的悲哀与情怀，无法构建共同的历史记忆了。

## 3

有些人的苦难是没得选，有些人则是出于信念。

陆游属于后者。

他明明可以选择更舒服的活法，但他不愿，更不屑。

南宋的官场，没有左派和右派，但有主战派和主和派。主战的声音大，但多数时候，主和的权势高。

哪怕心里有过一丝政治投机的念头，陆游的选择或许就会不一样，仕途肯定会完全改变。

比如，秦桧权势最炽热的时候，跟随他高喊几句"和平万岁"的口号，得到官职与升迁的机会就会大得多。陆游有一个老同事，就因为弹劾过 20 多位主战派，连连升官，做到了谏议大夫。

这无疑也是一种活法，却是陆游最不屑的活法。

秦桧当年在关键时刻排挤、打击陆游，不仅仅是要为孙子秦埙 [xūn] 争个状元，主要原因是在于陆游喜欢发表"恢复中原"的意见。明知与权相的政见相左，仍然高声表达出来，能有什么好果子吃呢？

陆游就是这样真实的一个人，即便他再渴望做官获得重用，实践他的匡时救国理念，他也不能背叛或出卖他的根本立场。

日常生活中，陆游的人缘很不错，这得益于他为人的宽厚。秦桧倒台后，秦家后人的日子并不好过，包括夺了陆游状元的秦埙，生活一度也很潦倒。陆游有次路过南京，专门去看望秦埙，并不记恨当年仇。

但他始终有一条底线，不拿原则换权位。用现在的话说，油腻的事，不干。

宋孝宗曾问，当今诗人中，有李白这样的大咖吗？左丞相周必大说，有啊有啊，他叫陆游。

皇帝由此格外欣赏陆游的诗文，曾当面夸奖他，说爱卿笔力甚劲，非他人所及。

哪怕心里有过一丝向现实妥协的念头，陆游就会立马领会皇帝的意思——圣上虽然不喜欢北伐，但他喜欢我的才华呀。

如果你是陆游，你会怎么选择？

我想，我要是陆游，我就是专门开个公号，只给皇帝一个人写诗，小日子也可以过得很滋润啊。我不作恶，不趁势附和皇帝，不攻击异见分子，不就行了吗？

人家陆游是怎么选择的？他嘴上虽然不说，但心里很诚实——皇帝欣赏我的诗文，我不稀罕，他要采纳我的救国主张，我才稀罕呢。

苦难与黑暗，给了他一颗强大的内心。

## 4

然而，这么自甘受苦的一个人，却总有人说他在装相。

从陆游在世的时候起，直至今天，在对他的评价上，一直存在两个对立的维度。

一个说他是爱国诗人。钱钟书有段话说得很好，虽然他可能是在反讽陆游，但不妨用在这里：

"他不但写爱国、忧国的情绪，并且声明救国、卫国的胆量和决心……爱国情绪饱和在陆游的整个生命里，洋溢在他的全部作品里。他看到一幅画马，碰见几朵鲜花，听了一声雁唳，喝几杯酒，写几行草书，都会惹起报国仇、雪国耻的心事，血液沸腾起来，而且这股热潮冲出了他的白天清醒生活的边界，还泛滥到他的梦境里去。"

另一个是说他成天在诗里吹牛，空谈爱国，只是为了博个好名声，堪称爱国贼。

与陆游同时代的宰相汤思退，政治主张跟他的名字一样，天天想着对金国让步议和。他曾经上奏说："群臣皆以利害不切于己、大言误国以邀美名，宗社之重，岂同戏剧？"这是在骂陆游这样的主战派。

清代史学大师赵翼讥笑陆游"十诗九灭虏，一代书生豪"，意思是陆游只能天天在诗里意淫吊打侵略者。他做过一个假设，说开禧北伐那年，陆游要是年轻十岁，肯定会上战场，然后成为"带汁诸葛亮"。

"带汁诸葛亮"讽刺那些才干自比诸葛亮，但一上战场就落泪而逃的人。赵翼认为，陆游就是这样的人。

钱钟书对赵翼的看法照单全收，说陆游整天激情澎湃，鼓吹爱国，不过是在打官腔。还说陆游爱国诗中"功名之念，胜于君国之思"，意思是爱名胜过爱国。

这样的声音当下尤其盛行，流毒之下，就连我一些教书育人的朋友，也会这么看陆游。

# 5

这些人嘲笑陆游的理由很简单。用一句流行的怼人的话就能概括：你行你上啊，不行别乱说。

好像你灭不了敌国，就连爱国的权利都没有了。

好像除了打过仗的军人，其他人的爱国都是虚伪的。

我不知道陆游再世，会怎么跟这些人互怼。或许以他的性格，他根本就懒得搭理他们，有这个时间不如再写两首爱国诗呢。

宋金对立的形势下，发动北伐确实需要衡量很多现实问题：该不该打？为什么打？为什么不能打？为什么打不过？

韩侂 [tuō] 胄开禧北伐失败，结果搭上了性命，连类别都成了"奸臣"。似乎就是主和派对主战派的教训，让你们天天喊爱国，就这下场。

陆游的悲剧更深一层，他并不想做个空谈家，但朝廷不给他机会上战场，逼得他只好做空谈家。

他的意义，就是以他的悲剧告诉时代，告诉历史——面对强敌压境，举国噤若寒蝉，举国歌舞升平，没有忧患意识，没有阳刚之气，这个国家大概没什么希望吧。

需要有人站出来，喊出来。批评也好，打鸡血也好，才能保证年轻人有血性，不在所谓盛世中沦为软蛋。

在经济文化繁盛的幻影里，在暖风熏得游人醉的晚上，没有陆游这样的人，不合时宜地一再提醒当权者，不加强国防，不消灭腐败，不磨砺斗志，估计南宋撑不了那么久，四五十年内就亡了。

6

在民族主义情绪高涨的年代，喊打喊杀是容易的，也是有利可图的。君不见，多少人把爱国变成了一门生意。

但在求饶议和成主流的年代，你上街喊打喊杀试试看，不被打被杀算你走狗屎运。陆游那样的人，在他生活的年代，不仅不吃香，还有很大的风险。随时有被不愿醒来的人抓去一顿饱揍的危险。他又不傻，凭什么要这么干？

以他的文笔和诗才，写一写做鬼也风流的诗句，歌颂领导人体恤民情，铁定不成问题。他又不傻，凭什么不这么干？

人与人最大的差别从来不是金钱或地位，而是思想境界。

思想境界低的人，总是认为别人的境界跟他一样低。想来想去，都想不出陆游握有一手好牌，却打得那么烂的原因。最后，就连好名都成了罪状。

陆游好名，这是肯定的。他跟屈原、文天祥这些人一样，都有"青史意识"，就是愿意用一生砥砺名节，百折不挠，以求在历史上留个好名声。

所以他最苦闷的两件事，一件就是南宋没有战斗意识，另一件就是怕后人不懂他的苦心："此心炯炯空添泪，青史他年未必知。"

问题是，好名难道错了吗？

一个社会还是应该在世俗的成功、庸俗的事物之外，标悬更高的标准，不然这个社会也是无望的。陆游为了青史留名，宁可一生受苦，难道不是在践行更高的标准吗？

陆游的声音，显然跟南宋朝廷的主体思想是对立的，但他在当时没有遭到封杀，在后世却受到莫名的讥笑，这到底是谁的悲哀？

这不是南宋的悲哀，南宋有这个肚量容纳异见，尽管坚持异见的陆游一辈子失意。

这也不是陆游的悲哀，陆游并不需要去迎合那个时代的主流，尽管坚持边缘意味着要失去更多。

这是讥笑者的悲哀，悲哀到只能靠踩着陆游的肩膀，宣告自己的庸俗，从而挤进哗众取宠的主流。

历朝历代，如果没有这些世俗的讥笑者，历史的车轮照常滚滚前行；但如果没有陆游这样甘受其苦的人物传承支撑，中华文明难免受到毁害。

## [ 历史档案 ]

陆游（1125—1210 年），字务观，号放翁。越州山阴（今浙江绍兴）人，南宋著名诗人。少时受家庭爱国思想熏陶，高宗时应礼部试，为秦桧所黜。孝宗时赐进士出身。中年入蜀，投身军旅生活，官至宝章阁待制。晚年退居家乡。

陆游创作诗歌今存九千多首，内容极为丰富。其诗语言平易晓畅、章法整饬谨严，兼具李白的雄奇奔放与杜甫的沉郁悲凉，尤以饱含爱国热情对后世影响深远。著有《剑南诗稿》《渭南文集》《南唐书》《老学庵笔记》等。

# 唐伯虎：风流，是苦难的表象

没有人可以定义你的成败，除了你自己。

1523 年，明嘉靖二年，秋天，一个苏州人草草过完一生，离开人世，享年仅 54 岁。他是那个时代的失败者，功名、家庭和事业，无一成功。虽曾大喜大悲，然而悲总大于喜。

离世前，他写了一首诗，把一个浪子的坦荡和无畏表现得淋漓尽致：

生在阳间有散场，死归地府也何妨？
地府阳间具相似，只当漂流在异乡。

所谓人生，被这个濒死之人看得透透的。世俗的成功学，已然框不住他离经叛道、率性自为的生命轨迹。

同时代人鄙视他，嘲笑他，骂他失败者的时候，他早已没了往昔的愤怒，也没了辩解的需求，只是露出了长者般的微笑。

在他死后半个世纪内，晚明——一个人性大解放的时代到来，多少知识分子奉他为先驱、老师，高举他的旗帜，弘扬他的精神。

他在狂士李贽身上复活，在性灵大师袁宏道身上复活，在冯梦龙的小说里复活，在周星驰的电影里复活，在佳士得秋拍上复活……多少年来，他一次次"复活"，那些笑他骂他的人，早归尘与土。

一个失败者，"活"成了最成功的模样，而那些定义他失败的人，简直失败得一塌糊涂。

历史，跟所有人扮了个鬼脸；只有他，唐伯虎，报之以狂笑。

# 1

500 年前，唐伯虎生活在"最是红尘中一二等风流富贵地"——苏州，用画笔和诗笔铺开繁华胜景与奇幻人生。

整个苏州，天天都是"双十一"的狂热气氛，人们很嗨，花钱买快乐。穷人有穷人的乐子，富人有富人的乐子。用唐伯虎的诗来描述：

> 江南人尽似神仙，四季看花过一年。
> 赶早市都清早起，游山船直到山边。
> 贫逢节令皆沽酒，富买时鲜不论钱。
> 吏部门前石碑上，苏州两字指摩穿。

青少年时期，大概是唐伯虎一生中最快乐的时光。

他出生在明成化六年（1470 年），本名唐寅。伯虎，是他的字。曾祖父那一辈，唐家就在苏州阊门一带经商，家业传到唐伯虎父亲手里时，他们已妥妥地过上中产的生活。

父亲唐广德虽然是生意人，但他没打算让儿子走父祖辈的路。他为儿子请来老师，为其开启了人生的另一种可能性。

唐伯虎不负父望，很快脱颖而出。他性极聪颖，才锋无前，16 岁参加秀才考试，高中第一名。小小年纪，在苏州文化圈名气不小。

此时，他结识了一生中最为重要的几个朋友。

比他大 11 岁的苏州文坛新一代领袖祝枝山，主动向他交好。唐伯虎恃才傲物，有一种宇宙无敌的少年狂。他起初不搭理祝，祝并不介意，多次投书示好，最终成为影响他一生的密友。

还有文徵明、张灵，那个时代最耀眼的新星，借着气味相投的指引，自觉抱团，走在了一起。

19 岁，唐伯虎娶妻徐氏。小夫妻感情和睦，不久生下儿子。

这个时期的唐伯虎，就像新车上了油，人生顺溜得很。科举、家庭、友情、才气，一把好牌抓在手里，怎么打都赢。

20 来岁的唐伯虎，有才（财）任性，风光无限，得意狂放，想怎么玩就怎么玩，人生无处不成功，无时不快活。

他跨界唱歌演戏，任达放诞。曾与张灵、祝枝山三人扮作乞丐，在雨中唱莲花落，得了打赏就去买酒痛饮。他以此为乐，说，可惜这种快乐，连李白都体会不到。

## 2

命运似乎也有它的守恒定律：人生太顺遂，岂不是要上天了？

于是，就有了挫折，有了苦难。

唐伯虎一生的色彩，在 24 岁左右基本就泼洒出去了。此后，尽管他可以画出最绚丽的山水、最美丽的仕女，但他的人生底色已经越来越淡。

弘治六年（1493 年）前后，唐伯虎遭遇人生的第一次重创。他甚至来不及反应，老天就收走了他的亲情群。先是父亲生病去世，接着母亲、妻子、儿子相继而殁。

这还不算完。首次扛起家庭重担的唐伯虎，在连续办完家人的丧事后，连给妹妹置嫁妆的钱都没有了。次年春天，他满怀内疚，草草将妹妹嫁了出去，没想到，不久就听到了妹妹在婆家自杀的噩耗。

短短的时间，一个幸福的七口之家，只剩下唐伯虎兄弟俩。

回想此前肆意纵情的日子，恍如隔世。26 岁那年，唐伯虎已愁出了白发。

命运要击垮一个饱经沧桑的人，很难；但要击垮一个顺风顺水的人，太容易。

如果不是老大哥祝枝山的规劝，唐伯虎或许早已沉沦到底。我们熟悉的唐伯虎，将会是另一副模样：也许是个废柴，也许泯然众人。

此时，唐伯虎的放浪，有一种借酒消愁愁更愁的无奈，有一种把自己往死里整的决绝，连风流界的扛把子祝枝山都看不过眼。祝规劝他说，令尊生前最大的愿望，就是看到你考取功名。

一语惊醒梦中人。唐伯虎重新振作，埋头苦读。他准备为他父亲再活一次。

他在《夜读》一诗中说：

夜来枕上细思量，独卧残灯漏转长。
深虑鬓毛随世白，不知腰带几时黄。
人言死后还三跳，我要生前做一场。

名不显时心不朽，再挑灯火看文章。

这样一个深夜勤奋备考的唐伯虎，是我们所陌生的唐伯虎，但他也是真实的唐伯虎。

## 3

用才气对抗命运，唐伯虎扳回一局。

弘治十一年（1498年），秋天，他参加应天府乡试，三场考下来，一举拔得头筹，成为大名鼎鼎的"唐解元"。

东山再起的唐伯虎，名声迅速达到顶点。主持应天府乡试的主考官太子洗马梁储，非常赏识他的文采，回京后逢人便夸。一堆知名、不知名的人排着队，想与他结交，有的是气味相投，有的是要攀附他的名气。

他在此时续娶了一名女子。这名女子也在憧憬着，他在不久的将来考中状元，过上荣华富贵的生活。

境遇一顺，唐伯虎的疏狂本性又回来了。

进京参加会试的路上，一个名叫徐经的江阴巨富子弟成了唐伯虎的超级粉丝。同船北上，富家子管吃管喝管娱乐，两人成了形影不离的朋友。

抵京后，徐经不仅安排了唐伯虎粉丝见面会，还带着厚礼游走于豪门大宅。据说，他们拜访了会试主考官、礼部右侍郎程敏政和礼部尚书大学士李东阳。

会试考完，尚未放榜，就有言官弹劾程敏政私漏试题给徐经和唐伯虎。

这事最终因无有力证据，成了莫须有的指控，但牵涉其中的几人，命运已被改写——

程敏政，一个踌躇满志的政治家，骤然断送了政治前途与一世清名，愤恨而死。

徐经，余生再也未能走出科场作弊案的阴影，终生郁郁不自伸，以35岁壮龄客死翻案途中。

唐伯虎，继家庭大变故之后，遭遇命运的二连击，在世事无常、倏忽荣辱中产生了强烈的幻灭感。"镜里自看成一笑，半生傀儡局中人。"他在诗中如此自嘲，嘲笑自己看不穿。

人生就像海上的波浪，有时起，有时落。这次命运直落，直接关闭了唐伯虎通往世俗成功的大门。

很难想象，心高气傲的唐伯虎是如何鼓足勇气回到苏州的。

他的声誉严重受损，此前捧他、粉他的人，开始踩他、黑他。他们曾经如蚁附膻，巴结唐伯虎，是觉得自己买了一张中奖率奇高的彩票，如今彩票失效，就成废纸一张。

首先弃他而去的是他续娶的妻子，顺手卷走了他所有的财物。

他在给挚友文徵明的信中说，连家里的狗都咬他，不让他进门。

人生得意，整个世界都顺着你；人生失意，连狗都与你作对。命运，就是这么赤裸裸，这么现实。

## 4

不曾深夜痛哭，不足以语人生。

这句话在别人是一碗鸡汤，在唐伯虎是一杯水，冷暖自知。

都说三十而立，唐伯虎差点三十垮掉。

他已经"死"过一次，何妨再"死"一次？在安顿好弟弟之后，他决定来一场千里远游。人回到山水之间，也就无生无死，无念无欲。

当然，说得难听点，这是唐伯虎的自我放逐，逃避故乡，逃避冷眼和嘲笑。

他先坐船去了镇江，登上金山寺，遥望天际隐约在烟霭中的金陵，想到当年身为唐解元春风得意的日子，不堪回首。

他又过江到了扬州，游览了瘦西湖。然后逆江而上，过芜湖，游庐山，观赤壁遗址。接着南下，游岳阳楼，观洞庭湖，上衡山。由此向东入福建，游武夷山、九鲤湖，从浙江回程。一路游览雁荡山、普陀山、西湖，再沿富春江上行入安徽，登上黄山、九华山。

一年后，他回到故乡，看过了许多美景，看过了许多美女，埋葬了记忆，迷失在地图上每一道短暂的光阴。

看来，唐伯虎已度过了一生中最低潮的时刻。

我们可以在这里简单复盘一下那场科举作弊案的历史影响。苦难劫厄，对每个人的意义是不一样的。科举案后，唐伯虎彻底回归体制外，人生获得了大解放。

科举求名之路从此断绝，使他摆脱了先人的期望、家族的责任；他离婚、析产，斩断了人事上的羁绊，从此"落拓迂疏不事家"；由于不能占鳌头、登台省，他自动卸下了"文以载道"的传统责任，可以去追求个人艺术上的独树一帜。

科举案，作为标注在他身上的不良记录，也消除了他内心的道德禁忌。

唐伯虎之所以是唐伯虎，是因为他能将一个负面事件，以自己非凡的识见、奇思和胆量奋力反转出一片新天地。

所有人对他喊失败者的时候，他却迎来了最大的成功。在他的表面颓废之下，掩藏着对人生的精心设计。而这种人生示范意义，注定垂范百年，在李贽、袁宏道等人身上得以发扬光大。

读历史的人，总喜欢做些自私的假设。在唐伯虎身上，我也会这样"庆幸"地假设——

如果没有1499年的科场案，唐家也许会走出一个大官，而世间则少了一位大才子。

## 5

世界再大，大不过桃花坞。

旅行归来，唐伯虎退回内心，过一种随心随性的生活——卖画为生。

要感谢明朝中期发端的资本主义萌芽，给了不事生产、不走功名道路的人一条生路。都市繁华，资本涌动，文化绚烂，他们可以靠市场经济谋生。

写小说的，写鸡汤文的，写科举指南的，写喜联的，画画的，都有得活。一些人写写画画，还成了流行大咖，生活滋润得很。

唐伯虎红过，他的画一度卖得不错。

市场活跃，反过来也塑造了人的思想。有学者用"市民性"的概念来解读唐伯虎的思想，很有意思，说唐伯虎对个体的关注是一种新兴的价值观念体系，这种价值体系着眼于个人，而不是集体国家。

恰好生活在人性大解放的前夜，唐伯虎从中受益，并引领推动了这股风气的发展。

当世俗眼中的失败者，为自己而活的时候，别人已经无法左右他的人生。

你认为，他原本是根正苗红的青年，现在成了社会畸零人、多余人，这得多可惜。但他不这样想，你认为他失去的东西，他压根不在乎了。

他看上了苏州城北的桃花坞，在那里遍植桃树。靠着卖画积攒的钱，又跟朋友借了些，他在那里相继修建了桃花庵、梦墨亭、蛱蝶斋、学圃堂，又在草堂周围种上梅兰竹菊。

他自号桃花庵主，时常邀请祝枝山、文徵明、沈周等好友在桃花庵饮酒作诗。

在那里，他有时对着落花大声痛哭，有时又狂笑大叫——

桃花坞里桃花庵，桃花庵下桃花仙。
桃花仙人种桃树，又摘桃花卖酒钱。
酒醒只在花前坐，酒醉换来花下眠。
半醒半醉日复日，花落花开年复年。
但愿老死花酒间，不愿鞠躬车马前。
车尘马足富者趣，酒盏花枝贫者缘。
若将富贵比贫贱，一在平地一在天。
若将贫贱比车马，他得驱驰我得闲。
别人笑我太疯癫，我笑别人看不穿。
不见五陵豪杰墓，无花无酒锄作田。

多么潇洒的人生。魏晋风度是仗着士族底气，才能成形；而唐伯虎，一个落魄文人，以一己之力，最早书写了明朝风流，恐怕无人能出其右。

他的一生，没有小说电影所虚构的秋香陪伴，但他此后续娶的第三位妻子沈氏，贤惠持家，伴他终生。

人生，再度按着他设计的轨迹滑行。

## 6

如果，命运不再捉弄他的话。

以下事件，搁在哪个人身上，都是毁灭性的打击。但是，唐伯虎挺过来了，所以我可以平静地叙述下去——

正德三年（1508 年），弟弟唐申过继给唐伯虎的长子不幸去世，年仅 12 岁。唐伯虎传宗接代的希望彻底湮灭。

一年后，唐伯虎亦师亦友的沈周辞世。

又过了两年，年仅 33 岁的好友徐祯卿去世。

悲伤和痛苦是一定的。但此时的唐伯虎，已是个蒸不烂、煮不熟、捶不扁、炒不爆，响当当一粒铜豌豆。

正德九年（1514 年），江西的宁王朱宸濠征召天下文士，唐伯虎鬼使神差地应召而去。在南昌宁王府，他每日写诗作画，待遇优渥。不到半年，宁王不时暴露出造反的倾向，唐伯虎觉察出自己进了贼窝。他想走，又走不了。于是，装疯卖傻，日日纵酒，做些违规逾矩之事。正史的记载叫"佯狂使酒，露其丑秽"。这牺牲也蛮大的，把下半身都暴露出来了。但他做起这些背德之事，全无压力。

连宁王都受不了，最终把他打发走了。

5 年后，宁王果然起兵谋反，很快被南赣汀漳巡抚王阳明俘虏。

唐伯虎因为早早脱身，没有被牵连，但他内心亦曾有过难以言说的名节之痛。余生转而彻底投入诗酒书画的怀抱，在文艺中抒发苦闷的心情。

世人都说唐伯虎风流成性，实际上是被他的表象迷惑了。他确曾自称"江南第一风流才子"，然而，这名号背后的辛酸苦痛，恐怕只有自己明白。他颓然自放，然后说"后人知我不在此"。寄希望于后世的人懂我，而我们真的懂他吗？想想也蛮悲伤的。

他晚年有些过气，字画卖不动了，生活穷困潦倒，但仍执着地搞创作，坚信"万里江山笔下生"。他仍然深谙调侃的艺术，以内心的丰富去抵御外界的贫乏。他的诗，越老越辣，不学古人说话，只照现世的人说话，不揣度别人心里的意思说话，而只说自己心中想说的话。

他已进入了哲学思辨的层次，参透，放空，日渐脱离浮华现世。他曾写道："我问你是谁，你原来是我。我本不认你，你却要认我。噫！我少不得你，你却少得我。你我百年后，有你没了我。"他唯一追求的是，真诚与率性。仅此而已。

50 岁那年，他作诗自况：

笑舞狂歌五十年，花中行乐月中眠。

漫劳海内传名字，谁论腰间缺酒钱。

诗赋自惭称作者，众人多道我神仙。

些须做得工夫处，莫损心头一寸天。

他从来不是一个嘻哈成性的喜剧人物，透过他狂放的躯体，或许我们才能抵达他颠沛、曲折、苦闷、随性的复杂灵魂。

命运一次次捉弄他，而他把它当作自我淬炼的工具。这个社会畸零人、失败者、浪子，最终成了明朝乃至中国历史的文化象征。

在诗歌方面，他与文徵明、祝枝山、徐祯卿并称"吴中四才子"；在绘画方面，他和沈周、文徵明、仇英并称"明四家"；在人格追求与生活选择方面，他的影响，远远超越了时代。

致敬，唐伯虎！

## [历史档案]

　　唐寅（1470—1524 年），字伯虎，后改字子畏，号六如居士、桃花庵主等，苏州吴县人。明代著名画家、书法家、诗人。

　　28 岁时，在南直隶乡试中考取第一名，世称"唐解元"。次年入京应会试，因科举案受牵连入狱，被贬为吏。突发变故让唐寅丧失仕进之心，从此寄情山水，纵情于诗画之间。

　　绘画上，与沈周、文徵明、仇英并称"明四家"。诗文上，与祝允明、文徵明、徐祯卿并称"吴中四才子"。

# 王阳明：你只看到他的传奇人生，看不到他的百死千难

王阳明与唐伯虎没什么可比性，但他们确实有一些共同点。

他们是同时代人，王比唐小两岁。两人都是江浙人，王是浙江余姚，唐是江苏苏州。

他们应该互不相识，不过，有过两次擦肩而过。

一次是在1499年，他俩都是进京赶考的举子。

此前两次会试失利的王阳明，这次考中进士，步入仕途，以后想退都退不出来。而唐伯虎此前考试相当厉害，此次却身陷科场大狱，从此成了体制的弃儿。

另一次是20年后，1519年，宁王朱宸濠之乱。

王阳明用35天终结了宁王密谋了许多年的叛乱计划，建立了一生中最大的事功。而唐伯虎曾应聘宁王府，后来看出朱宸濠心怀不轨，果断装疯卖傻，逃回家乡。不然的话，这一年，他将成为王阳明的俘虏。

这两段彰显人生分野的交集，固化了许多人心目中的王、唐印象：王阳明的成功，唐伯虎的失意，都是历史的定论。

果真如此吗？

并不是。唐伯虎固然是失意的才子，但王阳明绝对不是成功的模范。他们都曾饱经苦难，百转千回，才活成了人应当活的样子。

内心强大的人，自带光芒。尽管他们的光芒照见了不同的人群。

## 1

30岁之前，王阳明的人生充满了各种不确定性。

说得直白点，就是他根本不知道自己想做什么。

他少年时期喜欢习武，不肯专心读书，总是偷偷溜出去做孩子王，左右调度，如战场上排兵布阵一般。父亲王华见了，很生气："我家世代以读书显贵，用得着这个吗？"他反问一句"读书有什么用"，把老爸气得够呛。

后来一度喜欢诗文，打算做一个才子文学家。不过，很快就又兴趣转淡。他的文友们颇感惋惜，他笑着说，即便学如韩愈、柳宗元，不过为文人，辞如李白、杜甫，不过为诗人，都不是第一等德业。

口气很大，然而什么是第一等德业，其实他心里也很蒙。

他对当时流行的程朱理学感到不满足，想用实践去验证这些大学问，结果一无所得。最典型的道理是"格物致知"，于是他对着父亲官署中的竹子，格了三天三夜，只格出一场病来。

然后，他又转而做起一名道系青年。新婚之日，遇见个道士，两人畅聊养生成仙之道，不觉天亮了才回家。老丈人派人找了一夜，都没找到这个女婿。

他曾在九华山寻访著名的仙家，好不容易找到了两个奇人，一心想跟人家学习，结果，一个说他"官气未散"，另一个只对他说了句玄语"周濂溪、程明道是儒家两个好秀才"。没了。

他还曾是一名佛系青年。

一直到 30 岁之后，确切地说是在 31 岁的时候，他才感到佛、道都不靠谱。原因很简单，这年八月，他在山中修炼，据说状态很好，但忽然想念起祖母和父亲来，因此果断放弃了这条路。

## 2

法国文学家罗曼·罗兰说过，很多人在二三十岁的时候就死去了。因为一旦过了那个年龄，他们只是自己的影子，此后的余生都是在模仿自己中度过，日复一日，更机械、更装腔作势地重复他们在有生之年的所作所为，所思所想，所爱所恨。

王阳明几经摇摆，终于未在这个年龄"死"去，他获得重生，此后有生之年的所作所为，所思所想，所爱所恨与此时截然不同。

他还开始以自己的经历去开导别人，有那么几分人生导师的意思了。

他在杭州西湖边的寺院看到一个枯坐的和尚，人家说这和尚不视不言静坐了三年。他遂绕着和尚走了几圈，突然站定，大喝一声："这和尚终日口巴巴说甚么，终日眼睁睁看甚么！"

和尚猛地惊起，即开视对话。

他盯紧和尚，问其家人。和尚答："有老母在。"又问："想念否？"答说："不能不想。"

他最后告诉和尚，听从内心良知的召唤，好好生活。第二天，和尚打包离开寺院，重返人间。

而王阳明自己，一生的大转折也将到来。

# 3

人生没有定则。没有人能够告诉你20岁应当怎样，30岁应当怎样，40岁又应当怎样。任何时候，只要听从你的内心就够了。

34岁那年，王阳明仗义执言，上疏请求释放正直的言官，由此触怒了大太监刘瑾。结果被廷杖40，下了诏狱，谪贬至贵州龙场驿当驿丞——一个遥远的未开化之地的卑微小官。

刘瑾并未放过他，一路派锦衣卫跟踪，欲加谋害。王阳明伪装投江自杀，这才躲过了盯梢。

祸不单行，他乘商船在海上遇台风，命悬一线。

他有过隐遁不仕的打算，但担心连累父亲，便遵从内心的良知，去了龙场驿赴任。

他带去的仆人都病倒了，他反而做起了仆人的工作，种菜、砍柴、取水，为仆人们做饭、洗衣、熬药，直到他们痊愈。大家对当地闭塞的环境叫苦连天，他遂充当一名诙谐的段子手，时时活跃气氛。

人生无法选择顺境或逆境，但可以选择对待顺境或逆境的态度。

熬过苦难，回报将无比丰厚。一天夜里，王阳明忽然大彻大悟格物之旨，不觉欢跃而起，若痴若狂，随从们都被他惊醒了。

原来，他体悟到程朱理学果然错了，圣人之道不应向外在事理求之，而是向内在求之，"心即理也"。这一石破天惊的发现，后来被称为"龙场悟道"。

如果人生是一碗中药汤，苦涩难咽，唐伯虎往里面加点糖，笑着喝下去，而王阳明就要这种原味，一口闷下去。

## 4

这一年,王阳明人生已经过半,但在世人眼里,他的人生才算正式登场。

刘瑾死后,他结束了三年的罪人生活,赴江西庐陵任知县。此时,他颇为踌躇满志,写过一首诗,里面有这几句:"身可益民宁论屈,志存经国未全灰。正愁不是中流砥,千尺狂澜岂易摧!"

他到哪都不忘讲学,想要把他的发现告诉更多人。信服他学说的人越来越多,以他学说为"异端"的人同样越来越多。

他说,世间有两种人,或是不解思维即任意去做,或是悬空思索不肯躬行。

而他,砥砺自己做一个知行合一的人。他自己后来总结说,我43岁以前,做事还尚有乡愿意思(考虑个人得失)。现在开始,只信良知真是真非处,更无掩藏回护,即便天下人都说我太狂,我也只依良知行事。"狂者志存古人,一切纷嚣俗染,举不足以累其心,真有凤凰翔于千仞之意,一克念即圣人矣。"

王阳明的宝贵之处在于,他不像过去或现在的许多"大师",垄断了成为圣贤的专利。他没有。

他的核心理念是,人人皆可成圣,意即每个人、每件事,都有它神圣的意义。

王艮,王阳明最著名的学生之一,是个狂傲不羁的人。有次王艮出游归来,王阳明问他:"都看到了什么?"王艮答:"我看到满街都是圣人。"

王艮这么回答,是有意怼老师,因为王艮始终认为圣人是遥不可及的。

王阳明听出他的话外音,于是借力打力,跟他说:"你看到满大街都是圣人,满大街的人看你也是圣人。"

这句话,放在今天,指导人生仍然颇具深意。当你心中饱含包容和善意的时候,别人也会回敬你包容和善意。

## 5

很多人喜爱王阳明,是因为他不是一个空头学问家,而是一个实在的行动派。理由则源于他一生的三大事功。

但很少人知道,在这些表面的成功背后,隐藏着多少苦难困厄。他的每一次"成功",都招来忌妒和毒箭。以至于他无论取得多么辉煌的战果,他都随时做好了退出的准备。

他平定过南赣的造反，但他未曾居功自傲，而是希望朝廷改良政治，不要再造成类似的造反。他自己只求归隐老家。最终未获批准，他只好在仕途路上，一直走下去。

他在给别人的信中说，仕途如烂泥坑，勿入其中，鲜易复出。

在最好的时候，做最坏的打算。所以他的心境，始终是平的。

然后就是最著名的平定宁王之乱。当时他要去福州，路过丰城，得知朱宸濠造反的消息，于是先斩后奏，毫不犹豫地担当起平叛的总指挥。

当王阳明把擒获朱宸濠的消息上奏的时候，荒唐而奇葩的正德皇帝自封威武大将军，正行走在南下平乱的路上。皇帝身边的小人觉得"好事"都被王阳明坏掉了，遂诬告说，王阳明先与朱宸濠通谋，只是后来看到形势不利时才擒获朱宸濠。

各种毁谤与刁难，如影随形。朝廷说好的封爵行赏，也都成了空头支票。

面对毁誉，王阳明轻描淡写，说自己不过凭良知信手行去，做得个狂者的胸怀罢了。

他根本不在乎。要是内心不够强大，他已经死掉好几次了。

在朝廷那边，他只是平乱的超级备胎。只有当国家有事，且无人可任的时候，朝廷才会想起他。

他晚年已卧病在床，圣旨下来，要他即刻到广西平定土司叛乱。他又做得很好，只是在当地改了政策，不费一兵一卒，就消弭了兵祸。

但因天气炎热，军务劳顿，他心力交瘁，又病倒了。不等朝廷同意，他自己就率性选择了返程。

嘉靖皇帝并不体谅这些，说他无诏行动，目中无朕。那些惯于诋毁的朝臣，也都出来添油加醋，说他是"病狂丧心之人"。

王阳明或许已经听不到这些声音了，就算听到了，也从不放在心上。

## 6

从广西返乡的路上，王阳明病情日重。

一天，他从一个美得出奇的梦中醒来，问弟子："到哪里了？"弟子回答："青龙铺。"

王阳明又问："船好像停了？"弟子回答："在章江河畔。"

王阳明笑了一下："到南康还有多远？"弟子回答，还有一大段距离。

王阳明又是一笑，恐怕来不及了。他让人帮他更换了衣冠，倚着一个侍从坐正了，就那样坐了一夜。

次日凌晨，他把弟子周积叫进来。周积跑了进来，王阳明已倒了下去，很久才睁开眼，看向周积，说："我走了。"

周积无声落泪，问："老师有何遗言？"

王阳明用尽最后一点气力，向周积笑了一下，说："此心光明，亦复何言？"

他病逝于舟中，享年 57 岁。此时船位于江西南安地界。

曾经，有个叫徐樾的弟子，虔敬地希望和王阳明见上一面，王阳明答应了。

徐樾确信自己得到了心学的真谛。王阳明让他举例说明，徐樾兴奋地举起例子来。他举一个，王阳明否定一个。举了十几个，已无例可举，徐樾相当沮丧。

王阳明就指着船里蜡烛的光说："这是光。"在空中画了个圈说："这也是光。"又指向船外被烛光照耀的湖面说："这也是光。"再指向目力所及处："这还是光。"

徐樾很快又重燃兴奋之情。王阳明说："不要执着，光不仅在烛上。记住这点。"

无论何时何地，无人能替你看顾自己的内心。我们行走在黑暗之间，没有星月，没有烛光，只有压力，只有苦难，路途陷入绝境，只在这一刻，遵从内心的选择，恍然就有光明在前。

此心光明了，世界便一同光明起来。

王阳明如此教导学生，他自己也如此践行到底，直到临终一语。

## 7

王阳明说，他的良知之说，是从百死千难中得来的。

纵览他的一生，其实失意连连。越到艰难处，他越发彰显内心的强大。

而你们认为他的人生开了挂，那已经是他身后许多年的事了。

王阳明在世遭诽谤时，好友湛若水为其辩诬说，若夫百年之后，忌妒者尽死，天理在人心者复明，则公论定矣。

湛若水说对了。在王阳明死后 56 年，得从祀于孔庙。

一切跟他作对的东西，都烟消云散了。他则从提倡"异端邪说"的凡人，成了圣贤。

一直到晚明，他的心学塑造了整整一个时代。"人胸中各有个圣人，只自信不及，都自埋倒了。"他说。

他对个体价值的肯定，撼动了传统的价值体系。晚明社会风气的自由奔放，追根溯源，不能忘了王阳明心学的启蒙。

在中国历史上，在心学之前，从来没有一种学说，能够如此肯定个体价值。

史学家余英时称之为"一场伟大的社会运动"。他说："（王阳明）是要通过唤醒每一个人的'良知'的方式，来达成'治天下'的目的。这可以说是儒家政治观念上一个划时代的转变，我们不妨称之为'觉民行道'，与两千年来'得君行道'的方向恰恰相反，他的眼光不再投向上面的皇帝和朝廷，而是转注于下面的社会和平民……这是两千年来儒者所未到之境。"

如果不是明清易代，清朝统治者再次祭起理学的大旗，中国肯定也会出现一个像西方那样的文艺复兴时期。

即便在今天这个时代，学学王阳明，关注放逐已久的内心，或许有朝一日就会明白，我们所追逐的东西，十有八九都毫无意义。

破山中贼易，破心中贼难。

王阳明以他的一生，书写了一个大大的真理——人最大的敌人，是自己的内心。

致敬，王阳明！

## [ 历史档案 ]

王守仁（1472—1529 年），字伯安，号阳明，浙江余姚人。明代著名的思想家、文学家、哲学家和军事家。

弘治十二年（1499 年）进士，历任刑部主事、贵州龙场驿丞、庐陵知县、右佥都御史、南赣汀漳巡抚、两广总督等职，晚年官至南京兵部尚书、都察院左都御史。因平定宸濠之乱而被封为新建伯，隆庆年间追赠新建侯。谥文成，故后人又称王文成公。

王守仁（心学集大成者）与孔子（儒学创始人）、孟子（儒学集大成者）、朱熹（理学集大成者）并称为孔、孟、朱、王。

# 李贽：明朝第一思想犯，人过中年为自己而活

一个人到了什么时候，才能够为自己而活？

李贽的答案不是 18 岁，也不是 36 岁，而是 54 岁。

## 1

1580 年，李贽 54 岁。此时，作为云南姚安知府，他的三年任期届满。

上级领导对他在这个偏远之地的工作和贡献相当认可，要向朝廷举荐他。

没想到，李贽一听到升官的消息，拔腿就跑。他要求他的上级领导一定替他递交辞职信。

与他在学术上针锋相对的骆问礼，得悉李贽辞官的消息，在给友人的信中对李贽作出了极高的评价，把他当作士人的榜样：

"士类中有此，真足为顽儒者一表率。近世儒者高谈仁义，大都堂奥佛老而支离程朱，至于趋炎附热，则无所不至，视此老有余愧矣。"

但这个士人的榜样，在辞官之前，内心却是煎熬而痛苦的。

李贽是一个真实的人，真实得把科举做官当成谋生的手段，当成社会职业的一种，而从不去夸夸其谈治国平天下、为人民服务的大道理。

嘴上不说，他却比空喊口号的官员清廉得多，口碑和实绩也都好得多。不愿同流合污，坚守内心孤傲，是他 20 多年官场生涯痛苦的根源。

1527 年，李贽生于福建泉州一个"航海世家"。26 岁时，在乡试中考中举人。

中举这么大的幸事，他则认为不过是儿戏。他说，中举秘诀无外乎每天背诵几篇范文，等到肚子里有三五百篇范文了，在考场上审对题目，根据题目默写一篇上去，保准高中。

简单得让蒲松龄听了落泪，范进听了要再发疯。

有个举人头衔，足以糊口谋生。李贽对进士没有什么欲求，所以未再参加会试。

4年后，他远离家乡，开始宦海生涯：在河南共城任儒学教谕3年，在南京和北京国子监任教官各数月，在礼部任司务5年，调任南京刑部员外郎又近5年，最后被任命为云南姚安府知府。

在就任知府以前，他的官俸极为微薄，甚至不足糊口。

这期间，他做官并不顺利，处处与上级领导"触"。这种抵触未必是行动上的抵牾，但其内心有棱有角，与现实格格不入，却是不争的事实。

合群是合群者的通行证，孤独是孤独者的墓志铭。

为了承担家庭与家族责任，20多年里，他不得不收起触角，摸黑前行，孤独痛苦，难以言表。

一个中年人，肩上有太多的重担，内心有巨大的压力，他只有默默忍着，不敢出声，尤其不敢顺从自己的个性，好好任性一把。

再苦再累，再泯灭个性的光辉，也只有咬牙坚持。哪怕牙断了，只能和血吞。

他始终清楚，一个中年人活着的意义——为妻子而活，为子女而活，为父母而活，为家族而活，唯独不曾为自己而活。

这期间，中年李贽经历的苦难一点点磨砺他的本性，也一步步释放他的枷锁。因为清贫，他有过极其深刻的挨饿体验。他的至亲，包括他的父亲、祖父、儿子和两个女儿，在几年内陆续去世。

那段时间，他说与妻子黄宜人"秉烛相对，真如梦寐"。

生命中有太多无法承受之重。连李贽都只能把这一连串的重击当做梦一般，以此麻痹自己的内心。

## 2

54岁那年，李贽辞官，逃离体制。

之所以做出这个任性的决定，是因为此时，他认为加诸其身的家庭责任已经完成。大半辈子为他人而活，现在是时候为自己活一次了。

所以，54岁，在绝大多数人一眼望到死亡的年纪，李贽重新出发了。

去寻找他渴望了大半辈子的独立、自由与个人主义。

从选择落脚的地方，他就表现得与众不同。一般官员都是告老还乡，还有说发达不还乡如衣锦夜行，成功了也没意思。

而李贽，去了湖北黄安，寄居在耿氏兄弟家里。

他的理由貌似很纯粹，因为这里有朋友，生活不用发愁。"我老矣，得一二胜友，终日晤言以遣余日，即为至快，何必故乡也？"

事实上，他不愿回老家泉州，也与他的个性有关。他平生不爱被人管：

"人生出世，此身便属人管了……入官，即为官管矣。弃官回家，即属本府本县公祖父母管矣。来而迎，去而送；出分金，摆酒席；出轴金，贺寿旦。一毫不谨，失其欢心，则祸患立至，其为管束至入木埋下土未已也，管束得更苦矣。我是以宁漂流四外，不归家也。"

这个理由，与他辞官时所说"怕居官束缚"是同样的道理，都表达了一种对独立、自由与个人主义的渴望。

黄仁宇在《万历十五年》中说，按照当时的习惯，李贽一旦回到泉州，他所需要照顾的决不能仅止于自己的家庭。他是族中有名望的人物，又做过知府，那就一定会陷入无数的纠缠之中而不可自拔。

然而当时的李贽，已历经生活的折磨，同时又研究过佛家和道家的思想。他在重新考虑生命的意义，重建人生观之余不能再墨守成规。

也就是说，他不能把读书、做官、买田这条生活道路视为当然，也亟待摆脱由于血缘关系而产生的集体观念。

可以看出，李贽的思想已经远远超越了他所处的时代。他标榜个人价值，企图挣脱一切宏大意义，既不能受缚于官僚体制，亦不能被传统的家族观念困住。

他选择了一个远离故乡、远离宗族的地方，作为终老之地。

然而，他的亲族对他这种背离传统的行为，并不能理解和原谅，也不能善罢甘休。他没有了儿子，于是他的家族强行指定一个侄子作为他的继承人，这引起他的不满。

在事先写好的遗书中，他提到这个侄子说："李四官若来，叫他勿假哭作好看，汝等亦决不可遣人报我死。"

他早看透了基于血缘关系的亲族之间的感情虚伪，在世人面前假哭以维系所谓伦理或争夺财产继承权。总之，假戏做足，没有一个真字。哪怕他死了，他也不愿意让他的族人知道，免得上演如此丑陋的戏码。

他的妻子后来独自从黄安返回泉州老家，并在老家去世。他很思念，也很痛苦，但还是没有还乡处理妻子的后事，只是留下了一些催人泪下的回忆妻子的文字。

他说，他没有一夜不梦见她。

62岁那年夏天，他在寄居地湖北麻城维摩庵剃去头发，却留下胡须，成了个亦僧亦俗、不僧不俗的模样。

朋友见了，都很惊讶。他淡定地解释说，天气太热。

不过，他剃发的真实想法，在另外一些场合，坦率地表达了出来。

他在一封信里说，之所以落发，是为了对抗家族俗事，让家族中人彻底死心，不要指望他还能回去。

在给知交焦竑的信里，他说得更决绝："今世俗子与一切假道学，共以异端目我，我谓不如遂为异端，免彼等以虚名加我，何如？"

反正世人都说我是"异端"，我干脆就剃个光头成全他们，怎样？哈哈。

## 3

在这个万物冥冥之中皆有秩序的世界上，李贽就是一位生命可以苍老，思想绝不苍老的歌者。

他的猖狂性格，是对世俗人生的反叛，也是对传统礼俗的抗争。为此，他不惮与整个社会的绝大多数为敌。他说，幸好我天生胆大，不然自己都要被自己吓死。

"天幸生我大胆，凡昔人之所以忻 [xīn] 艳以为贤也，余多以为假，多以为迂腐不才而不切于用；其所鄙者、弃者、唾而骂者，余皆以为可托国托家而托身也。"

晚明，一个走向没落衰颓的时代，竟是这名执着的老者，为帝国涂抹了一笔最有力的青春色彩。

他做的第一件石破天惊的事，是把孔子请下神坛。

他告诉世人，"圣人不曾高，众人不曾低"。他否定孔子、孟子的圣人地位，认为孔孟非圣人，也和常人一样，两者没有高低之分，所以人人皆可成圣，没有必要以孔孟的是非观作为自己的标准。

他说，道路不只有一条，心性也不只有一种，怎么可以强求同一？

他的主张，本质上是在崇尚个性。

现在的年轻人对这一点估计没什么感同身受，觉得彰显个性是与生俱来的，还用得着去争取和追求吗？但集体主义年代的过来人，应该都深深懂得，李贽的勇气与不易。在只有一种声音、一种是非的年代，你去崇尚个性试试？

他批判程朱理学，指出所谓正统人士都是口谈道德而心存高官，志在巨富。他极其痛恨那种"阳为道学，阴为富贵，被服儒雅，行若狗彘"的伪道学家们。

他认为"人必有私"，人人都有私心，孔子也不例外。

他其实是一位真正尊崇孔子的儒生，所以要让孔子回归到人本身，拒绝程朱理学对孔子的神化，更反对统治者利用孔子来钳制人性，禁锢思想。

他说得很直白："穿衣吃饭，即是人伦物理；除却穿衣吃饭，无伦物矣。"以此，将程朱理学"存天理，灭人欲"那一套束缚性的礼教击得粉碎。

不仅如此，他还公开挑战男女大防，给男权社会难堪。

他为女性说话，说头发有长短，但男女的见识无长短。他公然招收女弟子，无拘无束地跟女弟子唱和交往。

晚明性灵派作家袁中道说，李贽晚年多病寡欲，但为了反对道学的虚伪面目，不惜在言语中故意表现出很放纵情欲的样子。

每次讲学，有人拿着道学家的书来求问，李贽就很气愤，说与其把时间浪费在这上面，还不如携歌姬舞女，浅斟低唱。然后，看到有学生携妓来听课，则破颜微笑说，这也比跟道学先生做伴强。

李贽几乎把人们视为神圣不可侵犯的东西彻底翻了个个儿。

他干过的事儿，300多年后，五四时代那些反传统的知识精英照着又干了一遍，然后一个个成了启蒙大师。

而这些启蒙大师们，都离不开一个重要的启蒙老师，那就是李贽。

## 4

启蒙者，被称为盗火的人，时常要冒着"身败名裂"乃至付出生命的危险。

从李贽决定为自己而活的那一刻起，他已经清醒地意识到危险的迫近。

他的文字都是那样纯净，让人一眼见底，却有一股穿越时代的力量。他信步走着，同时代人打马都追不上。

他不过是那个永葆童心的孩子，说出了大实话，但所有人都警告他，闭嘴，那是

启蒙大师

皇帝的新衣，多漂亮。

他晚年的困境始于与耿定向的论战。

由于与耿定向的二弟耿定理是知交，李贽辞官后选择寄居湖北黄安耿家。他的理念虽与耿氏兄弟截然不同，但耿定理的包容心态与柔和个性，一定程度上掩盖了思想对立背后的紧张。

耿定理去世后，彼此失去缓冲的耿定向与李贽反目，双方开始长达十年的激烈论战，且由学术争辩发展到现实敌对。

耿定向认为李贽的思想是在"杀人子弟"，李贽则认为，以"存天理，灭人欲"相标榜的耿定向跟常人没什么两样：

"人尽如此，我亦如此，公亦如此。自朝至暮，自有知识以至今日，均之耕田而求食，买地而求种，架屋而求安，读书而求科第，属官而求尊显，博求风水以求福荫子孙。种种日用，皆为自己身家计虑，无一厘为人谋者。及乎开口讲学，便说尔为自己，我为他人；尔为自私，我欲利他；我怜东家之饥矣，又思西家之寒难可忍也……"

跟常人一样有私心，讲学却又这公那公，尽是口是心非，或心是口非。这正是李贽平生最鄙视的伪道学。

李贽还写过一篇文章，说僧徒二人探讨怎样骂人合适。他们说，世人喜欢骂人为禽兽，为强盗，这些都不合适。因为禽兽是有情有义的；强盗是被逼的，只要给他效力的机会，也能杀身图报。两人继续讨论，世人骂人，说枉披了一张"人皮"，徒弟建议，可以骂"枉披了一张狗皮"。但和尚觉得还不妥，狗尤重义性，守护家主，忠心耿耿，比人强多了，以狗骂人，反而变成以人骂狗了。结果，两人商量到半夜都没有一个结果。

这篇文章对假道学家的讽刺，简直绝妙到无以复加。

然而，卫道士们也开始行动了。

1590 年，耿定向看到公开刊行的《焚书》后极为恼火，认为《焚书》是李贽对自己的攻击和诽谤，于是写了公开信《求儆书》，指斥李贽的异端思想。而后，又联合官府，驱逐李贽。

1591 年，李贽在袁宏道的陪同下游武昌黄鹄矶，被一些人诬为"左道惑众"，又遭驱逐。同年秋，耿定向及其门生蔡毅中再次攻击李贽。

1594 年，耿定向卧病著书，对"异学"和李贽再作攻击。同时，麻城一些人扬言要拆毁李贽居住的芝佛院。

1595年，耿定向的学生史旌贤调任湖广佥事，扬言要"以法"惩治李贽，麻城又掀起一场迫害李贽的风波。

与此同时，李贽与澹然等女弟子间的通信谈道，被诬为"男女混杂"，甚至有人扬言"欲杀"李贽。

总之，同时代的士大夫，绝大多数被李贽甩开几条大街。他们的思想跟李贽不在一个层次上，所以完全不接受他的主张。他们只能通过否定的形式来与李贽划清界限，说他"大抵是人之非，非人之是"，说他"专以黑为白，以苍为素"。

面对这些挑衅与威胁，李贽明言自己本心贵无事，但也不怕事，表现出了孤胆英雄般的气魄。

"平生所贵者无事，而所不避者多事。贵无事，故辞官辞家，避世避地，孤孤独独，穷卧山谷也。不避多事，故宁义而饿，不肯苟饱，宁屈而死，不肯幸生……无事固其本心，多事亦好度日。"

## 5

1601年春天，李贽居住的芝佛院被一场人为的火灾烧得干干净净。

尽管案情的真相未能水落石出，但没人怀疑，一张迫害李贽的天罗地网已经张开。

初春寒意侵人，75岁的李贽，衰老贫病，亡命黄柏山中。

此时，万历十七年（1589年）的一位进士——马经纶，仰慕李贽的盛名，冒着风雪，跋涉三千里，去救援李贽。

马经纶最终把李贽带到了顺天通州的家中，以避楚难。

不幸的是，仅仅一年后，李贽又大祸临头。

1602年，又是春天，礼科都给事中张问达上疏参劾李贽邪说惑众，罪大恶极。其中最耸人听闻的话莫过于此：

"尤可恨者，寄居麻城，肆行不简，与无良辈游于庵，挟妓女，白昼同浴，勾引士人妻女入庵讲法，至有携衾枕而宿庵观者，一境如狂。"

实际上，不同于那些表面守礼而暗中纵欲的假道学，"异端之尤"的李贽在个人生活上是个自觉的禁欲者。他同女弟子的交往，乃基于正常的人性人情，但偏偏就招来了风言风语。

卫道士们的虚伪正在这里：纵情声色也罢，男盗女娼也罢，只要不公开化，就是许可的。相反，李贽公开向这种虚伪性挑战，却变得十恶不赦。

张问达在奏疏最后不忘强调现实的危险性，说李贽现在已经移居通州，通州离帝都仅 40 里，"倘一入都门，招致尽惑，又为麻城之续"。

结果，万历皇帝朱翊钧下令，李贽应由锦衣卫捉拿治罪，他的著作应一律销毁。

当逮捕李贽的锦衣卫到来时，正在病中的李贽急问马经纶："他们是什么人？"

马经纶答道："是锦衣卫的卫士到了。"

李贽立刻明白是怎么回事，他不想连累好友，强撑着爬起来，走了几步，大声说："是为我也。为我取门片来！"于是躺在门片上，说："快走！我是罪人，不宜留。"

被投入诏狱的李贽，没有受到肉体的折磨。根据审讯结果，他应该可以出狱，由地方看管就是了。

然而，这名一生不羁放纵爱自由的斗士，晚年才过起了无拘无束的自由生活，怎能忍受即将到来的管束？

1602 年，农历三月十六日，一名侍者在监狱中为李贽剃头。趁侍者离开的间隙，他拿起剃刀，朝自己的脖子上割下去，顿时鲜血淋漓。

侍者大急，问老犯人："和尚痛否？"

李贽已不能出声，用手指在侍者掌心中写字作答："不痛。"

侍者又问："和尚为何自割？"

李贽写道："七十老翁何所求！"

根据袁中道的记载，李贽在自刎两天后才死去，永远告别这个"世不我知，时不我容"的世界。

他曾说过，人生在世为客，以死为归。何况活了七八十岁后"归家"，是值得喜而相庆的事。

为了自由，他从弃官、弃家、弃发，到最后一刻的弃命，一切选择都是那么的自然，那么的无悔。

诚如他自己所说："余唯以不受管束之故，受尽磨难，一生坎坷，将大地为墨，难尽写也。"

也许，在历史上做一个默默无闻的人，自身可以省却许多烦恼与苦痛。然而，李贽注定是个失败的孤胆英雄，卖命的自由捍卫者，痛苦的先知先觉者。

尼采说，他沉沦，他跌倒。你们一再嘲笑，须知，他跌倒在高于你们的上方。他乐极生悲，可他的强光紧接你们的黑暗。

今天，我们重温李贽的一生，就像在攀登一座思想与人格的高峰。

致敬，李贽！

## [ 历史档案 ]

李贽（1527—1602 年），福建泉州人，明代思想家、文学家。

李贽初姓林，名载贽，后改姓李，名贽，字宏甫，号卓吾。万历中为姚安知府，旋弃官，寄寓黄安（今湖北红安）、麻城芝佛院。在麻城讲学时，从者数千人，中间还有不少妇女。晚年往来南北两京，最后被诬下狱，自刎死于狱中。

李贽批判重农抑商，倡导功利价值，符合明中后期资本主义萌芽的发展要求。其重要著作有《藏书》《续藏书》《焚书》《续焚书》等。

## 金圣叹：大明最后一个狂士，死于顺治十八年

顺治十七年（1660 年），二月。一个叫"三耳生"的人，突然找到徐增，说："我要见金圣叹先生。"

徐增是金圣叹的好友。当时，妖魔化金圣叹的声音很多，来人不会也是一个"思想打手"吧？于是问他："你这么急切要见圣叹，究竟是什么原因呢？"

三耳生说："我见世之贬圣叹者，不但欲杀之，而必使之入十八地之下而后已；间又见称圣叹者，若恐形容之不尽，而非推之到三十三天之上而不快。夫一人能使人极其赞、极其贬，必非常人也！"

原来，是一个对金圣叹的传说感到好奇的人。

徐增本人也曾对金圣叹由憎恶转为敬仰，忆起当年，就喃喃地讲起往事。

我呀，最初跟着人家骂，骂金圣叹是妖魔，骂了许多年。后来，见了金圣叹，才知道他不是妖，不是魔，这才开始替他在世人面前辩解。朋友听到我开始说金圣叹的好话，纷纷与我绝交，说我着魔了，没救了。

在这个世界上，你认谁作偶像都没关系，但认金圣叹作偶像，是需要勇气的。

所以，朋友，你还敢追金圣叹吗？

### 1

金圣叹是个鬼才。即便放在他的家乡——人才济济的苏州，他也是永远特立独行的那一个。

他出生在万历三十六年（1608 年），一个略显尴尬的年代。此时，他的同乡前辈唐伯虎等"江南四大才子"已经故去数十年，晚明风流，凋零近半。

这是一个政治比文化吃香的年代。江南士人抱团结社，不是为了风流耍酷，而是

为了权斗党争。

金圣叹 20 岁的时候，看到了魏忠贤的垮台，也看到了东林党人的雄赳赳，气昂昂。

但他似乎对眼前的政治大事件无感。20 岁的他，选择了一条诡异的职业道路——扶乩 [jī]，开始做降神附体、神鬼沟通的工作。

几年之后，金圣叹凭借这项特殊本领，已经打进了当时的主流文化圈。东林党的一些领袖和成员，比如钱谦益、姚希孟等红人，都曾请他到家中扶乩降神。

时人记载，金圣叹声称慈月宫陈夫人附灵于他，他因而能通神灵、知宿因。他在扶乩过程中，"无意识"写下的诗文"长篇大章，滔滔汩汩"，连有道行、有地位的士人大佬看了都很佩服，对他的这一套神神鬼鬼深信不疑。

现在，我们普遍认为，金圣叹的出名是因为评点《水浒传》等"才子书"，但他在晚明的名气，更主要是源于他的灵媒身份。

28 岁那年，他给当时执文坛牛耳的钱谦益举行扶乩降神仪式。通过附在他身上的天台泐 [lè] 法师，彻底征服了钱谦益。

金圣叹为钱谦益示因缘，是有附加条件的。他请求钱谦益为他"作传一首，以耀于世"。事后，钱谦益很诚恳地照做了。

通过钱谦益的诗文，主流文化圈都知道了金采（金圣叹原名）这个人。

视科举如儿戏，因而在科举路上毫无成就的金圣叹，却以这种方式博得大名。他的头脑构造确实异于常人。

很多人说金圣叹的灵异附体体验，是他凭借个人文学才华的一种装神弄鬼。这种事，的确不好评价。只能说是老天爷给他赏饭，一般人吃不来。

当时，另一位江南名士叶绍袁，也曾多次把金圣叹请到家中扶乩。1634 年左右，叶绍袁向附体在金圣叹身上的泐法师问到对时局的预测。泐法师说：流贼必不渡江，苏州兵火，十年之后，必不能免。

11 年后，即顺治二年（1645 年），病中的叶绍袁想起泐法师的预言一一应验，不觉心惊。

## 2

胡适说，金圣叹是 17 世纪的一个大怪杰。

他的怪，怪在总是不按常理出牌。

金圣叹早年参加过多次科举考试，而每次去，都不好好发挥，都是抱着做"张铁生"的心态去的。清人笔记说他，"每遇岁试，或以俚辞入时文，或于卷尾作小诗，讥刺试官"。所以，每考一次，就被除名一次。他倒也有耐性，换个名字，再来一次。

视人生出路，如同游戏。

很多人据此称赞金圣叹的反叛精神，但是你反叛一次也就够了，反叛这么多次，不嫌无聊吗？

如果真的痛绝于仕途功名，那就彻底做个优游林泉的读书人，为何还要参加五年高考三年模拟呢？

只有一种解释：他确实无意于科举功名，但却想成名，想走捷径，所以屡屡以科考上的特立独行之举来引起时人的瞩目。

就像他一度热衷扶乩降神，也是如此。在钱谦益作文写诗"称颂"他之后，金圣叹逐渐退出了扶乩的行当。反过来说，他当初进入这个行当，或许只是为了图名。

金圣叹是一个极其自负的人。他后来追忆早年志向，说儿时自负大才，常常自我感觉良好，总是觉得"自古迄今，只我一人是大才，只我一人独沉屈"。

有才能却不见用，这是任何时代一个读书人最大的悲哀。金圣叹对此尤其敏感。他在《西厢记》张生唱"才高难入俗人机，时乖不遂男儿愿"一句后，批道："哀哉此言，普天下万万世才子同声一哭！"

可见，对于时运不济的怨艾，他是感同身受的。这种"自负"和"沉屈"的感慨，成为他一生的基调。

最后一次游戏科举考场被除名后，金圣叹曾笑着对人说："今日可还我自由身！"

人家就问他，什么是"自由身"？

他炫技式地解释说，"酒边多见自由身"，这是张籍说的；"忙闲皆是自由身"，这是司空图说的；"世间难得自由身"，罗隐说的；"无荣无辱自由身"，寇准说的；"三山虽好在，惜取自由身"，朱熹说的。

展示完他搜索引擎般强大的记忆力后，他不再做进一步的解释。

但从他特意检索出来的这些诗句，我们大致也可以拼贴出他心目中的"自由身"，其实就是一个无拘无束、无荣无辱、诗酒自娱、珍惜自由的人。

说到底，金圣叹是有圣人情结的。他虽然推崇，却不想学陶渊明做个隐者，否则他就没必要做出那么多带有表演性质的、吸引舆论关注的举动，他也不会因为有才不见用而深感郁闷沉屈。

他原本可以过得更简单，更快乐，而不仅只是在文字里意淫"不亦快哉"的种种快感。

<h1 style="text-align:center">3</h1>

金圣叹的悲剧，在于生不逢时。不甘心空抱才华而无所用于世，又不愿意为了博取功名而放弃底线，牺牲自由，最终只好牺牲了自己大半生的好心情。

他要是早生100年，赶上晚明嬉笑怒骂、歌哭无端，人皆不以为意的时代，或许仍是一个落魄的才子，但至少不用活得那么辛苦。

偏偏他生活在朝代鼎革之际，政治、民族矛盾取代个性解放的潮流，成为社会的风向标。金圣叹的江南才子气质，一下子就显得与世俗格格不入。

时代挤压了才子的生存空间，金圣叹感觉到疼痛，终其一生，却可能连痛在哪里都不知道。

他一生孤高傲世，放言无忌，到头来落落寡欢，成为时人眼中的妖魔鬼怪。

他还在世的时候，同郡的名士归庄就曾公开说，看了他的书，听到他的所作所为，恨不得将他掐死。归庄有强烈的反清思想，后来对"哭庙案"中被害的17名文人表示哀悼，但独独对金圣叹之死拍手称快。

尤侗，一个暗自以金圣叹为模仿对象的才子，在公开场合却不断诋毁他，骂他"狂放不羁"。他显然更懂得与时代妥协。

更多人站出来，骂他"迂"，笑他"愚"，甚至在人生观、价值观上对他进行了全面的否定。

一个人的思想若与时代错位，领先时代愈多，所受痛苦就愈烈。

在时人看来，金圣叹的罪大恶极是为《水浒传》《西厢记》等诲淫诲盗的"邪书"唱赞歌。他们编排段子，说施耐庵写《水浒传》，导致子孙三世皆哑，金圣叹评《西厢记》，导致人头落地，这都是报应啊。

其实，金圣叹的个性，很多是跟前辈李贽学的。他对《水浒传》《西厢记》等通俗文学的推崇，也是延续了冯梦龙等人的识见。但他生前死后所受到的毁谤，一点儿也不比那些前辈少。

金圣叹多次无奈地说："我辈一开口，便疑谤自兴。"只要我一说话，甭管说啥，人家就先诽谤一通，只要我的书一出来，甭管写啥，人家也是一顿痛毁。

从这一点看，明末清初的思想氛围，较之前反而有了不小的退步。

只有少数人，比如徐增，才透过金圣叹坚硬的躯壳，看到了他的可爱与温情。

在徐增的眼里，金圣叹有着随和的性格，可爱的脾气。他说："圣叹无我与人，相与则辄如其人。如遇酒人则曼卿轰饮，遇诗人则摩诘沉吟，遇剑客则猿公舞跃，遇棋客则鸠摩布算，遇道士则鹤气冲天，遇释子则莲花绕座；遇辩士则珠玉随风，遇静人则木讷终日，遇老人则为之婆娑，遇孩赤则啼笑宛然。"

这样的金圣叹，很会与人打交道，也很能融入、顺从别人的爱好与个性。与他在书中展示出来的离经叛道，判若两人。

难怪徐增说金圣叹是"魔"的话，那他愿意为他"着魔"。

## 4

朱光潜说，豁达者在悲剧中参透人生世相，他的诙谐出于至性深情，所以表面滑稽而骨子里沉痛。

金圣叹给人的幽默感，临死前都不忘调侃狱卒的幽默感，在这个时代往往被理解成了骨气与勇气，但有多少人懂得，这仅仅是他骨子里的沉痛。

历史，终究没有给予金圣叹大展宏图的机会。

在他 37 岁壮年之时，大明亡了。

很多人来不及准备，就要站队。有的人，比如顾炎武、归庄，至死不与清人合作；而有的人，迅速变换头脸，迎接新主，甚至不惜坑杀同胞，献上投名状。

不管是否愿意，金圣叹也要做出选择。

他在明朝的日子过得并不如意，除了有点儿名气，其他一概全无。而这名气，一大半还是骂名。

但他还是守住了一个读书人的底线，未曾因为现实的不如意而猴急猴急地投奔新主。相反，他对战争感到厌恶，因为战争的残暴而对清人缺少好感。

他在评论唐人郑谷的诗时说，"我读此言，而不觉深悲国破家亡又未得死之人，真不知其何以为活也"。又评吴融的诗句"咸阳久已变荒原"时说，"所谓劫火终讫，乾坤洞然，虽复以四大海水为眼泪，已不能尽哭"。

一个自负的文学评论家，时常带着哭腔，可以想见他内心的感受。

在满目兵戈之际，他的小外甥降生了。他写诗说："造物真轻忽，翻欢作泪零。"本当欢喜的事，反而悲哀落泪，那是多么沉痛的岁月。

清人入关这段岁月，显然是他很不好的记忆。他后来说，他的记忆中只有少年和老年的时光，壮年这一段，好像遗失了，不知道丢在哪里，想找都找不回来。

他唯一的一次失态，是在死前一年。顺治十七年（1660 年）二月，朋友邵点从北京给他带来一个消息，告诉他，顺治皇帝读到他的文章，嘱咐词臣说："此是古文高手，莫以时文眼看他。"

53 岁的金圣叹登时失态，向北望空而拜，叩头谢恩。

紧接着文思如泉涌，写下了《春感八首》，甚为得意地自夸："何人窗下无佳作，几个曾经御笔评？"他甚至在诗中幻想，自己去做吕尚、诸葛亮那样身系国家安危的贤相，也不是没有可能的事。

很多人因为金圣叹的这次狂喜，说他"丑态毕露"，丧失民族气节，老狐狸终于露出了尾巴。

我倒觉得，这是金圣叹真性情的体现。他一生主张、贯彻真性情，推崇"一片天真烂漫到底"，要喜便喜，要哭便哭。他要真是一只擅于掩藏的老狐狸，他才不会在此时露出尾巴，自己躲在被子里笑就好了。

他一生自负大才，却命途多舛，理解者少，嫉恨者多。一个人孤独地走着，走了很久很久，突然听到有个声音，还是来自最高统治者的声音，要加入他一起走。知音已难求，这么位高权重的知音，更可遇不可求。他的感激之情，他的热泪涕零，也都可以理解了。

更何况，金圣叹连抱大腿都来不及，他的命运很快就翻转直下。这阵狂喜，终究只是他内心的一段小插曲。

## 5

一年后，这个终生怀才不遇又满是幻想的穷秀才，再次见识了人生的黑色，一点儿也不幽默。

欣赏他的顺治帝，竟然驾崩了。

皇帝之死，对金圣叹来说，就像之前捡到一张彩票，一对开奖号码，还是特等奖，欣喜若狂来不及兑奖，又掉到水里，泡汤了。

梦醒的时候，才是最残酷的时候。

说起来，金圣叹之死，与顺治之死也有一些勾连。"哭庙案"的发生背景，正是吴县诸生在追悼顺治帝的仪式上，要求撤换鱼肉乡民的新县令任维初。

多种证据表明，金圣叹并未参与"哭庙"，他也不在最初被捕的 11 人名单内。

不过，"哭庙案"次日，出于正义感的金圣叹写了一篇名为《十弗见》的杂文，声援诸生的抗议活动。这才被牵连进去。

他有一段时间担心被捕，藏匿了起来。两个多月后，他还是被押解到了南京。

金圣叹等人原本罪不该死，但是经手办案的江苏巡抚朱国治害怕被牵进知县贪污案脱不了身，干脆一不做，二不休，将一场和平请愿的"学生运动"，办成了谋逆案。

办案官员要求，"谋逆案"的首犯必须要有相当的名气。金圣叹于是首当其冲。

恰好此时，朝廷指派的满族大臣正在江南调查并处理江南士绅投奔郑成功事件，金圣叹和其他 17 名诸生成了高压政策的牺牲品。

一生追逐名声，到头来反为名声所累。金圣叹的人生，总是跌落得让人唏嘘。

而这一切，他本人或许自始至终都蒙在鼓里。临刑前，他还大惑不解："杀头，至痛也；籍没，至惨也。圣叹以无意得之，不亦异乎？"

顺治十八年（1661 年）七月，金圣叹被斩首，死于莫须有的"叛逆罪"。这一年，他 54 岁。

曾给他带来好消息的友人邵点，后来解释过金圣叹的罹祸。他说，金圣叹做过一个梦，梦里有高人警示说，你什么诗都可以批解，但切记不可说《古诗十九首》。金圣叹毕生引以为戒，但后来醉酒中纵谈"青青河畔草"，未守警戒，终成绝笔。

这种解释，早年热衷扶乩降神的金圣叹，若死后有知，会作何感想呢？

也许，有些时代，可以诞生金圣叹，却不配拥有金圣叹。

他在最后时刻，挺身而出，仗义执言，正应了自己说过的那句话——做事业要挺身出去，了生死亦要挺身出去。

一辈子落魄，半辈子被骂，金圣叹终于没有变成一个精致的利己主义者。这或许才是他最应获得尊敬的原因。

金圣叹死后，"康雍乾盛世"来了。盛世之下，文人的毛发被捋得服服帖帖的，纪晓岚、刘墉、袁枚，那些个时代的才子们，一个比一个精致，一个比一个油腻，不狂傲、不狂喜，但也无个性、无底线。

那样的盛世，如骂金圣叹者所愿。

[ 历史档案 ]

金圣叹（1608—1661 年），名采，字若采。明亡后改名人瑞，字圣叹，自称泐庵法师。苏州吴县人，著名的文学家、文学批评家。

金圣叹的主要成就在于文学批评，对《水浒传》《西厢记》《左传》等书及杜甫诸家唐诗都有评点。他提出"六才子书"之说，使小说戏曲与传统经传诗歌并驾齐驱，受推崇为中国白话文学运动的先驱，在中国文学史上占有重要地位。

枪杆子：
帝国『武将』系列

# 神将之死：一场立储之争，如何毁了陆逊？

## 1

公元 221 年，孙吴大祸将至。

这一年，称帝不久的刘备不顾朝臣的劝阻，率倾国之兵出峡，打着"为关羽报仇"的幌子兵进荆州，誓要一路打到建业（今江苏南京）去。而孙吴的大都督吕蒙偏偏又在这时候病故，前线诸军一下子群龙无首。

派谁去总领荆州军务，抵御刘备的兵锋呢？

吕蒙曾经先后向孙权推荐过两个人，在军中崭露头角的陆逊，以及领兵多年、在军中颇有威望的朱然。

孙权选择了前者。对此诸将颇为不服。

刘备围攻坚守夷道的孙桓，陆逊不救；刘备挑衅，陆逊不战。本就年轻的主帅为此更为老将们轻视。然而最终，所谓的"火烧连营七百里"，一场酣畅淋漓的决定性胜利，不仅让刘备狼狈败逃，保了孙吴的周全，更是让军中朝中各种不服闭嘴。

夷陵之战过后 6 年，在石亭，这次轮到曹休被教做人。孙吴"斩获万余，牛马骡驴车乘万辆，军资器械略尽"，而战后不久曹休便羞恨而逝。此后 20 多年，曹魏再未敢主动兴兵南下。

陆逊以一人之智，送魏、蜀大败各一，为两国所忌惮，堪称孙吴之柱石。

除了军事上才智过人，在内政方面陆逊也颇为孙吴所倚重，可谓出将入相，无所不能。陈寿修《三国志》，三国各路英豪中除了那些有帝号的，就两人单列为传：一个是诸葛亮，另一个就是陆逊了。

国有如此神将良相，孙权对陆逊自然是宠爱有加，不仅委以上游的军政大权，甚至刻了自己的印信交给他，让他直接负责与蜀国的交涉。在石亭破魏之后，孙权特别设置了"上大将军"一职授予陆逊。为了表彰陆逊的功绩创立官职，孙权也是没谁了。

只可惜，这段君臣相知的佳话随着一个人的去世，最终还是转了弯。

公元 241 年，大皇帝孙权的太子孙登，死了。

## 2

在古代中国，嫡长子继承是传统。

孙权称王的时候，并没有立后，所以诸子只论长幼，不论嫡庶。公元 238 年，已是大皇帝的孙权死了一个妃子，孙权哀痛至极，便追封了这个妃子为皇后，即步皇后。然而步皇后本人却没有儿子，只有两个女儿：孙鲁班、孙鲁育。

孙鲁班，字大虎，最初嫁给了周瑜的儿子周循，后改嫁全琮，故又称全公主。

孙鲁育，字小虎，是朱据的妻子，故又称朱公主。

女孩子是没办法被立为皇储的，所以自孙权称王，到后面称帝，这太子的位子便一直是长子孙登来坐。

现在太子死了，该立谁好呢？

此时孙权诸子之中，年龄最长的便是孙权的第三子，孙和。

按照立嫡以长的原则，孙和顺理成章地被立为太子。

然而让人意想不到的事发生了：

在立孙和为太子之后不久，大皇帝孙权在群臣的要求下将四子孙霸立为鲁王。

一个立储，一个立王，尊卑确定了，按理说这是好事。但诡异的是，虽然尊卑有别，待遇却相差无几：孙权对孙霸"宠爱崇特，与和无殊"。以致和、霸兄弟二人仍像之前那样"同宫室，礼秩未分"。

大臣们按捺不住了，纷纷向孙权进言，认为太子和鲁王毕竟尊卑不同，礼仪上应该有所体现。于是二人分别迁宫，各置幕僚。

这下总算"分礼秩"了。地位上，孙和陡然尊贵无比，而孙霸却一落千丈。有的大臣甚至提出要让孙霸出镇地方，以固孙和之位，孙权没有同意。对此，孙霸心里却打翻了五味瓶：要不是我那个哥哥孙和，我何至于此？

二宫之争，不可避免地上演了。

## 3

见到鲁王孙霸一派气势汹汹，朝中一干大臣自然是看不过去。毕竟长幼有分，尊卑有分，你孙霸只是个王侯，有什么资格跟太子较劲呢？孙霸当然不甘示弱，广交宾客党羽。于是孙吴的朝廷围绕这二宫之争，便分化成两派：

太子孙和那边，有丞相顾雍之子顾谭、朱公主的夫君朱据、太子太傅吾粲等人。

鲁王孙霸那边，则有淮泗宿将步骘、吕岱，以及全公主的夫君全琮等人。

两派依仗各自的势力，在孙吴朝中倾轧。尤其鲁王一派跃跃欲试，经常借机对太子一党发难。

除了党羽跑前跑后，孙霸阵营还有一个最得力的帮手：全公主孙鲁班。

原来孙鲁班与孙和的母亲王夫人素来不睦。孙和被立为太子时，孙鲁班便满心不高兴，多次在其父孙权面前诋毁王夫人，借此打击孙和在皇帝心中的形象。她甚至还想拉其妹朱公主孙鲁育上船，然而朱公主因其夫朱据支持太子孙和，便拒绝了姐姐。于是姐妹俩也生嫌隙。

有一次孙权生病，不能去宗庙祭祀，于是派孙和代替。由于孙和太子妃的叔叔张休住所邻近宗庙，孙和便应邀前往一会。

孙鲁班得知此事后，便向孙权进谗，说太子没有去宗庙，而是去妃子娘家"谋大事"。又说孙权生病的时候，孙和的母亲王夫人"有喜色"。孙权闻之大怒。王夫人竟因此事忧愁而死，孙和也不像以前那样受皇帝爸爸待见了，整日担心被废。

孙霸见孙和日渐势微，取而代之的心情更加迫切了。于是便派自己的心腹前去皇帝耳边吹风，尽说自己多么多么才干出众，比孙和这里好那里强，应是太子之位的最佳人选。

这事儿传到了孙和的耳朵里，孙和慌了。

此时恰逢陆逊的侄孙陆胤要返回武昌，正向孙和辞行。孙和故意不见，却又微服秘密来到陆胤车上，让陆胤捎信儿回武昌，请求陆逊出面为自己说情。

## 4

陆逊是聪明人。

早在前太子孙登初立之时，陆逊便受孙权委托辅佐和教导太子。后来孙登去世，储君之位变动，位高权重的陆逊也只是遵循臣子的本分，对皇帝的家事表态谨慎。眼下孙和与孙霸争储，陆逊很清楚以自己现在的位置和在朝中的威望，一旦卷入这个旋涡，极容易引得皇帝猜忌。

一个人如果让皇帝对他心生恐惧，那这个人的政治生命怕是要到头了，甚至性命也要搭进去。

所以在二宫相争之初，身为一方大员的陆逊并没有明确表态。

现今路已分岔，陆逊不选也得选了。

"太子正统，宜有盘石之固，鲁王藩臣，当使宠秩有差，彼此得所，上下获安。谨叩头流血以闻。"

陆逊的上表摆到了孙权的面前。

孙权大惊：宫中的事情，武昌都知道了？

然而陆逊那边却丝毫没有停下的意思，不仅三番五次地上书陈述长幼之分，以得失之论劝谏孙权，甚至还提出要来建业面圣。

孙权见此，龙颜大怒：这莫不是你陆逊在要挟我吗？

而全琮此时又向孙权进谗，说太子一派的顾谭、顾承兄弟在芍陂之战中冒领军功。这顾氏兄弟不仅是丞相顾雍之子，也是陆逊的外甥。孙权听闻便下令将二人下狱，最终流放交州。

太子太傅吾粲，也因数次与陆逊通信，请陆逊为太子孙和站台而被孙权下狱，最后死在狱中。

为了立储的事，君臣二人彻底撕破脸皮。孙权尤其生气，数次派人亲往武昌，责备陆逊。

一系列的政治打击接踵而至，时年63岁的陆逊竟因此愤恨至极，一病不起。

## 5

公元245年，神将陨落。

听到陆逊的死讯，孙权竟没有一丝悲伤，他心里还是怨气满满。

陆逊的儿子陆抗安葬完父亲，还都谢恩的时候，孙权还拿出别人控诉陆逊的"20条罪状"，煞有介事地为难陆抗。所幸虎父无犬子，面对皇帝的诘难，陆抗逐条辩明，说得头头是道。孙权听罢，对陆逊的怨气这才稍微消解。

5年后，二宫之争落下帷幕。这场持续8年、震动孙吴朝野的立储之争，以太子孙和被废，鲁王孙霸被赐死，无数党羽被株连而告终。

经过这场折腾，孙吴实力大损，孙权也渐渐感到当初自己对很多事处置不当。

251年，陆抗返回国都治病，受到孙权的召见。此时的陆抗一如其父当年，英姿飒爽，在武昌任上颇有建树。

也许是感到自己时日不多，出于对新晋将才的安抚笼络；也许是对当年苛待陆逊的事幡然醒悟，心怀愧疚；这次召见陆抗，孙权竟流着泪对他说：

"之前我听信谗言，君臣大义上亏待了你父亲，又委屈了你。诘问你所依据的那些材料，我都烧掉了，再也不让人看见。"

陆抗听到这些是什么反应，史上没有记载，而陆逊倘若泉下有知，心中又做何感想呢？

一年后，大皇帝孙权撒手人寰。孙陆君臣二人之间的恩怨，也随二人的离去化为尘土。

## 6

回看陆逊之死，人们总会归因于孙权晚年昏庸，但实际上，孙权、陆逊不合由来已久。表面上君臣相知，实际上观念分歧很大。

首先双方阵营不同，这是二人分歧中最根本也是最致命的。

陆逊出身于江东大族，而孙权，则与其兄孙策一样是南渡的淮泗集团。做客的孙策压制江东大族，靠的是血腥的屠杀，以致在他主持江东时期，孙家人和江东大族关系很差。

陆逊少年丧父，自幼跟随其从祖父、庐江太守陆康长大，而陆康正是因为孙策围攻庐江染病身亡。庐江之役，陆家族人死了大半。

换句话说，老陆家和老孙家是有仇的。

有这个梗在，即使陆逊放得下，孙权也不见得能放下。防着江东大族势力崛起，是孙权一直以来的一根紧绷的弦。

其次，在治国理念上，二人有路线分歧。

陆逊大族出身，深信儒学之道，曾给孙权上书，主张"施德缓刑，宽赋息调"，甚至批评孙权用人只重才，不重德。

孙权则不信这一套。他跟曹魏的曹家父子是一个路子，以法家学说为先，严刑峻法，用人论才不论德。

面对陆逊的劝谏，孙权直接回复道：

"夫法令之设，欲以遏恶防邪，儆戒未然也，焉得不有刑罚以威小人乎？"

你说我严刑峻法，难道不需要通过严刑峻法威慑犯罪，防患未然吗？

关于陆逊为政以德的建议，孙权完全无视，他曾私下跟诸葛瑾说："伯言（陆逊字）长于计较，恐此一事小短也。"

除此之外，二人的天下观也势同水火。

孙权显然不甘心只割据江东一隅，存帝王之志，破魏灭蜀、一统天下是他的夙愿。

但江东大族出身的陆逊却不认可这个宏大的"理想"。他主张江东本位，限江自保。每次孙权有北征中原的冲动，都被陆逊泼冷水，哪怕是在石亭之战大破魏军的情况下，陆逊都坚决反对继续北进。

在陆逊看来，那不是打天下，那叫冒进。以孙吴的实力，吞蜀尚力不足，遑论吞魏。

对此孙权超级不满，他说陆逊之志"徒守江东"，并明确表示"自守可陋"。

## 7

矛盾的爆发，就差一个导火索。二宫之争便是了。

立太子孙和，但又不与鲁王孙霸分礼秩，这本身就很让重视礼法的儒家大族看不下去。而孙和恰恰又是以儒治国的代言人。

孙和如其亡兄前太子孙登一样，儒学修养很高，品行也与孙登相当，是陆逊等江东大族眼中不二的储君人选，被寄予厚望。

但孙权显然不喜欢一个天天跟儒生混在一起、给江东大族站台的太子，他更愿意选择一个"像自己"的人来继承自己的家业。虽说孙权也不见得多么喜欢鲁王孙霸，但通过孙霸，压制一下太子一党，给江东大族一点颜色看看，孙权还是乐见其成的。

只不过，这场立储之争后来玩过了火，什么君臣相知，什么君臣大义，都为这次内斗做了陪葬。

当年石亭之战得胜后，孙权把自己的车盖给陆逊用，又解下自己饰金腰带给陆逊系上，送缯彩、丹漆，赏赐之丰厚，无人可比。

酒宴之上，孙权喝醉了，命陆逊跳舞，看陆逊跳舞，孙权开心极了，自己也上前与他对舞。

可惜这君臣解衣共舞的佳话，随着二人反目成为追忆，只留那三千三百西江水，滚滚向东流。

[ **历史档案** ]

陆逊（183—245 年），吴郡吴县（今江苏苏州）人。三国时期吴国军事家、政治家。

建安二十四年（219 年），陆逊参与击败关羽，袭取荆州；蜀章武二年（222 年），陆逊在夷陵之战中火烧连营击败刘备；吴黄武七年（228 年），陆逊抗魏取得石亭之战的胜利。三国争霸时期，后生可畏的陆逊是后三国时代的英豪人物。

但在吴国出将入相的陆逊却最终幽愤致死。对于自古至今所有卷入立储之争的王侯将相们来说，总是要到站队时刻，他们才会真正体会到政治的残酷与无情。

## 大唐第一战将：当老板怀疑你的时候，用一次次胜利怼他

李靖在历史爱好者的心目中地位很高，被封为"战神"。

这可能主要得益于小说和演义的影响。在传奇和演义里，李靖很风光，又是"风尘三侠"之一，有红拂知己，又是托塔天王，是哪吒他爸。但这些，基本都是附会和传说，跟真实的李靖没啥关系。

真实的李靖，一生的政治处境挺凶险的。

史书说他一度"阖门自守，杜绝宾客，虽亲戚不得妄进"，把自己封闭起来，不是抑郁，至少也是郁闷。

一个战绩爆棚的名将，为何内心如此难受？

因为，老板对他不放心。

## 1

对于李唐帝国的领导核心来说，李靖是个有政治污点的人。

早在李渊密谋反隋的时候，李靖干过一件事：自锁上变。

李靖打算到扬州向隋炀帝告发李渊的阴谋，是效忠隋王朝的行为，应该大大有赏。

诡异的是，为什么要"自锁"，给自己戴个枷子呢？这不是表明自己是待罪之人吗？

对这件事，我们只能这样理解：李靖参与了李渊的密谋事业，但由于"革命意志"不坚定，想反水戴罪立功。

没想到，李渊的胜利来得太快，李靖走到半路，长安已经沦陷。

李靖被抓了，李渊准备处决他，当作革命事业软骨头的典型，以儆效尤。

临行刑前，李靖大喊："公（指李渊）兴义兵，欲平暴乱，乃以私怨杀壮士乎？"

这是李靖一生中在老板面前话最多的两次之一。另一次，我们后面会讲到。

李靖在老板面前话少，是出了名的。史书记载，他在朝廷上经常嘴巴嚅嗫半天，说不出一个字。

如果你以为李靖是武将出身，大老粗不会说话，那就大错特错。当时人对他的评价是"才兼文武，出将入相"，说明李靖文武双全。不说话，是不想说话，不是不会说话。

把话留到最关键的时候说。

比如这一次，他要死了，说出的话水平多高。他不是跪地求饶，而是理直气壮：你李渊干革命，不就是为了推翻隋朝的腐朽统治吗？现在因为这点嫌隙，就杀掉我这个人才，让天下人怎么看？

他认定李渊是要做曹操的，所以才这么说。

当年贾诩怂恿张绣第二次投降曹操，张绣一脸蒙，贾先生啊，我已经降过一次，反过一次，再投降不是去送死吗？贾先生指点说，放心吧，死不了。曹操是干大事业的人，他需要人才，需要向天下英才做出个姿态，所以至少表面上会非常宽待你。

曹操没杀张绣，李渊同样没杀李靖。

但李靖"自锁上变"这个污点，在老板心里再也洗不掉了。

## 2

要不是李靖才堪大用，他早已死过好几回了。

基于对李靖的极度不信任，李渊长期把他放在边疆地区任行军总管，一方面是利用他的作战才能，另一方面则考虑用得不顺心就杀。

大唐建国初期，萧铣 [xiǎn] 以梁朝皇族后裔的身份，趁着乱世，控制了长江流域大片土地，定都江陵，仗着水势与李渊对抗。

李渊派李靖去打萧铣，这是一场以少打多的战争。

一听到李靖的人马受到萧铣的阻击，无法推进，李渊莫名发怒，暗地里给硖 [xiá] 州都督许绍下了个手诏：杀掉他。

不用罪名，秘密处决。

可以看出，已经贵为皇帝的李渊，一直放不下对李靖的恨意。

许绍认为李靖是不世出的战将，所以不仅没有下毒手，而且为他请命。李靖这才逃过一劫。

没有证据表明李靖知道这个要命的密令。

他不说话，没有申辩，也没有表忠心什么的，只是很快就以率兵 800 擒获 5000 俘虏的战绩，做出了回答。

李渊变得很高兴，对朝中大佬们说"使功不如使过"，还给李靖下了手诏说"既往不咎，旧事吾久忘之矣"。

从来就没有这样表扬人的，李渊口口声声强调李靖有"过"有"咎"，旧事说忘了，其实根本没忘。

李靖没说话，第二年出奇谋，一举把萧铣灭了。

李渊论功封赏没得说，然后把李靖弄到了岭南，"贬"得更远了。

## 3

李世民上位后，李靖历任兵部尚书、尚书左仆射等要职，成为朝廷重臣。但这些，也是表面功夫。

李靖能力太强，帝国边境有什么乱子，领兵作战非他莫属。许以高官厚禄，仅是李世民抚慰和笼络李靖的手段。

李世民一副"你办事，我放心"的样子，其实骨子里和他父亲一样，对李靖极不放心。

贞观三年（629 年），李世民下诏派出几路大军讨伐东突厥，由李靖担任总指挥，而受他节制的几路大军首领，爵位大多都比李靖高。

这就是李世民的高招：李靖——不得不用之人，也是不得不防之人。

李靖没有说话，上了战场，又是捷报连连。第二年春天，俘虏了颉利可汗，取得了彻底胜利。

用太上皇李渊的话说，这是自刘邦遭遇白登之围以来，对抗外族的最伟大胜利。

在庆功晚会上，李渊自弹琵琶，李世民亲自起舞，场面和谐欢快。

作为前线总指挥的李靖，却享受不到这欢快的气氛。

综合史书记载，在李靖打胜仗前后，接连两任御史大夫都对他进行了弹劾，罪名是攻破颉利可汗牙帐后，纵容部下烧杀抢掠。

李世民出马了。他召见李靖进行谈话，把他责骂了一顿。

李靖没有申辩，连连点头谢罪。

然后，两人沉默了许久，李世民才说，前朝也有个名将史万岁，也曾大破突厥，然而隋文帝有功不赏，最后还把他暴杀于朝堂之上。

"朕则不然，录公之功，赦公之罪。"李世民最后说。

我不是隋文帝那样的人，对李靖你，有功要赏，有罪不罚。

看到没，李世民不但用史万岁的遭遇对李靖进行敲打，而且未加核实就强调李靖有罪，只是朕宽宏大量不追究罢了。

于是对李靖加官晋爵，以及实物奖赏。

过了没多久，李世民又找到李靖，对他说，此前御史大夫对你的弹劾是无中生有，我已经查明了，你不要往心里去。

李靖能不往心里去吗？但不管老板之前如何玩弄"有罪"与"无罪"，甚至两任御史大夫的构陷弹劾极有可能也是老板的授意，李靖自始至终没有辩解。

要是他很不合时宜地一定要抗辩，要跟老板争个面红耳赤，估计没罪也要被整得很惨。这种事太常见了。

## 4

64岁那年，李靖以足疾行动不便为由，请求退休。

李世民欣然同意，没有挽留。紧接着对李靖又是一通名为褒扬、实为训诫的说教，说古往今来，身居富贵而能知足止步的人太少了，多数人才虽不堪或身体有病，还是不愿放弃职权。

第二年，吐谷浑入侵凉州。

李靖太能打了，唐太宗知道非起用李靖不可，赐给他一根拐杖。

李靖出征，果然大破吐谷浑，再一次用胜仗说话。

但他永远逃不过那个魔咒：每次大功告成，即有凶险随身。

这一次是利州刺史高甑 [zèng] 生等人告他谋反。

李世民的处置方式颇有意思，据史书记载是"命法官按其事"，命令法官核实李靖谋反之事。好像巴不得找到李靖谋反的证据一样，可见他心里仍然相信李靖会谋反。

最终，当然查无此事，高甑生等人因诬陷被流放。

李靖仍旧没有说话，把自己关在家里，连亲戚都很少见，相当于自我软禁了。

后来，李世民让李靖教侯君集兵法。侯君集恨李靖不尽心传授，也诬告李靖谋反。真是树欲静而风不止。

李靖为何屡遭同僚诬陷？这个问题细思极恐。

除了同僚嫉妒其功绩，或泄私愤以外，与李家两代老板纵容甚至指使他的诬告不无关系。

你李靖确实是大唐第一名将，南、北、西三面军事危机都是你搞定的，没有你，不可能打得这么顺。贞观盛世，一大半武功要归到你名下。

这么有能力的人，聪明的老板不可能放着不用。用了，又怕你功高盖主，野心膨胀。更何况，你还是有"污点"的人。

两难，怎么办？

用政治谣言和诬告，时刻敲打、警示你，让你时刻处在高压和危机之下。表面风光，战功赫赫，内心焦虑，不敢乱想。这就两全其美了。

## 5

不得不承认，李渊、李世民父子的政治手腕，比历史上大多数帝王高明多了。

不杀降臣，不杀功臣，人尽其才，人尽其用，所以才能让李靖把军事才能发挥得淋漓尽致。

都说"用人不疑，疑人不用"，李靖遇到的两任老板却非如此，而是"用人照疑，疑人照用"。

李靖一次次涉险过关，最终平安落地，生前名列"凌烟阁二十四功臣"，死后备极哀荣。老板也赚到了啊，后世几乎没有人怀疑李世民防范李靖的"险恶用心"，通通称赞他是知人善任的贤君。

李靖就是李世民自我塑造明君形象的模板之一。

不过，再仔细想想，在李靖与两任老板的关系处置中，最高明的，其实还是李靖。

首先，李靖确实没有谋逆之心，这一点先保住了他的安全。

在流言四起的环境中，哪怕他稍微有一丁点儿不臣之心，也会被无限放大，死字怎么写很快就知道了。

还是那句话，他是有"前科"的人，至少在两任老板心里始终是这样认为的。

其次，李靖应对谣言诬告的态度，堪称经典，无人能敌。

当老板怀疑你的时候，不用申辩，不用抗议。如果那样，只会使你的损失更惨重。即便你在口头上把老板怼得哑口无言，证明了自己有多清白无辜，老板依然可以用手中的权力，轻则让你去职，重则让你去死。

权力，是不认道理的。

李靖对权力的洞察，深入透彻——权力，从来只认结果。

面对诬陷，面对质疑，他从不多说话，从不解释，只是用一次又一次的胜利，用一场又一场的胜仗，堵住了权力的血盆大口。

哪怕到了晚年，垂垂老矣，他仍然自信，刻意表现出"我行我上"的积极态度。

贞观十八年（644年），李世民要征高句丽，故意试探李靖说，你一生戎马征战，南平萧铣、辅公祏 [shí]，北灭东突厥，西破吐谷浑，为我大唐立下不世之功，现在只有东边的高句丽尚未征服，你怎么看？

李靖说话了，这是他一生中第二次，也是最后一次在老板面前说这么多话。

他说："臣往者凭借天威，薄展微效，今残年朽骨，唯拟此行。陛下不弃，老臣病期瘳 [chōu] 矣。"

他把此前的战功全部推到老板身上，然后表态征高句丽自己能随行，希望老板不要嫌弃我年纪大，一身病。

这一年，他 74 岁。

老板当然没有同意。老板只是试探一下，心满意足地走了。

这下，年迈的李靖应该长舒一口气——老板对他彻底放心了。

## [ 历史档案 ]

李靖（571—649 年），字药师，陕西三原人。隋朝凉州刺史韩擒虎的外甥，唐朝杰出的军事家。

李靖仪表魁伟，善于用兵，长于谋略。南平萧铣和辅公祐，北灭东突厥，西破吐谷浑，为唐王朝的建立及发展立下赫赫战功，成为凌烟阁二十四功臣之一。历任检校中书令、兵部尚书，拜尚书右仆射，封卫国公，世称李卫公。

# 有戚继光在，努尔哈赤还能崛起吗？

55 岁这一年，因为一个人的死，名将戚继光（1528—1588 年）陷入了人生从未有过的困境。

这一年是万历十年（1582 年），六月，随着帝国首辅、一代名臣张居正的去世，20 岁的青年皇帝，觉得自己被张居正压制了多年的万历皇帝朱翊钧，决定开始清算张居正的余党。于是，有人向青年万历皇帝上奏说，拥兵数万、镇守蓟州达 14 年之久的总兵官戚继光，名义上守卫着帝国的北方边疆，但实际上却是张居正豢养的一只大老虎，不得不防啊！

这是足以致命的死罪：这位在东南横扫倭寇、在北方抗击蒙古的帝国名将，眼下处境窘迫。而由他一手提拔起来的"西裨将"陈文治等人，则到处在京城散布谣言，说戚继光曾经在半夜给张居正送过信，难不成是密谋造反？

眼看万历皇帝到处在整治张居正党羽，整个帝国顿时风声鹤唳，陈文治等人则看到了打倒戚继光"取而代之"的机会。皇帝要整人，眼下正是浑水摸鱼的好时机，老将戚继光，自然是处境不妙、风雨飘摇。

艰难之中，还是有人坚持说了几句正义话。

兵科都给事中张鼎思说，戚继光先是扫荡倭寇 12 年，后来又北击蒙古 14 年，为大明帝国立下了汗马功劳，朝廷岂能全部抹杀？听到这些话语，万历皇帝若有所思，最终，被认定为张居正"党羽"的戚继光，被从拱卫京畿的蓟州总兵任上，调离到偏远的广东当总兵官；而戚继光的弟弟、贵州总兵戚继美则被革职；戚继光的老部下、浙江总兵胡守仁也随后被弹劾革职。

## 1

帝国的政治斗争和人事倾轧，不可避免地，让这位抗倭、抗蒙的名将，感觉到了恍惚和迷离。

得知驻守北疆 14 年的戚继光要被贬到广东，蓟州的老百姓扶老携幼，自发前来为将军送别：自 1568 年戚继光坐镇蓟州后，长期频繁从蓟州一带侵略入境的蒙古大军，在戚继光的打击下，几乎销声匿迹。在 1568 年之前，作为大明帝国的九大军区之一，蓟州镇 17 年间换了 10 位大将，却始终无法阻止蒙古人的入侵；而在戚继光坐镇的 14 年间，蒙古人在"戚家军"的打击下几乎遁逃无踪。但眼下，帝国边疆的守护神，却在政治斗争的倾轧下，要被迫离开了。

明朝音韵学家陈第，目睹了蓟州的老百姓自发罢市、围聚在蓟州道路两侧，泪流满面为戚继光送别的情景：

> 辕门遗爱满幽燕，不见胡尘十六年。
> 谁把旌麾移岭表？黄童白叟哭天边。

他无奈南下，许多年前，他曾经和同为抗倭名将的好友俞大猷一起许愿，希望为保卫帝国的北部边疆戎马驰骋。但眼下，好友俞大猷已经于三年前的 1579 年去世了。故友凋零，他辗转南下，中间经过了已经 20 多年没有回去过的故乡——山东蓬莱。

## 2

在故乡，军官世家出身的戚继光，17 岁时就继承祖上职位，担任山东登州卫指挥佥 [qiān] 事。当时倭寇在山东沿海一带烧杀抢掠，这位英气勃发的少年，在 19 岁时，就写下了"封侯非我意，但愿海波平"的壮伟诗句。

1568 年，在耗时 12 年终于平定东南沿海倭寇之后，这位抗倭名将被隆庆皇帝调到蓟州抗击频频入侵的蒙古人。16 年后，戎马操劳半生，却仍然被排挤到帝国的边缘角落，这位名将的心中，难免创伤抑郁。

在阔别故乡 20 多年后，1583 年，他站在山东蓬莱的海边。当年意气风发的青年，眼下已是 56 岁、白发掺杂的老年之身，在故乡的大海面前，他写诗叙说这种心中的复杂愁绪：

三十年来续旧游，山川无语自悠悠。

沧波浩荡浮轻舸，紫石崚嶒出画楼。

日月不知双鬓改，乾坤尚许此身留。

从今复起乡关梦，一片云飞天际头。

这位震慑蒙古人14年之久的帝国名将刚一离开，蒙古人就开始欢呼雀跃，骚动着开始了多年未有的入侵：1583年六月开始，蒙古人在沉寂多年后，开始频频经由蓟州入侵。没有了戚继光坐镇的帝国边疆，即将迎来多事之秋。

而寂寞的戚继光，只能在广东整理他的兵书《纪效新书》。

对一位将军来说，最痛苦的不是战死沙场，而是屈死于政治斗争的角落。这位南歼倭寇、北镇蒙古的名将，只能在诗歌里感慨道："平生自许捐躯易，遥制从来报国难。"

## 3

其实，在这个古老的帝国当官、为将，何其之难。

与戚继光同时代的海瑞，抬着棺材给嘉靖皇帝进谏，侥幸活命，却被帝国的官僚集团们看成是傻子和呆子。对戚继光有赏识、提拔恩遇的张居正，将腐烂透顶的大明王朝治理得国库充盈、兵强马壮，一度回光返照，也难逃在死后被万历皇帝清算的命运。

说到底，管他名臣还是干将，在嘉靖、隆庆、万历等三朝皇帝们看来，无论是海瑞、张居正，还是戚继光，无非都只是大明帝国的家奴而已，帝国需要你时你要招之即来；帝国不要你时，也能让你人头落地、身败名裂，能保得一条性命，已属万幸。

所以，一位将军被贬黜，又算得了什么？

在广东，这位指挥帝国北部边疆数万雄兵的大将，手下只剩下2000残兵可以调动，并且兵员补充、士兵训练、军官选拔等事务他也无权插手。然而，他不甘寂寞，仍然拖着老病残身，带领着士兵们巡视广东惠州、潮州、肇州、庆州等地的兵备和战守。

然而，政治斗争，还是不放过他。

张居正死后两年，1584年，万历朝廷针对张居正"余孽"的政治清算运动达到最高潮，张居正的家属被抄家，张居正的儿子张敬修被迫上吊自尽——在此情况下，被贬黜到广东仅仅一年多时间的戚继光，连总兵官的职务也被罢免。然而，他还得上奏谢恩，感谢万历皇帝还能让他活着退休："圣明独鉴孤臣，眷未衰也。"

他的一生，转战南北，歼灭倭寇，北击蒙古，为国杀敌总数达 15 万人之多，然而到了晚年，他也不得不为帝国和皇帝对他的"开恩"，表示出诚惶诚恐的"感激"。

## 4

1584 年，57 岁的戚继光，在戎马一生后，最终被罢官回乡。

属下们知道这位名将的委屈，送了一程又一程：

广东参政陈海山和广东参议梁木湾，将戚继光从广州一直送到了广东边境的韶关南雄一带才返回。他们知道，此生，再也见不到这位传奇名将了。而戚继光在途经广东与江西交界的梅关时，却仍然在梦想着，为大明帝国戍守边疆："依稀已觉黄粱梦，却把梅关当玉关。"

他仍然希望自己能为祖国披挂上阵、镇守玉门关等北部边疆，然而人生如梦，57岁的他老了，大明帝国风雨飘摇。万历皇帝不知道的是，就在戚继光被罢官从广东罢官的前一年：1583 年，一位年仅 25 岁、名叫努尔哈赤的建州女真人，已经凭着"十三副遗甲"，带领着一支 100 多人的队伍，在东北起兵了。

当一个崭新的军事势力崛起，大明帝国最为精悍强干的名将，却正在被罢黜返乡的路上。

当他回到山东蓬莱老家时，他的弟弟，因为张居正被政治清算，也被罢官遣返的贵州总兵戚继美，已经先行病逝；当时，戚继美的妻子李氏也已病逝。看到已经成为孤儿的侄子戚寿国，戚继光号啕大哭，他驰骋疆场几十年，血洒战袍从未变色，但眼下，却终于体会到了家破人亡的滋味。

## 5

他的结发妻子王氏，也弃他而去。

早年，他与王氏夫妻情深，然而十几年间，王氏所生的孩子全部夭折，在那个信奉"不孝有三，无后为大"的年代，他渴望有一个儿子，然而面对发妻，他却不敢启齿。

最终，他瞒着发妻，在 12 年间偷偷纳妾三人，先后生下五个儿子。王氏在多年之后才惊觉，在痛苦之中，王氏手持匕首要去杀他，但夫妻两人最终抱头痛哭。后来，戚继光将他的小妾陈氏所生的儿子戚安国过继给王氏抚养，才算了了一桩心事。

然而，当他回到家后，儿子戚安国也病逝了，王氏万念俱灰，离家出走。这使得他的晚年，越发孤独和落寞。

他被罢官后，北方的蒙古人仍然不时入侵，东北的女真人正在崛起，但大明帝国却仍然醉生梦死。

他太孤独了，经常登上山东海边的蓬莱阁，静静眺望着大海发呆；有时候，他就跟儿子们讲讲自己热血抗击倭寇、征战蒙古、护卫边疆的往事。

多少壮怀激烈，最后都化成了白发感慨和无语沧桑。

在被从广东罢官后的第三年，即1587年一篇献写给家庙的祝文中，他向祖先们汇报总结自己的一生："虽用祖宗之积已多，未能为之益，亦未敢为祖宗累也。"

他将是前后数百年中，戚氏家族最大的荣耀，然而他还是如此谦逊，而这，也更是一种经历戎马风雨和政治运动后，对自己晚年处境的无声感慨。

在野史的传说中，说他曾经买过"千金姬"进献给张居正；似乎为了办事，有时也"手段特殊"；而写《明史》的张廷玉等人，则说戚继光瞒着老婆娶妾"操行不如"。然而历史的现实是，他一生奉公爱民，对有困难的部将和士卒慷慨解囊、倾情相助，自己却在晚年被罢官返乡后，一贫如洗，临死前，甚至连看病买药的钱都没有，连一个郎中都请不起。

一直到他死后，人们才发现，戚继光"四提将印，佩玉三十余年，野无成田，囊无宿镪，惟集书数千卷而已"。这与那些不惜污蔑他的政治对手们倾力传播的故事和传说相去甚远。

6

然而，他终究还是去了。

万历十五年十二月二十九日，即1588年1月17日，这位帝国的边疆保护神，61岁的戚继光，最终在贫病交迫中，含恨死去。对此，老友汪道坤在为他所写的墓志铭中，深情痛惋说，他死的那一天，"鸡三号，将星陨矣"。

而对戚继光这样一位"特进光禄大夫少保兼太子太保左都督"的一品高官、抗倭抗蒙名将的去世，万历皇帝和整个大明王朝似乎毫不在意。或许在他们看来，作为张居正的余党，戚继光能正常死亡，已属万幸了，在政治运动的发起者和参与者们看来，这已经是他们对戚继光最大的"怜悯"了。

戚继光死后四年，1592 年，丰臣秀吉派遣日本军队入侵朝鲜，史称"壬辰倭祸"。随后明朝军队进入朝鲜，协助抗击日本侵略军，一直到此时，大明王朝才在"国难思良将"的痛楚中想起了那位早已在政治运动打击下、郁郁而终的抗倭名将戚继光来。

于是，大明帝国礼部的官员们才终于给了他一个评价："戚继光血战歼倭，勋垂闽浙，壮猷御虏，望著幽燕，乞照例赐与恤典。"

而大明帝国痛悔的，不仅仅于此。因为就在戚继光死的当年，1588 年，30 岁的努尔哈赤正式统一了建州女真；戚继光死后 21 年，万历四十七年（1619 年），没有了戚继光等名将坐镇北方的大明王朝，派出的 12 万大军最终在萨尔浒之战中被努尔哈赤的 6 万军队击得溃不成军，从而掀开了大明王朝灭亡的序幕。

那位在抗倭、抗蒙战争中百战百胜，却被他们弃之如敝履的帝国名将，那个让倭寇和蒙古兵闻风丧胆，却被他们看为"张党余孽"、一脚踩翻在地的姓戚的老牛，已然身死陨灭。

那个视名将如草芥的大明帝国，又何尝不是，开始步入尾声？

### [ 历史档案 ]

戚继光（1528—1588 年），山东蓬莱人，明朝抗倭名将。

戚继光先是在东南沿海为明朝抗倭 12 年，然后又辗转北方抗击蒙古部族长达 16 年之久，为大明帝国立下了显赫功勋。然而，在明朝晚期腐朽的政局中，戚继光最终被贬黜，贫病致死。

与许多王朝到了晚期人才匮乏、名将凋零不同，大明帝国在日垂西山之时，仍然名将辈出。从戚继光到无辜枉死的熊廷弼、袁崇焕，名将们最终不是战死沙场，而是死于政治与朝堂之手。而大明帝国也在摧残名将的黑暗中，步步堕入了毁灭的深渊。

# 没有左宗棠，清朝难以收复新疆

大清同治十三年（1874年），在历时七年之久，终于平定陕（西）甘（肃）回乱后，陕甘总督、大学士左宗棠和直隶总督兼北洋大臣李鸿章，就是否要收复新疆，爆发了一场空前论战。

这就是晚清著名的"海防""塞防"之争。

论战的背景是，当时尽管左宗棠耗时七年终于平定陕甘回乱，但新疆却被从中亚入侵的阿古柏乘机占据；而俄国人则乘机占领了伊犁一带。眼看着康熙、雍正、乾隆三朝皇帝历时数十年才平定的新疆，即将沦落异族之手，已经62岁的左宗棠抱病请缨，表示将亲率大军西征新疆，为祖国光复疆土。

但在李鸿章看来，号称"左骡子"的左宗棠，简直是在胡闹。

因为就在这一年，日本海军3000多人入侵台湾，尽管大清帝国最终遏制了日本人的入侵野心，但在李鸿章看来，相对于那个远隔万里的新疆，台湾和大清帝国的海防，才是最为关键的军机要务。

就在呈报清廷的《筹议海防折》中，李鸿章说，大清帝国应该放弃新疆，转而专注"海防"。因为在李鸿章看来，当初乾隆皇帝统一新疆只是"徒收数千里之旷地，而增千百年之漏卮，已为不值"，而大清国力有限，应该将有限的经费专注于办海军、用海防，因此放弃新疆"于（大清）肢体之元气无伤；海疆不防，则腹心之大患愈棘"。

李鸿章提出，应该将左宗棠准备出征新疆的西征军"可撤则撤，可停则停，其停撤之饷，即匀作海防之饷"。

对此，左宗棠予以严厉的反驳。左宗棠说，巩固"海防"和收复新疆的"塞防"，必须"二者并重"。因为在他看来，乾隆皇帝征服新疆，"拓地二万里"，祖宗基业和祖国领土岂能自行放弃？

在当时，62岁的左宗棠，已经为大清帝国戎马倥偬、四处征战了20多年：从40岁出山充当两任湖南巡抚张亮基、骆秉章的幕僚，到自己亲率"楚军"讨伐太平军，再到征战西北平定回乱，当时，他已经是积劳成疾，经常咳血。由于水土不服，他长了风湿疹子，一到夜里就奇痒无比，难以成眠。但对于左宗棠来说，他以一介书生起家，誓要一死以报家国，因此对新疆，他绝不放弃。

为了表明决心，他命令将自己的大军行营从兰州向西挺进1000多里，移驻到肃州（酒泉），以便靠近新疆指挥进军。本来对于他来说，60多岁，协助平定太平军，又平定陕甘回乱，已经功成名就，按理说他应该颐养天年，或者是弄个闲职，享受万人敬仰。

但"左骡子"不甘心。

1871年，当听说俄国人趁乱侵占伊犁后，他就写信催促自己的得力干将刘锦棠火速返回前线。左宗棠在信中说："本拟收复河湟后，即乞病还湘（湖南），今既有此变，西顾（新疆）正殷，断难遽萌退志，当与此虏（俄国）周旋。"

在家信中，左宗棠说："我年逾六十，积劳之后，衰态日增……（但）俄罗斯乘我内患未平，代复（侵占）伊犁……我以衰朽之躯，不能生出玉门（关），惟不将关内肃清……此心何以自处？"

在给清廷的信中，左宗棠说，必须先击败阿古柏，然后进击俄罗斯收回失地："伊犁我之疆索，尺寸不可让人！"

大清帝国内部议论纷纷，但这一次，深知"保新疆就是保蒙古，保蒙古就是保京师和内地"的军机大臣文祥，终于被左宗棠的铁血雄心所震动，最终站在了左宗棠的一边。在文祥和左宗棠的强力主战下，以往软弱无能的大清帝国，终于"雄起"了一把，委任左宗棠以钦差大臣、陕甘总督的身份，同时督办新疆军务，以平定阿古柏之乱和收复伊犁。

## 1

在经历长期筹备、采取"缓进急攻"策略后，1876年，左宗棠命令西征军正式向阿古柏贼军发起攻击。历时三年，到1879年年底，左宗棠的西征军击败了阿古柏的军队，基本上平定新疆。但在伊犁，俄国人仍然盘踞不走，并对新疆虎视眈眈。

光绪六年（1880 年），已经 68 岁的左宗棠，顾不上"衰朽之躯"，命令 2 万军队继续挺进至伊犁附近。四月十八日，他亲自率领 1000 多亲军，从肃州（甘肃酒泉）大本营西向挺进新疆哈密，就近指挥。在他身后，他命令士兵们给他运了一口棺材随军出征，他誓要以死来捍卫祖国的领土完整和主权统一。

对于自己的这次抬棺出征，左宗棠说，他不以出塞为苦，虽然不能与年轻人相比，但他"孤愤填膺，诚不知老之将至"。

在给朋友刘典的信中，左宗棠说："国家当（此）天下纷纷时……苟利社稷，死生以之耳！"

尽管左宗棠不以战死为惧，但听说左宗棠大军西进伊犁后，俄国人却开始威胁清廷，如果不想全面战争，大家最好坐下来谈判。

当时，力挺左宗棠的军机大臣文祥已死，当听说俄国人在伊犁一带增兵 1 万多人，并且派出舰队在黄海一带巡游，威胁要封锁中国海面后，清廷立马吓破了胆，连此前主战的工部尚书翁同龢和两江总督刘坤一，也纷纷支持李鸿章议和。最终，清廷将已经挺进新疆前线指挥的左宗棠强行召唤回京，并派遣曾国藩的儿子曾纪泽前往俄罗斯谈判。

左宗棠悲愤不已，因为在他看来："俄事非决战不可，连日通盘筹画，无论胜负云何，似非将其侵占康熙朝地段，收回不可！"

但连年征战，当听说与俄国可能要爆发全面战争，清廷却自行妥协软蛋下来。对此，左宗棠在悲愤离开前线时，也特地做了安排，他让爱将刘锦棠继续进军驻扎在伊犁一带，以武力为后盾，强力支援曾纪泽进行谈判。

最终，1881 年，清政府与俄国签订《中俄伊犁条约》，俄国人被迫同意归还伊犁一带 2 万多平方公里的土地。尽管霍尔果斯河以西 1 万多平方公里的土地仍然被俄国占领，但谈判终究夺回了伊犁一带领土，最大程度地保住了大清帝国的领土完整。

此后，在左宗棠的强力建议下，1884 年，清政府在新疆正式设省，仿照内地模式实行军政一起管理，以求通过"设行省，改郡县"，来保证新疆的长治久安。而左宗棠的爱将刘锦棠，则成为清廷在新疆的第一任巡抚。

至此，新疆，才逐渐并入到了中国现代化体系的管理之中，此后，尽管历经清末和民国战乱，但新疆却始终牢牢地控制在了中国人的手中。

## 2

左宗棠终于被征召回京。对于清廷来说，左宗棠作为汉人，长期在外执掌兵权，他们心里始终是不太放心的，但左宗棠劳苦功高，实际执掌政权的慈安和慈禧两位太后，还是让他做了军机大臣，参与军政要务。

但左宗棠性子直，在朝中，很多人是看他不爽的。

首先是两宫皇太后身边的太监们就看他很不爽。从新疆回京后，左宗棠进宫，守门的太监却向他讨要红包，即"宫门费"，否则就不让他进去。在当时，大小官员们进宫参见两宫太后和皇帝，太监们都会拦路勒索一下，但左宗棠却非常"不识趣"，不给红包就算了，还把太监们痛骂了一顿，还闹着说要跟太后告发此事，搞得太监们恨得牙痒痒。

皇室宗亲们对左宗棠也没有好印象。军机大臣宝鋆 [yún] 是皇族子弟，此前，宝鋆的弟弟宝森曾经拜访左宗棠，结果左宗棠却不买账，认为宝森拿着宝鋆的名帖是想倚仗皇权和官势，因此找了个茬子向宝森大发了一通脾气。对此，宝鋆一直怀恨在心，经常跟同僚说，"左宗棠就是一团茅草，懂个屁"。

左宗棠脾气也确实很大，他觉得满人官员无能，因此有时就会用湖南土话骂说："冒得寸用！"意思是"没有一寸之长"。这话传播开来，当然惹怒了满人和蒙古族官员，认为左宗棠狂妄至极，实在可恶。

这种"臭"脾气，早在左宗棠还在湖南巡抚骆秉章手下当幕僚时，就已经显现出来了。

当时，太平军在湖南境内攻战，骆秉章将很多军政大事都交给左宗棠处理，以至于左宗棠当时虽然无品无级，但却权力极大。当时，湖广总督官文是个草包，面对太平军手足无措，但捞钱要钱却很有一手，他想要骆秉章在湖南境内纳捐搞钱，但左宗棠却扣着不给办。另外有一次，官文又想控制左宗棠一手培养起来的"老湘军"王鑫的部队，又被左宗棠识破，双方由此交恶。

官文有个亲信叫樊燮，是湖南永州总兵。樊燮贪赃枉法，平日里左宗棠就看他不爽，因此当有一次樊燮去湖南巡抚衙门时，左宗棠就以樊燮不向他行礼，大发脾气，说湖南的官员，见了我左师爷，没有不叩拜的，怎么就你不行礼？

樊燮对此也非常恼火，说我一个堂堂总兵，凭什么向你一个没官没品的师爷行礼？左宗棠的狂妄，由此可见一端，并在朝野上下惹下了一堆梁子。

对此，为人比较正直的工部尚书翁同龢，就在日记里写道，左宗棠为人太正，脾气又冲，"窃恐左公不免龃龉矣，正人在位之难也"。

在这种情况下，眼见左宗棠竟然进入军机处，经常跟左宗棠对着干的李鸿章，自然也不会放过机会攻击左宗棠。李鸿章就经常向慈禧报告说，左宗棠非常夸张、骄纵。

最终，慈禧找了个借口，将左宗棠从军机大臣的位置上外放到南京去当了两江总督、南洋大臣。

## 3

左宗棠虽然脾气大，但为人却极富爱心且仗义。

左宗棠的祖上都是教书匠，虽然家里有几十亩田地，但父亲左观澜仍然要靠着外出教书才能养活一大家子人。家里贫寒，父亲左观澜留下三子三女。当时，左宗棠的大哥左宗棫 [yù] 早逝，眼见大嫂和侄子孤苦无依，左宗棠便和二哥左宗植商量，将家中唯一的经济来源、48 亩谷田都送给了大嫂一家，而他和二哥左宗植两人不仅没有留下财产，反而承担起了全部债务。

由于家中贫困，1832 年，20 岁的左宗棠给湘潭周家做了上门女婿。婚后，他好不容易考中举人，有一次他想进京赶考，终于凑够去北京的路费后，当听说自己的姐姐生活潦倒时，他毫不犹豫地把 100 多两盘缠给了自己的姐姐，但自己却没钱了。亲友们听说后，才又给他凑了路费。

他脾气差，却心有大爱。

在三次进京赶考都落榜后，左宗棠发誓不再赶考。道光二十八年（1848 年），当时湖南连年大旱，又遇水灾，人民流离失所、饥馑遍野，36 岁的左宗棠四处奔波，劝说富人们捐款赈灾。在教书谋生的空暇时间，对于途经他住所柳庄的饥民，左宗棠甚至倾其所有，向饥民施舍粮米和医药。而当时，左宗棠家中也并不富裕，但他却"罄其所藏"救济灾民。

他为人也不计较旧恶。早年，他与曾国藩非常友好，但后来因争功闹了矛盾，一直没什么往来。在从陕甘总督调任军机大臣后，曾国藩早已死去多年，当听说曾国藩的小儿子曾纪鸿在京城穷困潦倒时，左宗棠便去看望，还给他出钱治病；不久曾纪鸿病逝，家里人连殡葬和送丧还乡的费用都出不起，左宗棠也一一帮曾纪鸿的家人付清。

尽管他脾气差，经常得罪人，却才能卓著，同左宗棠交恶的曾国藩的幕僚赵烈文也认为左宗棠不仅有军事才能，而且政治、经济才能也非常突出。

起初，在浙江镇压太平军时，左宗棠一面干军事，一面恢复农业生产，进行盐务和茶务改革，整饬吏治，后来又倡导学习洋务，创办福州船政局，进而成为洋务运动和中国近代化的先驱之一。

对此，赵烈文表示，浙江在太平军平定后不到几个月，全省的生产就在左宗棠的治理下井然有序地恢复了："在浙江，绍兴居民皆已复业……杭省（杭州）百废俱起，复城未两月，已议及海塘（治理）。各郡之漕皆减定，颂声大作。以此观之，左（宗棠）之吏治，实胜李（鸿章）十倍。"

## 4

但这位 40 岁才出山、大器晚成的晚清中兴名臣，却注定是孤独的。

光绪七年（1881 年），在被外放南京任职两江总督后，当时，法国已侵占越南南部，并企图沿红河直上侵入云南。在此情况下，为了支援刘永福在云南、广西一带抗击法军，左宗棠还让自己的爱将王德榜招募了十营军队，并取名"恪靖定边军"，左宗棠还从两江辖区划拨了十万多两白银和军火物资资助"恪靖定边军"驰援广西。

1883 年十二月，法军正式进攻驻守在越南的中国守军，中法战争爆发。在此情况下，老病缠身的左宗棠请辞两江总督，上书清廷，希望能带兵抗击法军，在上书中他写道："（臣）督师有年，旧部健将尚多……尚有可为……不效则请重治其罪，以谢天下！"

但清廷起初不予理会。事情一直拖到 1884 年八月，在慈禧主持召开的军事会议上，慈禧在和与战之间仍然犹豫不定。会上一片死寂，没人敢说话，但 72 岁的左宗棠却猛然站起来主动请战，左宗棠说："中国不能永远屈服于洋人，与其赔款，不如拿赔款作战费！"慈禧听了后，流了眼泪，至此，清廷才决定与法国摊牌一战。

当时，福建海军在马尾海战中全军覆没，法军再次侵入台湾基隆。被派遣任钦差大臣、督办福建军务的左宗棠，提请北洋大臣李鸿章派遣北洋海军南下支援，但一直憎恨左宗棠的李鸿章却拒绝南下，放任法军来去。无奈下，左宗棠只能雇佣渔船，让清军乘坐渔船前往台湾支援刘铭传抗击法军。

　　随后，左宗棠此前派往广西的王德榜的"恪靖定边军"协助冯子材击败法军，取得了镇南关大捷。在此情况下，李鸿章乘机提出"乘胜即收"的主张。1885 年六月九日，李鸿章代表清廷，与法国在天津签订了《中法会订越南条约》，中国承认越南归法国保护，并同意允许法商进入中越边界开埠通商，中法战争，最终以"中国不败而败，法国不胜而胜"惨淡收场。

　　9 天后，六月十八日，内心不胜悲愤的左宗棠提请辞去军职。九月五日，台风袭击福州，整日风雨大作，为大清国耗尽毕生心血的左宗棠，也终于走到了生命的最后一刻。

　　弥留之际，73 岁的左宗棠向儿子口授上达清廷的遗疏，他说："此次越南和战，实中国强弱一大关键，臣督师南下，迄未大伸挞伐，张我国威，遗恨平生，不能瞑目！"

　　弥留之际，他的儿子听到左宗棠在迷糊中喃喃自语说："哦哦，出队！出队！我还要打！我还要打！"

　　他至死，都没有忘记，要为这个国家和民族而战。

　　听说左宗棠死后，法国人、俄国人立马鼓手拍掌，因为对他们来说，大清帝国最后的鹰派和雄狮，终于陨落了，剩下的一些被左宗棠大骂为"误尽苍生"的李鸿章之流，都很好对付和收拾了。

　　世间，再无左宗棠。

## [ 历史档案 ]

左宗棠（1812—1885 年），字季高，湖南湘阴人。湘军著名将领，晚清军事家、政治家，与曾国藩、李鸿章、张之洞一起并称"晚清四大中兴名臣"。

左宗棠因为参与平定太平天国之乱而崛起，随后又积极兴办洋务运动，镇压捻军，平定陕甘回乱，进而收复新疆。他历任闽浙总督、陕甘总督、两江总督，官至东阁大学士、军机大臣，封二等恪靖侯。

中法战争期间（1883—1885 年），左宗棠自请赴福建督师，最终病逝于福州，享年 73 岁。

左宗棠病逝后，与他相爱相杀多年的政敌李鸿章送来了一副挽联："周旋三十年，和而不同，矜而不伐，惟先生知我；焜耀九重诏，文以治内，武以治外，为天下惜公。"

钱袋子：

帝国『首富』系列

## 最会搞钱的经济大臣，如何支撑起帝国霸业？

公元前 81 年，一代雄主汉武帝已去世 6 年，此时是汉昭帝始元六年。

这一年，朝廷郑重其事地从全国各地召集了 60 多名儒生，参加政府经济政策评议座谈会。朝廷这边出席会议的高官有丞相田千秋，以及主管财政经济的御史大夫桑弘羊等人。

会议的氛围一点儿也不团结友好。

作为前任皇帝执政时期主要经济政策的制定者，74 岁高龄的桑弘羊在会上遭遇"言语围攻"。儒生们没有一丝尊重这名两朝元老的意思，纷纷向他发难，痛骂他主持的盐铁专卖等国有经济事业是与民争利，君子不齿。

根据后来的会议实录，桑弘羊明显处于守势，但他依然顽强地为国家既定的经济政策进行辩护，前后发言 100 多次。

儒生在道德立场上秒杀桑弘羊，但桑弘羊绝口不提仁义道德。他说，我就问你们一个问题。

结果，没有一个儒生能够很好地回答他这个问题。

### 1

汉武帝刘彻是个雄才大略又好大喜功的皇帝。在他接管整个帝国后，随着国力的恢复，他的内外政策有了明显的转变。尤其对外政策，从汉初的韬光养晦、和平崛起，调整为高调征服、武力称霸。

史书上说，武帝在位 50 多年，基本上有 40 年都在对外战争。

他开疆拓土，北逐匈奴，南服滇越，开通西域，建立了规模空前的大帝国。当时的热血青年，很是扬眉吐气：厉害了，我的帝国。

但是，战争是要烧钱的。钱从哪来？

汉朝开国，到武帝即位，一直实行休养生息的基本国策，中间出了个"文景之治"，国家积累的财富相当可观。史载："汉兴七十余年之间，国家无事，非遇水旱之灾，民则人给家足，都鄙廪庾尽满，而府库余货财。京师之钱累百巨万，贯朽而不可校；太仓之粟陈陈相因，充溢露积于外，至腐败不可食。"

这笔国库积累成为武帝对外征战的底气和启动资金，支撑了他在位前20年的主要开支。

到了元狩年间，即公元前120年左右，国库里的钱烧得差不多了。为了增加财政收入，武帝要想办法搞钱。

在武帝的授意下，御史大夫张汤最早提出了盐铁官营的建议："笼天下盐铁，排富商大贾。"

武帝第一时间批准了这一建议，主管此事的大农令郑当时立马着手办理。考虑到自己不谙盐铁经营，郑当时向武帝推荐了两个人：大盐商东郭咸阳和大冶铁商孔仅。

西汉初期，商贾是不能为吏做官的。这条规定或许是出于对商人阶层的歧视，但更主要是为了防止权力寻租，避免官商勾结，破坏社会公平。

武帝打破了这条铁律，对他来说，非常时期任用非常之人，再正常不过。东郭咸阳和孔仅这两个大商人，被任命为大农盐铁丞，分别负责盐和铁的国家专卖事务。

## 2

武帝为什么要拿盐和铁作为国家垄断经营的领域？

大家知道，传统社会中，男耕女织，自给自足，绝大部分生活必需品都无须通过市场流通。盐和铁，恰好是两个例外。

《管子》中说："十口之家，十人食盐，百口之家，百人食盐。"又说："恶食无盐则肿。"不吃盐要生病，所以人人都要吃盐。当时人已经认识到这一点。

铁的重要性同样不言而喻。从老百姓的生产生活，到国家的行军打仗，都离不开铁。

因此，盐和铁的生产销售中蕴藏着丰厚的利润，当时的大商大贾都出自这两个行业。汉武帝当然希望国家通过一定的措施把这些利润抓到自己手里，以达到争夺商利的目的。

东郭咸阳和孔仅上台后，提出了盐铁官营的具体方案。简单来说，盐的官营实行募民煮盐而官府专卖的做法，就是由官府招募盐户，煮盐的费用由盐户自己承担，官府只提供煮盐的铁锅（即"牢盆"），煮成的盐再由官府统一收购并对外销售。

铁的官营则完全由官府垄断。各地都设置铁官，负责铁的冶炼，铁器的制作以及销售。铁的垄断相当于从源头控制了武器生产，对帝国的稳定也有极大的现实意义。

盐铁官营，还有一点在汉武帝的掌控之中。

当年，由吴王刘濞带头的七国之乱是怎么乱起来的？肯定不是主张削藩的晁错挑起来的，而是这些封国利用盐铁生意大发其财，从而招兵买马，收拢人心，才有了对抗中央的实力。

武帝在全国搞盐铁官营，不仅增加中央财政收入，对断绝封国的财源也起到了釜底抽薪的作用，堪称一石二鸟。这一招，比他的推恩令还绝。

## 3

新的经济政策一出台，效果杠杠的。汉军连年征战，都征调盐铁收入助赋。不到三年，孔仅就晋升为大农令。

不过，汉武帝很快就发现政策有漏洞，不能按照他的意图完全施行。这主要表现在两方面：

第一，孔仅等人是盐铁大商人出身，他们在掌握盐铁官营的权力后，引入和安插了更多的盐铁富商。这批商人成为最早的"官商"，不仅攫取中间利益，还企图控制政治。据说，当时有大批商人通过各种手段进入官场，造成了吏治混乱。

第二，武帝实行盐铁官营的初衷，是要彻底夺取市场利益。孔仅等人日渐感觉到国进民退，自身商业利益受到侵蚀，于是对盐铁官营的态度也由积极变得消极。

孔仅最终遭到撤职。大农令几经换人后，最初在盐铁官营事务中不唱主角的桑弘羊成了掌门人。

桑弘羊出生于洛阳一个富商家庭，是帝国最著名的算赋神童，13岁就彰显出理财的天赋，因而被选入宫。

很多人认为桑弘羊是盐铁官营的首倡者，其实并不是，他只是做得最出色的一个，所以大家习惯把开创之功也归到他头上。

桑弘羊逐步厘清孔仅时期的盐铁官营弊端，通过机构设置，建立起从中央到地方的一整套财经管理系统，并让这套系统高效地运转起来。

盐铁专营之外，他还大力推行相关的经济措施。

比如建议汉武帝收回各郡国的铸币权，统一国家币制，加强中央对全国财经的控制。

再如大力推行均输政策。办法是将各郡国应缴的贡物，按照当地市价，折合为土产品，上缴均输官，再由均输官将这些廉价土产品，运往贵价地区出售。中央政府不费一文资本，经过辗转贸易，便获得巨额差价利润。

桑弘羊又创办了平准制度，"置平准于京师……尽笼天下货物，贵即卖之，贱则买之"。这实际上是天下均输官在京师的总经理处，既有利于平稳物价，又实现了中央创收。

为保证盐铁官营政策的顺利推行，桑弘羊还建议武帝配套颁布了算缗 [mín]、告缗的命令。

算缗，就是向商贾地主征收财产税。规定凡隐瞒不报或虚报的，除了没收全部财产，还要被罚戍边。

告缗于是应运而生，即鼓励对隐瞒财产不报或谎报的富商地主进行检举揭发，大搞举报有奖。

桑弘羊的铁腕手段，几乎堵死了帝国私营工商业的发展之路。但对汉武帝及中央政府而言，桑弘羊立功了。他的巨大功绩，就在于他千方百计满足了当时中央政权对财政的浩大需求。

史载，在他掌握经济大权的一年之间，"天下用饶"。

## 4

我们现在知道，"天下用饶"其实是一种假象。

准确地说，应该是，国家财力虽然上去了，但发展的成果并未能被广大人民分享，而被皇帝用于更大的征战事业，以及愈加无度的挥霍中去了。

武帝执政中后期，打赏有功将士，出手都是百万计，一点儿都不心疼。搞形象工程也是一个赛一个，花多少钱，不在考虑范围内。

因为，桑弘羊总能搞到钱来充实国库。

官营经济的弊病就在于此。当政策的实行是为了一个集体崇高的目的，比如打匈奴、反侵略，那么百姓、商人为国家让路，勒紧裤腰带，这都不成问题。但当政策变了味，成为掌权者满足私欲的工具，比如好大喜功、挥霍无度，那么这个国家的主要矛盾肯定会发生转移。

武帝晚期，盐铁官营、酒类专卖、均输平准等"与民争利"的国家政策，已经严重扰乱了社会秩序，民生艰难，犯罪大增。为了维持统治，又任用酷吏，以严刑峻法来弹压社会不满情绪。

这个过程，如徐复观总结："因黩武的关系，便逐渐实施战时经济政策。因实施战时经济政策，便不能不使用残酷的刑法，三者互相因缘。"

北宋名臣司马光评价汉武帝，说他的各种残暴做法跟秦始皇几乎没什么区别，但"其所以有亡秦之失，而免亡秦之祸"，是因为他晚年意识到自己的错误而改过。

公元前 88 年，汉武帝七十大寿，百官准备好好庆贺一番。没想到，他下诏说，我无德于天下，无恩于人民，狂妄一生，不知死了多少人。我只觉得很惭愧，连饭都吃不下去，不要再提祝寿之事。

武帝变了，但桑弘羊没变。

桑弘羊晋见武帝，建议派兵、移民到轮台（位于新疆天山南麓），建城堡，开荒地，以安定西域。

武帝不以为然，颁发《轮台罪己诏》。大意是，之前有人建议每个百姓增税 30 文，作为边防军费，加重了老弱孤残的负担；这次又要兵士和民众到轮台去开荒，那里远在车师（吐鲁番附近）以西千余里，上次收服车师，因运输困难，死了几千人，再派人去轮台，不是要害死更多百姓吗？

不难看出，武帝在里面对桑弘羊及其政策进行了批评，把黑锅甩给桑弘羊。然后说，现在最要紧的是废除残暴的刑罚，减轻民间的赋税，使天下安定。

一年多后，忏悔中的武帝驾崩。

## 5

武帝在生命的最后时刻，几乎否定了自己一生的事业和政策。在颁布《轮台罪己诏》的同时，他着手寻找能够贯彻他新政策的大臣。

据说他曾命宫廷画师画周公像，赐给霍光，意思是要年幼的昭帝继位后，霍光行周公辅政之事。上官桀、桑弘羊等人一起受命辅佐昭帝。

新帝上位后，官营政策并未改变。

霍光作为武帝最后拣选的重臣，意欲改弦更张，实行类似汉初与民休息的无为之治。桑弘羊，作为盐铁官营等一系列国营政策的制定者和受益者，并不愿放弃原有的政策。一旦放弃这套他赖以安身立命的经济政策，他的存在意义就要受到质疑。

昭帝始元六年（前81年），盐铁会议的召开正是为了解决武帝时期官营政策的存废问题。

与桑弘羊辩论的儒生们，背后的支持者是霍光。

双方的辩论很激烈。儒生们全面否定专卖制度，指责盐铁官营、酒类专卖、均输平准等政策都是"与民争利"，主张贵义轻利，自由放任，藏富于民。他们还指出了盐铁专卖之后出现的一系列问题，比如质量差、价格高、官商勾结等。

桑弘羊竭力维护自己的政策，前后发言100多次，可谓舌战群儒。他不否认儒生们指出的问题，但强调这不是政策本身有问题，而是执行过程中人出了问题。

与儒生们讲求执政的仁义不同，桑弘羊一直强调实际问题的解决。他现场提出一个问题：如果不搞国有经济，那么一旦外族入侵，我们拿什么去保卫国家？

据说现场儒生无人能很好地回答这个问题，只是坚持传统的论调——"以仁义导之"。

战争时期，要采取强硬的集权政策。这一点古今皆然，桑弘羊凭此站稳了脚跟。

不过，现在形势又变了。匈奴北徙，威胁暂时解除，而武帝后期对匈奴用兵，败得一塌糊涂，此时是否还要歌颂战争呢，还是重拾汉初的和亲政策，韬光养晦，等待下一次大国崛起？

桑弘羊没想明白这个问题，他的世界里只有搞钱—打仗—搞钱—打仗。

儒生的理论虽然浮夸，有点假，但对于政权巩固，安抚人心，还是很有用处的。尤其是在百姓无法从大国崛起中得到实际好处的时候，皇帝如果宣称实行仁政，百姓就会感恩戴德，山呼万岁了。

所以，后来的汉宣帝就曾对他的儿子（即汉元帝）说："汉家自有制度，本以霸王道杂之。"就是说，汉朝治理天下，向来是霸道、王道并用，只是有时候偏向王道多一点，有时候偏向霸道多一点。

具体何时侧重王道，何时侧重霸道，当然要根据国内的主要矛盾去衡量。

到盐铁会议召开之时，汉朝的主要矛盾已由民族矛盾转变为阶级矛盾，人民没有活路，造成了日趋尖锐的阶级矛盾。如果不对国家主要政策进行调整，以休养生息和轻徭薄赋来缓和这种矛盾，而仍然与民争利、不作让步的话，那么汉朝可能真如司马光所说，到汉武帝之后就亡了。

盐铁会议的辩论结果，儒生宣布他们赢了。

作为皇帝行仁政的宣示，有且仅有酒类专卖被取消了。而盐铁官营实在太有利可图了，到手的东西总很难再还回去，到西汉结束，好像总共也就取消了三年左右的时间。

此后历朝历代都对这块肥肉上瘾，绝少放手。

谁曾想到，桑弘羊最终以这种形式取得了胜利。

## [ 历史档案 ]

桑弘羊（公元前 155？—前 80 年），河南洛阳人，西汉时期政治家、理财专家、汉武帝的顾命大臣之一，官至御史大夫。

桑弘羊出身商人家庭，历任侍中、大农丞、治粟都尉、大司农等职。在汉武帝大力支持下，先后推行算缗、告缗、盐铁官营、均输、平准等经济政策，大幅度增加了政府的财政收入，为武帝继续推行文治武功事业，奠定了雄厚的物质基础，但也带来一定的负面影响并引发批评。

汉昭帝即位后，桑弘羊迁任御史大夫，与霍光、金日磾等同为辅政大臣。始元六年（公元前 81 年），盐铁会议召开，因贤良文学指责盐铁官营和均输、平准等政策"与民争利"，桑弘羊与之展开辩论。会后，改酒类专卖为征税，其他政策仍沿袭不变。

元凤元年（公元前 80 年）九月，桑弘羊因与霍光政见发生分歧，被卷入燕王刘旦和上官桀父子的谋反事件，牵连被杀。

# 帝国首富往事：朱元璋为何要干掉沈万三家族？

明朝嘉靖年间，浙江嘉兴县一位进士花了 23000 两银子买了个小京官，当时人把这种花大价钱买来的官叫"沈万三官"。这就好比我们现在看到有个不那么低调的小土豪露出皮带，也会说："哎哟，许家印同款。"

沈万三是元末明初的大富商。在网上，他有时候被称为元末明初的马云，有时候被称为元末明初的许家印，最新的称呼则是元末明初的马化腾。

谁叫中国的首富换得太快，而他才是永恒的首富。在江浙一带，沈万三是超级大富豪的代名词。在山东等地，他被当作财神，张贴在各家门户上。

无论历史还是当下，"首富"作为观察社会的一面镜子，往往真实得吓人。

## 1

关于沈万三的身家，有一个记载说是"二十万万"。有好事者经过换算，说这一身家相当于好几个现在的首富。

沈万三最辉煌的时候拥有苏州城半数田地，协助朱元璋修建南京城一半（有说三分之一）城墙。叫他"沈半城"，毫不夸张。

人们想要八卦的是，首富的钱从哪来？或者说，一个超级富豪是怎么赚到第一桶金的？

这种心理，跟社会财富转移的隐秘性相关。富人发家如果纯靠能力、眼光以及透明的市场规则，那是人人看得到的，也就没有八卦的必要。

沈万三的财富来源很神秘。他的父亲擅长施肥灌溉，置地种田，干得不错，积累了一些家产。沈万三及其弟弟沈万四子承父业，但充其量只是个富农，撑死了是个小地主。这样的富农、小地主在江南地区，一抓一把，"首富"宝座怎么偏偏就轮到他坐呢？

富农、小地主沈万三几乎是一夜暴富。就像是一匹黑马，闯入了胡润的视野。没有人能弄懂他的财富从哪来，只能进行神秘化解读。

这些解释包括：沈万三挖地挖到了金矿；学会了点金术；行善救了一批青蛙，得到了聚宝盆……总之人们猜测他的财富不是降自天上，就是涌自地下。

还有一种说法，说他的财富来自富豪陆道原。陆晚年散财避祸，把巨额家产分给了沈万三，自己做道士去了，深藏功与名。

时值元末乱世，农民起义此起彼伏，打土豪分田地。富豪们又没办法移民，很容易因财招祸。有些富豪看透历史大势，散尽家财求平安。当时的大画家倪云林就放弃了家财，漂泊江湖。

这个故事比点金术、聚宝盆之类的荒诞传说靠谱，但不一定可靠。

每一个富豪都有不可告人的秘密，沈万三也不例外。当人们开始八卦他的财富之时，他知道需要为自己的财富找到一种合理的来源解释。所以，不排除他本人参与了散播上述说法。

在我们这个时代，一个人突然登上富豪榜，甚至成了首富，他也会高兴并紧张社会舆论。他的智囊会帮他找来主流媒体记者，解释他怎么凭能力赚到大钱的，尽管这些解释十有八九隐瞒了关键环节。

不过，沈万三的第一桶金故事至少说明，他是一个勇于冒险的商人。从古到今，这是任何一个超级富豪必备的个人素质之一。当别人散财求平安的时候，他反其道而行，相信富贵险中求。

有了第一桶金，就有了以后的首富。沈万三走多元化的企业经营之道，其中最来钱的生意有两种：放贷与外贸。

传说朱元璋曾给沈万三一文钱，让沈帮他钱生钱，每日翻番，以一月为期。沈毫不犹豫接了单，回去越想越不对劲，姓朱的把我当猪头吗？1，2，4，8，16……一个月翻下来，天文数字啊。

这个事同样不靠谱，但可以说明高利贷是沈万三商业帝国的主业之一。

明人笔记《云蕉馆纪谈》记载，沈万三"变为海贾，奔走徽、池、宁、太、常、镇豪富间，辗转贸易，致金数百万，因以显富"。可以看出，沈万三登顶富豪榜，最主要还是靠海外贸易。

元朝鼓励海外贸易，沈万三踩到政策的关键点，从而享受了政策红利，定一个小目标，先挣它一个亿。

1356年，张士诚攻占苏州。这个私盐贩子出身的新霸主，知道外贸的重要性，设立市舶司，继续元朝的开放政策。沈万三家族从财力上支持张士诚，换取政治上的靠山。

这名老资格的"海贾"在张士诚统治苏州的十余年间，稳坐富豪榜首席。

但这也为朱元璋上台后沈万三家族遭受打击埋下伏笔。

## 2

朱元璋最终赢得天下，沈万三在政治投机中押错了宝。

明朝肇始，沈万三方才凭借老干部的敏感意识到，曾经支持朱元璋的死对头，现在成了洗刷不掉的"历史问题"。

他的第一反应是，必须马上重新站队，向新主表示诚意，让对方知道自己已经触及灵魂，洗心革面，痛改前非。

多种史籍记载，进入明朝，沈万三家族积极助饷犒军，协助朱元璋营建新都城。各种紧跟新主的节奏，但求博得一个政治正确。

朱元璋是穷苦出身，对富豪怀有天然的仇恨心理。再加上元末以来，江南士绅富豪对明政权深怀芥蒂，以致朱元璋曾无奈感叹："张士诚小窃江东，吴民至今呼为张王。我为天子，此邦呼为老头儿。"江南地主富豪此前宁可拥张而不愿站在朱一边，双方关系紧张。

最为关键的是，朱元璋不是大度之人，而是气量狭小的君主。沈万三们的财富保续，因此大成问题。

沈万三能够与权力进行交易的，除了钱，还是钱。他以商人的精明，希望重复前朝的致富故事。

然而，用力太猛了。

作为首富，沈万三曾组织两浙大户主动纳税献金，用于新王朝的日常开支。朱元璋修筑南京城，沈万三以一家的财力承担了三分之一的筑城任务。

为了进一步表达诚意，这个富可敌国的首富主动提出要给朱元璋的军队发饷。朱元璋反问他，我有百万军队，你发得过来吗？沈万三回答，每人发一金，没问题的啦。

草根皇帝

就在犒军这件事上，沈万三犯了政治大忌。天子的军队又不是国家足球队，岂是什么人都有资格劳军发饷？

萧何当年拿出自己家里所有的财产资助军用，刘邦很不高兴。后来，萧何不得不多买田地、贪小便宜，引得沿路都是告状的老百姓，刘邦才放心下来。

沈万三要是多读点历史，就不会犯这种低级错误了，可惜啊。首富也要多读书，多学历史。

总之，朱元璋暴怒，说沈万三是乱民，要把他拉出去砍了。

马皇后赶紧劝谏，说一个人富可敌国，这个社会仇富的人多了去了，上天自然会灭掉他的，不用你亲自动手啦。

马皇后这句话绝对是真理。从古到今，我们社会就在崇拜财富和仇视富人的怪圈里打转，几千年都出不来。一个首富诞生了，大家都膜拜叫好；同样一个首富倒下了，大家还是拍手称快。

朱元璋听了老婆的话，没杀沈万三，将他流放到了云南。

## 3

沈万三出事，并不是沈家财富传奇的终结。

瘦死的骆驼比马大，沈万三的财富积累至少荫庇沈家三代人的荣华富贵。

不过，看看沈家人的表现，就知道这个曾经的首富之家难逃朱氏政权的二连击、三连击。

那是洪武二十一年（1388年），沈万三已过世多年，沈家姻亲、官居正三品的莫礼过访沈家，结果惊呆了。

你看这家人的日常器用：一般暴发户用金银器皿，沈家做宴席用刻丝（丝绸中的精品），用紫定器（定窑中的至尊），连筷搁都是羊脂玉做的。

莫礼也算是出身于富豪排行榜上的家庭，什么大场面没见过，但他还是被沈家的奢华震住了。他随即想到，这家人真是富贵惯了，一丝政治敏感性都没有，现在举国上下打击豪强，还这么不知收敛，恐怕很快又要惹祸上身了！

从沈万三开始，这家人做生意有一套，应付政治却很没水平。

与沈家不同的是，明朝开始后，一些有远见的富豪跟元末乱世一样，散财避祸。

当时有个段子说，嘉定一个富户问刚从京城返乡者的见闻，那人对他说，皇帝作了首诗："百僚未起朕先起，百僚已睡朕未睡。不如江南富足翁，日高丈五犹拥被。"富户一听，马上警觉起来，随即安排把家产托付给仆人，自己买舟带着妻儿漂浮别处去。不到一年，江南的富家大族几乎都难逃厄运，这个政治嗅觉敏锐的富户却获得善终。

朱元璋对江南富族的打击是逐步推行的，先是课以重赋，再则没收其田地作为官田，然后是强制迁徙、流放；最后放大招，利用"胡党""蓝党""空印案"等政治案件，借通党之名，全力打击江南地主富绅势力。每一次政治大案，被牵连的富商大户都达数万人。

洪武二十六年（1393 年），"蓝党"案发，沈万三的儿子、女婿、姻亲等人都被牵连进去，要么抄家，要么流放，要么被诛。连几年前发出预警的莫礼，也没能逃脱。

这次打击对沈家是致命的，曾经的首富之家，急剧衰落。同时代人找到周庄沈万三家，看了看，只觉得房子宏伟，感慨说不过是中产人家罢了。

## [历史档案]

沈万三（1328或1330—1394年），本名沈富，字仲荣，俗称万三，又称万三秀，是当时对巨富的别称。吴兴南浔（今属浙江湖州）人，元至顺间随父迁居平江路长洲县东蔡村（今苏州周庄东垞）。元末明初商人、巨富。

迄今，苏南、浙北、皖南一带仍广泛流传着关于沈万三发财、豪奢、田产、经商以及家庭生活诸方面的故事和传说。

不过，也有一些史学家否定了沈万三是明初人的说法，认为他生在元代也死在元代，史籍中有关沈万三在明初的一切事迹均是讹传。

## 帝国首富胡雪岩：李鸿章为何要整倒他？

话说，西晋首富石崇临死前被装在囚车里，他感慨地说："这帮害我的奴才，是想吞我的家产啊！"负责押送他的人便问他说："早知道是家财害了你，干吗不早点散财呢？"石崇答不上来。

因为他至死都没看明白，他的死，固然与财富有关，但更重要的原因则是政治——他所倚靠的贾后家族倒台了，赵王司马伦要清除异己，作为外戚贾家党羽的石崇，当然得跟着死。

这个首富，死得太不明不白了。

石崇死后 1500 多年，有一个帝国首富因政治而兴，也因政治而败，身家一度达上千万两白银之巨，最终却落得家财散尽、含恨而死。

他，就是大清帝国的首富胡雪岩。

### 1

大清光绪九年，公元 1883 年，大清帝国与法国为了争夺越南的宗主权开始干架了。这时，远在江浙一带的帝国首富，从放牛娃出身的巨贾胡雪岩刚好 60 岁。没读多少书却聪明绝顶的胡雪岩没想到，这相隔几千里的一场战争，即将把他卷入一场毁灭的旋涡。

60 岁，身家至少上千万两白银，作为帝国亦官亦商的首富，胡雪岩还身兼着布政使、江西候补道的官职，同时被御赐二品顶戴、赏穿黄马褂。他能得到这些官职和御赐的荣恩，与晚清重臣、湘军名将左宗棠的推荐深有关系。

胡雪岩会钻营，能做上帝国的首富，跟他会巴结浙江巡抚王有龄、闽浙总督左宗棠关系很大。

作为一个从放牛娃、钱庄伙计出身，来自古徽州的小伙子，胡雪岩学习徽商的经营方法很有一套。

他先后依靠着王有龄、左宗棠的关系，经办浙江全省钱粮、军饷，又为左宗棠筹办军饷，购置军火，帮助开办企业，主持上海采运局，兼管福建船政局。加上操纵江浙商业，专营丝、茶出口，经营药业，收取清政府跟洋行的借款回佣，一时间，胡雪岩要说自己是首富，大清国还没人敢说比他更富裕了。

可就在这时候，政治的旋涡也离他越来越近了。

当时，平定太平天国后，湘军势力坐大，尽管曾国藩主动裁撤湘军，但左宗棠等湘军将领势力仍然不断壮大；同时，李鸿章的淮军势力也不断崛起。

对于清朝的主子来说，太平天国虽然已经平定，但北方捻军仍在叛乱，天下纷扰，剿灭乱匪需要汉人的军队，但坐视他们壮大，也是帝国心中的隐痛。因此，清廷想出法子，让湘军与淮军的势力相互牵制，如此，既可维系帝国的安宁，又可制衡汉人的势力。

由此，湘军的后起之秀左宗棠，自然与淮军的领袖李鸿章杠上了。

## 2

帝国首富胡雪岩，是左宗棠的人。

早在大清同治元年（1862年），胡雪岩就获得了当时新任闽浙总督左宗棠的信赖，被委任为总管，主持浙江全省的钱粮、军饷，使得他手下的阜康钱庄大获其利。

作为官商，胡雪岩还经常帮助清军经办粮台转运、买办军火等生意，不仅如此，他还曾帮助左宗棠训练了一支1000多人、全部使用洋枪、洋炮装备的常捷军。

同治十二年（1873年），调任陕甘总督的左宗棠要西征新疆、平定阿古柏之乱，西征钱粮紧缺，又是胡雪岩出面，帮助清政府以江苏、浙江、广东海关收入作担保，先后六次出面借到了外债1595万两白银，从而保证了清军军费，顺利平定新疆。

胡雪岩则从借款中赚取利息差，例如跟洋行1厘借的，就跟清政府说是1.1厘，有研究者指出，光是平定新疆的"西征借款"，胡雪岩从中赚取的利差就达288万两之多。

作为左宗棠和清政府几乎是半公开的"财政大臣"，大清国的官员和各地富商们，自然对胡雪岩青睐有加。早在1864年湘军从太平军手中夺取浙江后，大小将官们便纷纷将掠夺的财物等寄存在胡雪岩的钱庄中。

胡雪岩也借助着帝国官员和各路富商的存款，将自己的钱庄、当铺、生丝、药局等生意越做越大，可以说，依托着帮助清政府借款、买办等特殊的政商生意，加上胡雪岩多元化经营有方，到了帝国末年，胡雪岩的名声之大，已经震撼了整个帝国。

《异辞录》就记载说，胡雪岩"借官款周转，开设钱庄，其子店遍布于南北，富名震乎内外。官商寄顿钱财，动辄巨万，尤足壮其声势"。

但作为依托左宗棠和大清而生的帝国首富，胡雪岩没有忘本。

对于他起家发迹的杭州，胡雪岩为当地百姓免费提供了钱塘江义渡，他还义务收敛了几十万具战争遗骸，设立粥厂、善堂，修复名寺古刹，并多次向直隶、陕西、河南、山西等涝旱地区捐款赈灾，仅仅到光绪四年（1878年），他向各地捐赠的赈灾善款就达到了20万两白银。

此外，他还协助清廷开办了福州船政局，并为左宗棠调度军费、收复新疆、维护祖国统一做出了贡献。

## 3

但胡雪岩名声越大，离左宗棠越近，他的政治风险就越高。

当时，大清国上上下下都知道，湘军和淮军矛盾由来已久。作为湘军后起之秀的左宗棠和淮军领袖李鸿章的碰撞，明里暗里都在进行着，因此淮军方面的人都知道，"倒左必先倒胡"，如果将胡雪岩这个左宗棠的"财政大臣"干掉，那左宗棠他还哪来的军费，又拿什么打仗？

在西征新疆、顺利平定阿古柏之乱后，左宗棠在清廷内外的名声越来越大，这不，都压到淮军头上了。就在这个节骨眼上，光绪九年（1883年），中法之战爆发。

淮军的机会终于来了。

这一年，因为胡雪岩的"斗丝"，李鸿章终于逮到了反击湘军和左宗棠的机会。

"斗丝"，说的是19世纪70年代末以后，洋商把持了丝茧价格，使得丝农备受盘剥。在此背景下，为了对抗洋商，从1881年开始，胡雪岩利用票号集聚的资本，大量收购丝茧，"举江浙二省之育蚕村镇，而一律给予定金，令勿售外人，完全售与胡氏"，以期垄断丝货，使丝价不再由外商操纵。

但天意弄人，由于外商联合抵制胡雪岩，加上意大利生丝突然丰收、产量大增，以及中法战争爆发，市场剧变，丝价大跌，胡雪岩一时间资金被困、进退两难，转眼亏损便达到了 100 多万两白银。

眼看着左宗棠的得力助手遭遇危难，李鸿章认为天赐良机，于是秘密下令，要乘机干掉胡雪岩！

于是，李鸿章的得力干将盛宣怀出马了。

4

作为李鸿章的幕僚和得力干将，秀才出身的盛宣怀身兼官办商人、买办、企业家和慈善家的名号，他同时也被称为"中国商父""中国高等教育之父"，曾经一手创办了北洋大学堂（天津大学前身）和南洋公学（上海交通大学、西安交通大学等前身）。

作为中国近代史上的名人，盛宣怀搞起政治斗争来，也同样不负"盛名"，心狠手辣。为了帮助李鸿章除掉胡雪岩，盛宣怀开始向胡雪岩发起了一系列秘密攻击。

1878 年，清政府缺钱，胡雪岩便代表清廷，以私人名义向汇丰银行借款 650 万两白银；1882 年，中法战争前夕，清廷命左宗棠领战，胡雪岩再次受命，又以个人名义向汇丰银行借了 400 万两白银。对于这前后共 1050 万两白银的借款，清廷采取了以各省的协饷作担保的形式，由胡雪岩转手还给汇丰银行。

"斗丝"大战后，胡雪岩的资金一时周转不灵，就在这个节骨眼上，汇丰银行每半年一度的还款日期又快到了，于是，胡雪岩就去找负责每年协饷的上海道台府。

对此了然于心的盛宣怀，首先祭出狠招，让作为李鸿章派系的上海道台邵友濂故意缓发这笔协饷，听说是恩公李鸿章的意思，邵友濂于是照做了。

然后，盛宣怀又找到汇丰银行等一众银行，说胡雪岩眼下没钱了，你们得赶紧找他要钱，他快破产了。

对于汇丰银行来说，虽然借钱的人是清政府，但经手人毕竟是胡雪岩，于是，他们就拼命追着胡雪岩。对于身家上千万两白银的胡雪岩来说，汇丰银行催要的 80 万两白银，自己垫付一下，问题倒也不大，可偏偏眼下自己的资金又因为"斗丝"被困住了。没有办法，胡雪岩只得从自己的钱庄抽取了 80 万两白银来垫付清廷的借款。

危机由此爆发。

由于现金流都被"斗丝"和垫付清廷借款所占用，胡雪岩一时资金链困窘，在这节骨眼上，盛宣怀再次向各个洋行和储户、官员、富商大肆传言，说胡雪岩快没钱了，要破产了，你们赶紧上钱庄去找他讨钱啊！

这是什么？挤兑！能搞死人的。

再势大财雄的钱庄和银行，也害怕挤兑，盛宣怀这招，果然够狠。于是，现金被困的胡雪岩由于遭遇到了大范围的挤兑，手下的阜康钱庄、当铺竟然纷纷倒闭。

而作为胡雪岩商业帝国的核心，阜康钱庄等金融产业的倒下，也使得胡雪岩的商业帝国开始崩塌，由此拉开了李鸿章屠宰胡雪岩、削弱左宗棠和湘军势力的序幕。

## 5

对胡雪岩的致命一击，是来自李鸿章派系的政治攻击。

光绪九年（1883 年）十一月，李鸿章派系的人马出手举报，说刑部尚书文煜在胡雪岩的阜康钱庄中所存银两来历不明。随后，李鸿章又上奏，举报胡雪岩在代办清廷借款时，私下多加利息、收取利差。慈禧大怒，下令追查胡雪岩的资产，随后又将胡雪岩革职，并命令左宗棠追缴胡雪岩的欠款。

在李鸿章一派的强势干预下，清廷查来查去，最后得出结论，说胡雪岩倒欠的官私款项约 1200 万两，对此清廷还下发上谕，"勒令（胡雪岩）将亏欠各处公私等款赶紧逐一清理，倘敢延不完缴，即行从重治罪"。

陈年老账被一一翻出，不仅如此，清廷还下令，将胡雪岩囤积的、价值千万两白银的生丝以低价卖出充账，并将胡雪岩的典当铺等产业也予以掠夺变卖。

于是，在这场由李鸿章指使、盛宣怀策划、清廷出面掠夺的政治清账中，大清帝国的首富胡雪岩，在短短几个月间，便迅速垮下来；而清廷地方官府、民间富商等纷纷出面低价掠夺、折卖胡雪岩的各种资产，胡雪岩名下的钱庄、当铺、商号、土地田宅等几乎被掠夺殆尽。

一场瓜分帝国首富资产的盛宴，在李鸿章和盛宣怀的政治密谋下，迅速推进。

历经两年多的掠夺、变卖，至 1885 年年底胡雪岩去世前，在掠夺变卖胡雪岩数百万两白银资产后，清廷对外宣称，除却私人欠账外，胡雪岩还差着大清帝国共208000 多两白银。

## 6

胡雪岩迅速衰败，左宗棠也无能为力。

当这位湘军名将意识到政治的阴谋来袭，尽管他也曾试图救下胡雪岩，但盛宣怀的经济密谋、李鸿章的政治奏折实在够狠，转眼间，胡雪岩便被一系列的挤兑、革职、抄家和掠夺所迅速击垮，明哲保身之下，左宗棠只能选择弃卒保车。

因为归根结底，胡雪岩对于左宗棠而言，也不过是个政治棋子，如此而已。

历经两年多的抗争，中法战争最终于 1885 年，以清廷"不败而败"、法国"不胜而胜"告终。在政治斗争中占得上风的李鸿章，则将左宗棠的部属一个个革去兵权，最终成为威震清廷的第一重臣。

光绪十一年（1885 年）七月，在政治斗争中落败的左宗棠，死在了福州；同年农历十一月，贫恨交加的胡雪岩，也郁郁而终。

临死前，胡雪岩将子孙们叫到跟前，嘱咐他们说："白老虎（银子）可怕！"

帝国一代首富，至此，烟消云散。

## [ 历史档案 ]

胡雪岩（1823—1885 年），本名胡光墉，字雪岩，安徽徽州绩溪人。

胡雪岩在经商之初，先是倚仗浙江巡抚王有龄，随后投靠湘军著名将领、闽浙总督左宗棠。他协助左宗棠，筹措军费收复新疆，协助开办福州船政局。依靠左宗棠等政治势力的支持，胡雪岩获赏赐黄马褂、二品红色顶戴，成为晚清著名的红顶商人。

1872 年，湘军领军人物曾国藩去世后，为了防止汉人实力派继续做大，清廷利用以李鸿章为首的淮军势力，与以左宗棠为首的湘军势力进行抗衡，从而让汉人互斗、相互制衡，以维护清朝的集权统治。在此期间，陷入商战旋涡的胡雪岩不幸成为政治棋子，最终陨落破产。

# 参考文献

## 一、古籍、资料汇编

[1]〔汉〕司马迁.史记.北京：中华书局，2006.

[2]〔汉〕班固.汉书.北京：中华书局，2007.

[3]〔南朝〕范晔.后汉书.北京：中华书局，2000.

[4]〔晋〕陈寿撰，〔宋〕裴松之注.三国志.北京：中华书局，1982.

[5]〔后晋〕刘昫等.旧唐书.北京：中华书局，1975.

[6]〔唐〕李延寿.南史.北京：中华书局，1974.

[7]〔唐〕姚思廉.梁书.北京：中华书局，1973.

[8]〔宋〕欧阳修等.新唐书.北京：中华书局，1975.

[9]〔宋〕司马光等.资治通鉴.长沙：岳麓书社，2010.

[10]〔元〕脱脱等.宋史.北京：中华书局，1985.

[11]〔清〕张廷玉等.明史.北京：中华书局，1974.

[12]〔清〕谷应泰.明史纪事本末.北京：中华书局，1977.

[13]〔汉〕桓宽撰，王利器注解.盐铁论校注.北京：中华书局，1992.

[14]〔唐〕王维著，〔清〕赵殿成笺注.王右丞集笺注.上海：上海古籍出版社，
2007.

[15]〔唐〕白居易著，谢思炜校注.白居易诗集校注.北京：中华书局，2006.

[16]〔唐〕白居易著，谢思炜校注.白居易文集校注.北京：中华书局，2010.

[17]〔宋〕陆游著，钱仲联校注.剑南诗稿校注.上海：上海古籍出版社，2005.

[18]〔明〕王守仁撰，吴光、钱明等编校.王阳明全集.上海：上海古籍出版社，

1992.

[19]〔明〕唐寅著，周道振、张月尊辑校.唐寅集.上海：上海古籍出版社，2013.

[20]〔明〕唐寅.唐伯虎全集.北京：中国书店，1985.

[21]〔明〕李贽.焚书·续焚书.北京：中华书局，2009.

[22]〔明〕袁崇焕著，杨宝霖辑校.袁崇焕集.上海：上海古籍出版社，2014.

[23]〔清〕金圣叹著，陆林辑校整理.金圣叹全集.南京：凤凰出版社，2008.

[24] 四川大学中文系唐宋文学研究室编.苏轼资料汇编.北京：中华书局，1994.

[25] 胡思敬.国闻备乘.上海：上海书店出版社，1997.

[26] 徐一士.凌霄一士随笔.太原：山西古籍出版社，1997.

[27] 溥仪.我的前半生.北京：群众出版社，2013.

[28] 胡适著.胡适全集.合肥：安徽教育出版社，2003.

## 二、专著、论文

[1] 田余庆.秦汉魏晋史探微.北京：中华书局，2011.

[2] 王子今.秦汉时期生态环境研究.北京：北京大学出版社，2007.

[3] 王子今.秦汉社会意识研究.北京：商务印书馆，2012.

[4] 辛德勇.制造汉武帝.北京：生活·读书·新知三联书店，2015.

[5] 晋文.桑弘羊评传.南京：南京大学出版社，2005.

[6] 张作耀.孙权传.北京：人民出版社，2007.

[7] 吕思勉.三国史话.北京：中华书局，2009.

[8] 梁庚尧.中国社会史.北京：东方出版社，2016.

[9] 杜文玉.唐代宫廷史.天津：百花文艺出版社，2010.

[10] 孟森.明史讲义.上海：上海古籍出版社，2008.

[11] 王天有.明朝十六帝.北京：故宫出版社，2010.

[12] 李亚平.帝国政界往事.昆明：云南美术出版社，2017.

[13] 王兴亚.甲申之变.北京：中国社会科学出版社，2011.

[14] 孙文良，张杰.甲申风云录.北京：故宫出版社，2013.

[15] 易中天.易中天中华史.杭州：浙江文艺出版社，2016.

[16] 黄仁宇.万历十五年.北京：生活·读书·新知三联书店，2015.

[17] 阎崇年．清朝十二帝．北京：故宫出版社，2010.

[18]〔日〕冈田英弘等著，王帅译．紫禁城的荣光．北京：社会科学文献出版社，2017.

[19] 韩茂莉．中国历史地理十五讲．北京：北京大学出版社，2015.

[20] 邹逸麟．中国历史地理概述．上海：上海教育出版社，2007.

[21] 戴鞍钢．晚清史．上海：上海百家出版社，2009.

[22] 房德邻．封疆大吏与晚清变局．合肥：安徽人民出版社，2013.

[23] 汪衍振．大清权臣李鸿章．北京：北京大学出版社，2015.

[24] 阎步克．士大夫政治演生史稿．北京：北京大学出版社，2015.

[25] 黄永年．唐史十二讲．北京：中华书局，2007.

[26] 黄永年．六至九世纪中国政治史．上海：上海书店出版社，2004.

[27] 韩昇．隋文帝传．北京：人民出版社，1998.

[28] 侯旭东．近观中古史：侯旭东自选集．上海：中西书局，2015.

[29] 余英时．士与中国文化．上海：上海人民出版社，2003.

[30] 余英时．儒家伦理与商人精神．桂林：广西师范大学出版社，2004.

[31] 许倬云．历史大脉络．桂林：广西师范大学出版社，2009.

[32] 漆侠．宋代经济史．北京：中华书局，2009.

[33] 程民生．宋代物价研究．北京：人民出版社，2008.

[34] 钱穆．国史大纲．北京：商务印书馆，2010.

[35] 樊树志．晚明大变局．北京：中华书局，2015.

[36] 樊树志．明史讲稿．北京：中华书局，2012.

[37] 李伯重．火枪与账簿：早期经济全球化时代的中国与东亚世界．北京：生活·读书·新知三联书店，2017.

[38] 陈铁民．王维新论．北京：北京师范学院出版社，1990.

[39] 蹇长春，尹占华．白居易评传（附：元稹评传）．南京：南京大学出版社，2002.

[40] 孔凡礼．苏轼年谱．北京：中华书局，2005.

[41] 王水照，崔铭．苏轼传．天津：天津人民出版社，2013.

[42] 于北山著．陆游年谱．北京：中华书局，1961.

[43] 邱鸣皋著.陆游评传.南京：南京大学出版社，2002.

[44] 许苏民著.李贽评传.南京：南京大学出版社，2006.

[45] 阎崇年.袁崇焕传.北京：中华书局，2005.

[46] 吴正岚.金圣叹评传.南京：南京大学出版社，2010.

[47] 何冠环.北宋武将研究.香港：中华书局，2003.

[48] 茅海建.天朝的崩溃——鸦片战争再研究.北京：生活·读书·新知三联书店，1995.

[49] 马勇.重寻近代中国.北京：线装书局，2014.

[50] 谭其骧.长水集续编.北京：人民出版社，1994.

[51] 史念海.中国古都和文化.北京：中华书局，1998.

[52] 邓云特.中国救荒史.北京：商务印书馆，1998.

[53] 黄挺，陈利江.潮州商帮.广州：暨南大学出版社，2011.

[54] 张海鹏，张海瀛主编.中国十大商帮.合肥：黄山书社，1993.

[55]〔美〕刘子健著，赵冬梅译.中国转向内在：两宋之际的文化内向.南京：江苏人民出版社，2002.

[56]〔美〕王靖宇著，谈蓓芳译.金圣叹的生平及其文学批评.上海：上海古籍出版社，2004.

[57]〔日〕静永健著，刘维治译.白居易写讽喻诗的前前后后.北京：中华书局，2007.

[58] 许总.文化与心理坐标上的王维诗.东南大学学报（社会科学版），1999（1）.

[59] 顾诚.沈万三及其家族事迹考.历史研究，1999（1）.

[60] 高寿仙.明朝有没有沈万三——沈万三及其后裔考辨.清华大学学报（哲学社会科学版），2017（3）.

[61] 户华为.虚构与真实——民间传说、历史记忆与社会史"知识考古".江苏社会科学，2004（6）.

[62] 徐卫民.秦隋速亡原因比较研究.陕西师范大学学报（哲学社会科学版），1997（1）.

[63] 李廷华.悲歌与笑柄——钱钟书先生笔下的两个陆游.唐都学刊,1998（1）.

[64] 马宇辉.唐寅与弘治己未春闱案的文学史影响.南开学报（哲学社会科学

版），2008（1）.

[65] 黄卓越.李贽之死——重估思想史上的一段公案.中国文化研究，1997.夏之卷.

[66] 周振鹤.东西徘徊与南北往复——中国历史上五大都城定位的政治地理因素.华东师范大学学报（哲学社会科学版），2009（1）.

[67] 侯甬坚.中国古都选址的基本原则.历史地理学探索，中国社会科学出版社，2004.

[68] 蔡云辉.战争与古代中国城市衰落的历史考察.河南师范大学学报（哲学社会科学版），2006（1）.

[69] 游彪.宋史十五讲.南京：凤凰出版社，2011.

[70] 郭启东口述，宋钻友整理.旧上海潮商琐谈.史林，2004.增刊.

[71] 朱英，朱庆.民国时期潮汕商人的跨域互动及其影响.福建论坛（人文社会科学版），2016（7）.

[72] 钱杭.关于"烛影斧声"之"斧".史林，2001（4）.

[73] 顾宏义."晋王有仁心"说辨析——兼及宋初"斧声烛影"事件若干疑问之考证.杭州师范大学学报（社会科学版），2015（2）.

[74] 李裕民.周世宗皇子失踪之谜——赵匡胤政治权谋揭秘.浙江学刊，2013（4）.

[75] 姜朋.从胡雪岩故事看官商关系与商法要义.清华大学学报（哲学社会科学版），2007（1）.